NAPOLÉON

ET

LA CONQUÊTE DU MONDE.

PARIS. — IMPRIMERIE DE DEZAUCHE,
Faubourg Montmartre, n° 11.

NAPOLÉON

ET

LA CONQUÊTE DU MONDE.

1812 à 1832.

HISTOIRE DE LA MONARCHIE UNIVERSELLE.

> Poussons jusqu'au bout la gloire humaine par cet exemple.
> (BOSSUET.)

Paris,

CHEZ H.-L. DELLOYE, ÉDITEUR,
RUE DES FILLES-ST.-THOMAS, Nᵒˢ 5 ET 13.
Place de la Bourse.

1836.

C'est une des lois fatales de l'humanité que rien n'y atteigne le but.

Tout y reste incomplet et inachevé, les hommes, les choses, la gloire, la fortune et la vie.

Loi terrible! qui tue Alexandre, Raphaël, Pascal, Mozart et Byron, avant l'âge de trente-neuf ans.

Loi terrible! qui ne laisse s'écouler ni un peuple, ni un rêve, ni une existence, jusqu'à ce que la mesure soit pleine!

Combien ont soupiré après ces songes interrompus, en suppliant le Ciel de les finir!

Combien, en face de ces histoires inachevées, ont cherché, non plus dans l'avenir ni dans le temps, mais dans leur pensée, un reste et une fin qui pussent les parfaire!

Et que si Napoléon Bonaparte, écrasé par cette loi fatale, avait, par malheur, été brisé à Moscou, renversé avant quarante-cinq ans de son âge, pour aller mourir dans une îleprison, au bout de l'Océan, au lieu de conquérir le monde et de s'asseoir sur le trône de la monarchie universelle, ne serait-ce pas une chose à tirer des larmes des yeux de ceux qui liraient une pareille histoire?

Et si cela, par malheur, avait existé, l'homme n'aurait-il pas droit de se réfugier dans sa pensée, dans son cœur, dans son imagination, pour suppléer à l'histoire, pour conjurer ce passé, pour toucher le but espéré, pour atteindre la grandeur possible?

Or, voici ce que j'ai fait :

J'ai écrit l'histoire de Napoléon depuis 1812 jusqu'en 1832, depuis Moscou en flammes jusqu'à sa monarchie universelle et sa mort, vingt années d'une grandeur incessamment grandissante et qui l'éleva au faîte d'une toute-puissance au-dessus de laquelle il n'y a plus que Dieu.

J'ai fini par croire à ce livre après l'avoir achevé.

Ainsi, le sculpteur qui vient de terminer son marbre y voit un dieu, s'agenouille et adore.

NAPOLÉON
ET
LA CONQUÊTE DU MONDE.
1812 à 1832.

HISTOIRE
DE LA MONARCHIE UNIVERSELLE.

CHAPITRE PREMIER.
MOSCOU.

Ces vieux Russes ont plus que de l'amour pour leur ancienne capitale; c'est de la dévotion. Pour eux, Moscou est la ville sainte, et sa vue leur rappelle Dieu; aussi, quand, arrivés sur le mont du Salut, ils aperçoivent leur Jérusalem, ils s'agenouillent et la saluent en faisant le signe de la croix.

L'armée française, arrivant le 14 septembre

1812 sur le sommet de cette montagne, avait quelque chose de l'enthousiasme des Moscovites ; et, lorsque l'empereur, ayant devancé de quelques toises l'armée qui gravissait en silence, eut le premier placé le pied sur le mamelon sommet de la montagne, et qu'il se fut écrié : « Soldats ! voilà Moscou ! » ce cri se répéta comme le tonnerre, et les derniers rangs, qui ne voyaient point encore, s'écrièrent aussi : « Voilà Moscou ! »

Elle était là, cette ville, avec ses trente-deux faubourgs, ses mille clochers, ses coupoles d'or, ses flèches orientales, indiennes, gothiques, chrétiennes ; cité immense, qui ondoie parmi les nombreuses collines sur lesquelles elle se repose, semblable à une caravane de tous les peuples du monde, qui se serait arrêtée là, et y aurait tendu ses tentes.

L'armée française, se déployant sur le mont du Salut, contemplait ce magnifique spectacle, et promenait des yeux éblouis des lourdes tours du Kremlin aux clochers étincelants d'Ivanweliskoï. « La voilà ! » dit l'empereur en piquant son cheval blanc, et il traversait les rangs avec cette splendeur du conquérant qui illuminait son front.

L'armée cependant continuait sa marche.

« Halte ! » s'écria-t-il ; et son ordre retombant comme en cascade sur tous les rangs, mille voix obéissantes, du maréchal au sergent, crièrent à leur tour : « Halte ! »

Les généraux se réunirent auprès de lui, et il tint conseil devant la ville sainte.

Elle paraissait calme et soumise, comme un ennemi vaincu qui tremble ; mais trop silencieuse peut-être.

Les généraux attendaient ses paroles.

« Ils ne viennent pas ! » murmurait-il, et il marchait rapidement au milieu de ces hommes qui reculaient devant ses pas et épiaient quelle pensée s'échappait de ses yeux baissés.

Puis, un quart d'heure après, comme s'il était las d'attendre quelque chose, il demanda au roi Murat ce que signifiait ce calme.

« Qui aurait cru, dit-il, qu'il ne sortirait pas de cette capitale quelque boïard avec les inutiles clés d'or de la cité. »

En même temps, un officier d'ordonnance arriva, il annonça que le général Miloradowitch venait d'évacuer la ville, et que son arrière-garde en était déjà sortie.

Un autre officier vint ensuite avec quelques Français trouvés aux portes de Moscou ; ils apprirent qu'elle était déserte.

Deux cent cinquante mille Moscovites s'étaient retirés de leur Jérusalem.

Moscou était déserte!....

« Marchons donc, dit l'empereur; c'est à mon armée à la repeupler. »

CHAPITRE II.

RASPTOCHIN.

Napoléon aimait à se coucher dans le lit des autres rois, et à reposer dans les palais dont son apparition les exilait; l'armée reçut l'ordre de demeurer dans les faubourgs, lui alla droit au Kremlin, et là, quand le soir fut venu, il se promena sur les plus hautes tours, seul et silencieux, regardant ce calme d'une ville sans vie et d'un ciel sans soleil; tout cela était morne et douloureux pour une âme si active.

Il vit son armée qui s'établissait dans les faubourgs éloignés; dans la ville régnait un long silence, et le calme partout, sauf dans quelques palais épars qui semblaient s'animer sous les généraux qui les avaient choisis pour leurs demeures.

Seulement un cri barbare, des voix scythes se faisaient entendre de loin en loin, et par intervalle; on eût dit qu'elles se répondaient.

Minuit vint. L'horizon devint rouge. Du milieu de la ville des flammes s'élevèrent : c'était le bazar qui brûlait, puis les églises, puis les maisons, puis les faubourgs ; partout l'incendie éclata, Moscou reparut dans la nuit, tout étincelante, avec ses mille clochers de flamme et ses coupoles de feu.

L'empereur comprit ce désastre ; il se souvenait de Wilna, de Smolensk et de ces villages enflammés qui jalonnaient sa route. « Qu'elle meure donc ! » s'écria-t-il ; et il donna des ordres pour que l'armée sortît sur-le-champ de la ville infernale.

Les soldats s'étaient déjà réveillés avant cet ordre. Le cri : « Au feu ! » retentissait de toutes parts, mais poussé seulement par des voix françaises, et le premier sommeil au milieu de la ville conquise s'était troublé dans l'horreur de l'incendie.

Les ordres furent exécutés. A cinq heures du matin, les troupes se replièrent au-delà de Moscou, et remontèrent le penchant du mont du Salut. Des éclaireurs ayant pénétré jusqu'à Petrowski, palais des czars, à une lieue de la capitale, le préparèrent pour l'empereur, qui s'y rendit avec son état-major, et, à une demi-lieue plus loin, un château d'une grande apparence ayant été reconnu, le général Kirgener s'y porta avec les troupes du génie pour s'en emparer et fortifier cette position.

Mais en vue de ce château et à quelques portées de fusil seulement, on vit s'en échapper des tourbillons de fumée suivis de flammes brillantes et d'explosions partielles. Cette habitation magnifique, enveloppée de toutes parts, ne parut plus bientôt qu'un immense foyer. Dans le lointain, quelques voitures s'en éloignaient avec une grande rapidité. Le général Kirgener ordonna de les poursuivre, mais elles étaient tellement en avant, qu'on désespérait de les atteindre, et déjà elles disparaissaient à la vue lorsqu'elles tombèrent au milieu d'un parti de Français. D'autres soldats survinrent, et on les conduisit au général.

Dans la principale de ces voitures, était un homme d'un âge moyen, grand, maigre, à la figure grave et au front élevé; à la première attaque, il avait essayé de se défendre; mais, voyant qu'une plus longue résistance était vaine, il céda et parut devant le général Kirgener, qui, ne reconnaissant aucun signe extérieur sur cet étranger, lui demanda son nom.

« Que vous importe ? » répondit l'inconnu.

Le général, irrité de cette réponse qu'il qualifiait d'insolente, pensait déjà devoir en tirer vengeance, quand l'inconnu lui dit : « Ma position est telle, monsieur, que c'est à l'empereur seul que je dois parler et me faire connaître. » Le général hésita, mais l'assurance de cet homme le fit céder, et il l'envoya à Petrowski.

L'empereur visitait les postes de cette résidence et traversait une des cours lorsque la voiture de l'inconnu y entra. Un officier qui la suivait descendit de cheval, et fit connaître les circonstances de la capture et l'intention du prisonnier de s'expliquer seulement devant l'empereur. Napoléon regarda fixement l'étranger, donna l'ordre d'évacuer la cour, et quand il fut resté seul avec Duroc et lui :

— « Qui êtes-vous ? » lui demanda-t-il.

— « Un homme qui avait cru échapper à la vengeance de votre majesté, mais qui, tout chargé d'une action immense, ne craint pas de s'en dire responsable et de se faire connaître; je suis le gouverneur de Moscou, Rasptochin.

— « Et quelle est cette action ? » demanda l'empereur en pâlissant.

— « Votre majesté la sait et la voit, » et Rasptochin montrait du bras le lac de feu où se noyait la ville sainte.

— « L'incendie!! »

— « Oui, sire.

— « C'est l'œuvre d'un barbare, monsieur; votre conscience du crime vous fait deviner le châtiment.

— « Ce sera mon dernier sacrifice, sire; je l'attends avec calme.

— « Un sacrifice! Que voulez-vous dire?...

— « J'avais toute ma fortune à Moscou et dans mon château; c'est chez moi que le feu a été mis d'abord; j'ai tout sacrifié à ma patrie, il n'y manque plus que ma vie.

— « Dites que vous avez sacrifié votre patrie, en l'inondant de flammes et la réduisant en cendres.

— « Et s'il n'y a que les flammes et la cendre où votre majesté ne puisse vaincre! »

L'empereur se promenait rapidement, les lèvres pâles et frémissantes.

— « Quelle rage! dit-il, quelle folie! Vous vouliez faire le Brutus russe, monsieur, mais sont-ce vos enfants que vous avez tués?

— « C'est à ma patrie à me juger, sire..

— « Votre patrie!... » et il s'arrêta en le regardant avec des yeux étincelants. « Votre patrie!... mais qui me dit que ce n'est pas plutôt un horrible holocauste que vous faites à votre souverain! Qui me dit que ce n'est pas le sacrifice de Moscou à Pétersbourg, et la vieille Moscovie que vous immolez à la Russie nouvelle ! »

Et s'approchant de lui, il lui dit avec un sourire amer : « Combien vous a-t-il payé votre incendie? »

Rasptochin fronça le sourcil et pâlit, de colère peut-être :

— « La Russie me jugera après votre majesté, et on parlera de moi autrement, sire, quand j'aurai été fusillé.

— « Fusillé, c'est le supplice des braves, monsieur, et l'incendiaire....

— « Peut n'être pas un lâche !

— « Infernal mystère ! » murmura Napoléon en reculant d'étonnement. Il ajouta quelques instants après :

— « S'il n'y a dans tout cela qu'un patriotisme aveugle.... » il n'acheva pas.

— « Votre majesté m'a jugé, dit Rasptochin avec joie, je puis mourir.

— « Non ! vous ne le méritez, ni n'en valez la peine peut-être. Qu'on lui donne un sauf-conduit. Partez, monsieur, votre action vous reste tout entière, mais quelle qu'elle soit, le doute la flétrit.... Allez. »

Rasptochin partit, et l'empereur rentra au palais.

CHAPITRE III.

DÉPART DE L'ARMÉE.

—

L'armée française avait paru devant Moscou plutôt que les Russes ne s'y étaient attendus; aussi, au lieu de la trouver en cendres, à peine l'incendie commençait-il quand elle arriva. Les magasins militaires n'avaient pu être consumés, et d'immenses ressources furent encore trouvées dans cette ville, où la grande armée put se reposer et attendre ses renforts.

Cependant l'empereur, qui ne voulait pas laisser le temps s'écouler inutilement et qui désirait profiter de la saison encore favorable, ordonna le départ pour le 20 septembre, et après avoir assemblé un conseil, il décida qu'on marcherait sur Pétersbourg.

Le 20 au matin, la grande armée, à laquelle étaient venus se réunir les corps des princes Eugène et Poniatowski, se mit en marche au nombre de cent soixante mille hommes et quatre cents pièces d'artillerie. Avant son départ, elle assista aux derniers soupirs de Moscou; cette mer de feu s'était dévorée elle-même, et la ville palpitante ne rejetait plus que çà et là des tourbillons de fumée sur des cendres. L'empereur, la montrant avec dédain et pour la dernière fois à l'armée, dit : « Il n'y a plus qu'une capitale à la Russie, marchons-y. »

CHAPITRE IV.

BATAILLE DE NOVOGOROD.

—

L'ordre avait été donné à toutes les divisions de l'armée française, disséminées dans les différentes provinces russes, de se porter sur la route de Moscou à Saint-Pétersbourg. Quarante mille Prussiens et Autrichiens rejoignirent l'empereur à Voloklamsk. Plus loin, les divisions de Grouchy et de Latour-Maubourg se réunirent au corps du roi de Naples, dont elles faisaient partie, et après elles arrivèrent les troupes du royaume d'Italie et de la confédération germanique.

Ce fut sur la route de Saint-Pétersbourg qu'eurent lieu, le 23 le combat de Klin, le 26 celui de Twer, où les Russes perdirent cinq mille hommes. Le lendemain une autre division de l'armée française, commandée par le général Montbrun, les battit encore à Staritza. Dans cette dernière affaire, le général **Montbrun** fut frappé à mort et remplacé aussitôt dans son commandement par le général **Caulaincourt**.

Cependant la grande armée, toujours victorieuse et forte de deux cent cinquante mille hommes, se portait vers Pétersbourg avec une grande célérité. De son côté, l'empereur Alexandre avait rappelé à lui toutes les forces de l'empire. Le prince royal de Suède, Bernadotte, son allié, l'avait rejoint avec trente mille Suédois. Il avait reçu en outre des ports de la Baltique un renfort de vingt-cinq mille Anglais. Il concentra ces forces formidables dans Novogorod et les environs, fit fortifier cette ville et attendit, avec une armée au moins égale en nombre à l'armée française, l'empereur Napoléon qui s'avançait de victoires en victoires sur cette route magnifique des deux capitales russes.

Le 7 octobre, vers midi, par un soleil sans nuage, les deux grandes armées ennemies s'aperçurent et se déployèrent en face l'une de l'autre; mais les mouvements de ces forces immenses ayant duré long-temps, la nuit vint, et Dieu remit au lendemain sa décision des destinées de l'Europe.

Le lendemain, 8 octobre, arriva, et la grande bataille eut lieu. Quelle bataille! et quelle victoire! L'Europe, le monde les connaissent, et il serait inutile d'en donner d'autres détails que ceux que l'empereur dicta lui-même dans le bulletin rapide que nous allons transcrire ici.

BULLETIN DE LA GRANDE ARMÉE.

« Novogorod, ce 9 octobre 1812.

« La journée du 8 octobre sera glorieuse parmi toutes les journées de gloire.

« La grande armée a rempli l'attente de l'empereur, la bataille de Novogorod l'illustre à jamais.

« Trois cent mille Russes, Suédois et Anglais avaient pris position sous les murs de la ville et dans la plaine qui la précède, vers la route de Twer.

« L'armée française, forte de deux cent cinquante mille hommes, occupait tout entière la gauche de la route et les trois collines qui dominent Novogorod.

« La bataille a commencé à neuf heures, à quatre heures du soir tout était terminé.

« Soixante mille hommes de l'armée ennemie sont morts, plus de soixante-dix mille ont été faits prisonniers, le reste s'est noyé dans le lac, ou s'est dissipé devant nous.

« Sur les deux heures, le maréchal Kellermann, à la tête de sa division, a été atteint d'un boulet de canon dans le bas-ventre et est mort sur le champ de bataille.

« L'empereur Alexandre et le maréchal Bernadotte, placés sur une des hauteurs, à droite de la route, ont été tournés par le corps du général Compans, et ont été faits prisonniers.

« Des vingt-cinq mille Anglais, deux mille à peine ont pu échapper à la mort.

« La grande armée a perdu environ six mille hommes, et a eu huit mille blessés.

« L'empereur s'est porté en avant sur Saint-Pétersbourg, emmenant à sa suite le czar et l'ex-prince royal de Suède.

« L'armée ennemie a perdu le général en chef anglais, trois feld-maréchaux et vingt-deux officiers généraux.

« Nous avons à regretter, avec le maréchal Kellermann, le brave général Friant et plusieurs autres généraux.

« Les généraux Grouchy et Rapp ont été blessés.

« Soldats ! votre bravoure et votre conduite ont été admirables, je vous en remercie.

« NAPOLÉON. »

Tel fut ce bulletin, expression fidèle et encore confuse des miracles de cette journée; il y avait long-temps que l'histoire n'avait offert un pareil désastre, et cette catastrophe de deux souverains tombant au pouvoir du vainqueur.

L'empereur, sans daigner les voir, continua rapidement sa marche avec l'armée vers Saint-Pétersbourg; c'était là qu'il voulait traiter avec ses ennemis.

CHAPITRE V.

SAINT-PÉTERSBOURG.

—

Le 15 octobre, l'empereur, avec la grande armée, s'avançait vers les murs de Saint-Pétersbourg. A une demi-lieue de la ville, on aperçut un cortége immense; c'était le sénat, suivi de toutes les autorités et du peuple, et le prince Constantin à la tête, qui venaient apporter à Napoléon les clés d'or de cette autre capitale de la Russie.

L'empereur les reçut gravement et sans répondre. Il ne permit pas que le sénat et le frère du czar pussent communiquer avec l'impérial prisonnier ; c'était dans Saint-Pétersbourg qu'il voulait seulement faire connaître ses intentions.

Il y entra le soir même, et ses officiers lui préparèrent le palais impérial, où il coucha.

L'empereur Alexandre logea dans le palais

du prince Constantin, et Bernadotte fut relégué et gardé dans une des ailes du palais impérial.

Cette entrée d'une armée immense et victorieuse dans la magnifique ville de Saint-Pétersbourg avait attiré la foule et une admiration générale. Les journaux du temps racontent les adresses, les flatteries, les fêtes brillantes qui accueillirent les Français; mais l'empereur refusa tous les hommages, et ne voulut recevoir personne avant d'avoir réglé les intérêts des empires.

Le surlendemain, 17 octobre, au matin, il fit annoncer une entrevue à l'empereur Alexandre; Bernadotte y fut appelé; l'empereur y parut avec le roi de Naples et le prince Eugène. Cette entrevue dura deux heures, et eut lieu dans le palais des czars. Trois siéges étaient disposés auprès d'une table; Napoléon, Alexandre et Murat les occupèrent, Bernadotte et Eugène restèrent debout.

« Écoutez, dit l'empereur en prenant le premier la parole; tous deux vous êtes mes prisonniers, mais je distingue vos actions... Vous, sire, vous combattiez pour la Russie, pour votre pays.... Vous, monsieur le maréchal (en s'adressant à Bernadotte), vous avez oublié que vous étiez Français, et vous avez tiré votre épée contre la France!... »

Bernadotte voulut répondre, et dit que la Suède étant devenue sa patrie, il avait dû tout oublier pour se dévouer tout entier à elle.

« Silence! » lui dit sévèrement l'empereur, et il ajouta :

« Eh bien! cette nouvelle patrie n'est plus la vôtre; vous êtes redevenu maréchal de France, monsieur, ce sera à vous à ne plus l'oublier. La division du duc de Valmy n'a plus de chef, vous le remplacerez... Vous n'êtes plus prince de Suède...; songez que je vous donne des ordres et que je ne traite point avec vous..... Allez. »

Le maréchal Bernadotte sortit avec le prince Eugène. Le roi de Naples les suivit quelques instants après.

Restés seuls, les deux empereurs se parlèrent avec une froideur et une contrainte qui ressemblaient bien peu à cette brillante et amicale entrevue de Tilsitt.

Napoléon parlait en vainqueur; le czar, prisonnier et vaincu, disputait à peine des concessions qui lui étaient imposées comme des ordres. Bientôt les ministres d'état entrèrent, et rédigèrent les bases du traité que l'empereur voulut rendre secret; car ce fut alors que, pour la première fois, il promulgua, comme un décret émanant de lui seul, les résultats des traités qu'il avait signés avec les autres puissances.

Son décret fut retardé par des communications qui durent en être faites à la Suède et au Danemark, et après l'assentiment forcé de ces deux couronnes et celui déjà obtenu de l'Autriche et de la Prusse,

Il fut décrété :

« Que le royaume de Pologne était rétabli dans son intégrité, et tel qu'il existait avant le premier partage;

« Que la Finlande était rendue à la Suède, qui elle-même cédait la Norwége au Danemark;

« Le duché de Holstein était réuni à l'empire et divisé en trois départements français;

« La dignité de prince royal de Suède était retirée au maréchal Bernadotte, du consentement de l'empereur et des états de Suède;

« Le roi de Suède devait payer à la France un tribut annuel de 5,000,000 de francs;

« L'empereur de Russie, outre une indemnité de 50,000,000 de roubles pour les frais de la guerre, devait aussi verser dans les trésors de l'empire un tribut annuel de 20,000,000 de francs;

« Les prisonniers étaient rendus des deux parts. »

Ce furent là les principales dispositions de ce fameux décret de Saint-Pétersbourg, décret écrasant pour les états vaincus, et qui cependant ne faisait point connaître deux articles gardés dans le secret, pour éviter une dernière humiliation aux deux souverains.

C'était la mise à la disposition de l'empire des deux flottes suédoise et russe, et d'une partie des forces militaires de ces deux états.

La politique de Napoléon suivait partout et incessamment son idée de la conquête de l'Angleterre.

CHAPITRE VI.

PONIATOWSKI.

—

Napoléon savait quelle force il se donnait dans le nord de l'Europe en rétablissant le royaume de Pologne. C'était en lui qu'espérait cette nation chevaleresque, qui, depuis cinquante années, cherchait à réunir les membres dispersés de la patrie. Leur espoir se changea en adoration quand ils virent renaître leur Pologne aussi complète, aussi forte qu'avant les conquêtes et les démembrements.

Si quelque chose pouvait encore exalter leur reconnaissance, c'était le nom du roi que Napoléon leur avait choisi.

Poniatowski, sans trône, sans états, sans sceptre, était encore le roi des Polonais, c'était le neveu de Stanislas-Auguste, leur dernier souverain, et ce grand nom de Poniatowski avait pour eux un charme que la gloire du jeune héros qui le portait si bien augmentait encore.

Le prince Poniatowski n'avait pas quitté l'armée française durant cette guerre. Il était avec l'empereur à Saint-Pétersbourg, lorsque les principaux membres des plus illustres familles de Pologne y arrivèrent, sur l'ordre qu'ils en avaient reçu d'avance. Le 20 octobre, Napoléon les convoqua dans le palais du sénat; il parut lui-même au milieu de ces palatins, accompagné du jeune prince, et au milieu de l'attente et d'un profond silence, il dit :

« Polonais,

« La Pologne est relevée, elle reparaît puissante parmi les autres états de l'Europe.

« Depuis long-temps je méditais le moment de sa résurrection.

« Polonais! votre dévoûment à ma personne et votre admirable courage m'avaient inspiré de la reconnaissance.... Je paie aujourd'hui ma dette.... Vous avez une patrie.... et voilà votre roi!.... »

En ce moment, Napoléon baissa la main jusque sur la tête de Poniatowski debout et au-dessous de lui; c'est ainsi qu'il le désigna, et ce geste, ainsi que ses paroles, furent accueillis par des cris d'enthousiasme et d'admiration.

Il ajouta :

« Votre constitution était vieille et en désaccord avec l'ordre établi en Europe. Je me suis occupé de la réviser, en père qui vous regardera toujours comme ses autres enfants.

« Que ce jour soit à jamais une fête parmi vous, car c'est de lui que date la restauration de la Pologne! »

Ces dernières paroles furent reçues avec moins de faveur; une sorte de stupeur silencieuse contrastait chez les uns avec l'enthousiasme des autres. C'est qu'en effet, ces derniers mots apprenaient à la Pologne que ses vieux priviléges étaient anéantis, et que désormais elle n'était plus que la feudataire de la France; mais enfin elle existait, et leur joie fut grande.

Napoléon avait remarqué cette impression mélangée qu'avait laissée son discours, mais sans paraître y prendre part, il fit signe au prince Poniatowski de s'approcher.

Celui-ci ayant monté quelques marches, s'agenouilla devant l'empereur et déposa dans ses mains l'épée de général français. L'empereur la reçut, le releva, lui remit une couronne d'or, et tous deux s'embrassèrent. Puis, ayant traversé une galerie, ils reparurent ensemble à un balcon du palais où les rejoignit l'empereur Alexandre, qui, jusque-là, s'était abstenu de paraître à l'investiture d'un royaume qu'il perdait.

Ainsi fut rétablie la Pologne.

CHAPITRE VII.

ANNÉE 1813.

Napoléon voulut rester à Saint-Pétersbourg pendant toute la saison d'hiver, il se plut à anéantir par sa présence l'ennemi impérial qu'il avait été dix années à abattre. Aujourd'hui qu'il régnait dans son empire, qu'il habitait dans son palais, il prolongeait à plaisir ce grand effet de ses victoires, afin aussi peut-être de mieux faire comprendre aux nations russes qu'au-dessus de leur czar il y avait encore une toute-puissance plus formidable, et Napoléon entre Alexandre et Dieu.

C'était d'ailleurs une admirable ville à habiter que Saint-Pétersbourg, cité toute neuve, toute dessinée pour être une capitale, sans que les restes d'un vieux passé eussent, comme dans les autres villes du monde, maîtrisé l'action de ceux qui voulaient les régénérer ou les embellir. Là, un grand souverain avait, à peine un siècle avant, tracé des lignes, marqué des places, indiqué des édifices, et tout-à-coup, à sa volonté, des merveilleuses constructions étaient venues en foule et obéissantes se presser et s'aligner dans ce désert, et comme une armée de palais et de temples manœuvrer dans cet espace avec un ordre admirable. Une population immense était aussitôt arrivée, et la jeune capitale de la Russie avait déjà tous les caractères de l'éternité humaine.

Ce que la création avait fait d'un seul coup à Pétersbourg, ce que l'incendie avait fait à moitié à Londres, il fallait toute la lenteur des siècles pour l'effectuer à Paris; mais Napoléon était assez fort pour comprimer le temps dans ses mains, et il se promit la régénération prompte de sa ville chérie, au milieu de ses études de la ville conquise.

Cependant les troupes russes, disloquées pour ainsi dire, étaient disséminées sur tous les points de l'empire moscovite, et surtout portées vers les extrémités orientales, tandis que la grande armée se réunissait sous les murs de Saint-Pétersbourg et occupait les côtes depuis Riga jusqu'à Cronstadt, et aussi les provinces et les villes voisines de la capitale. L'empereur ordonna également l'occupation de Stockholm par les divisions Junot et Regnier que les flottes russes transportèrent au-delà de la mer, et, maître des capitales et des empires du nord, entouré de ses forces, il assignait ainsi à ses armées les côtes de la Baltique pour leurs quartiers d'hiver, et du haut de l'Europe soumise, il se mit à gouverner la France.

A cette époque, trois généraux inconnus, Malet, Lahorie et Guidal, tentèrent par un coup de main insensé, dont on n'a jamais bien connu la cause ni la portée, de renverser le gouvernement impérial. C'était dans les prisons que ces hommes avaient ourdi leur complot qui vint pour ainsi dire expirer sur le seuil de leur guichet. Napoléon prit en pitié cette folle tentative, et par un acte de dédain, il ordonna la mise en liberté de ces trois hommes, « afin qu'ils pussent conspirer à l'air », disait-il.

Et cependant des décrets arrivaient incessamment de Saint-Pétersbourg en France, réglant tout, administrant tout avec cette haute sagesse, si utile quand elle part d'un si haut pouvoir. Les royaumes devenus français, les départements de l'intérieur, les diverses administrations, recevaient des organisations qui amélioraient toujours l'état existant, sans désordonner trop rapidement le passé qui doit entrer pour une grande part dans ce que l'on régénère.

Paris surtout était l'objet constant de sa pensée; c'était là qu'il accumulait toutes les magnificences, tout le luxe, tout le grandiose de ses idées; c'était comme une poésie au milieu de ses travaux. Il se plaisait, si loin de sa capitale, à y créer des places nombreuses, à y faire rayonner de toutes parts des plantations au milieu des rues nouvelles, à y semer des fontaines publiques et les statues de bronze et de marbre des grands hommes de la patrie. Le décret du 5 décembre décida l'ouverture et la construction immédiate de la fameuse rue Impériale, projetée depuis Louis XIV, et qui fut terminée en 1816, magnifique voie française qui part du Louvre et marche en droite ligne jusqu'à la barrière du Trône, large partout de quatre-vingts pieds, plantée de quatre rangées d'arbres, et bordée, dans toute son étendue, de palais réguliers et superbes, avec des galeries sous deux lignes d'arcades et de colonnes.

Au milieu de ces travaux, de cette toute-puissance déployée avec tant d'éclat chez la nation vaincue, et d'une action diplomatique plus mystérieuse, mais non moins décisive, et qui soumettait de plus en plus l'Europe septentrionale à la politique de l'empire français, l'année 1813 s'ouvrit brillante de gloire pour Napoléon et montrant ainsi la situation de l'Europe à son égard.

PAYS SOUS LA DOMINATION DIRECTE DE L'EMPEREUR NAPOLÉON :

La France,
La Hollande,
Le Hanovre,
Le Holstein,
L'Oldembourg,
L'Italie,
L'Illyrie.

SOUS SA DOMINATION DE FAMILLE :

L'Espagne,
Naples,
Le Portugal,
La Westphalie.

SOUS SA DOMINATION INDIRECTE.

La confédération du Rhin, Bavière, Wurtemberg, Saxe, Bade, etc.,
La Suisse,
La Pologne, feudataire,

La Suède, tributaire,
La Russie, *id.*,
L'Autriche, } alliés et fournissant des
La Prusse, } contingents de troupes et
Le Danemarck, } d'argent.

RESTANT EN DEHORS DE CETTE INFLUENCE :

La Sardaigne,
La Turquie,
L'Angleterre.

C'est-à-dire qu'il n'y avait plus que deux nations en Europe, le premier et le dernier nom de cette liste, la France et l'Angleterre.

CHAPITRE VIII.

HAMBOURG.

—

L'empereur quitta Saint-Pétersbourg et la Russie au commencement du mois d'avril 1813. Il avait eu la pensée de laisser dans cette capitale une armée d'occupation ; mais, cédant aux prières d'Alexandre, et satisfait d'ailleurs par d'autres garanties importantes, il fit évacuer cette ville par ses troupes, laissa des forces considérables à Cronstadt, et s'embarqua dans ce port pour Stockholm.

Le czar avait accompagné Napoléon jusqu'à Cronstadt; Charles XIV, roi de Suède, vint aussi à sa rencontre avec les clés de sa ville, car il semblait qu'il n'eût déjà plus que des rois pour gardes. Il entra en vainqueur et comme en maître dans cette capitale, et le drapeau tricolore flotta seul sur tous les édifices, afin qu'on sût bien que Stockholm était remplie par Napoléon.

Il accomplissait ainsi sa destinée de fouler du pied toutes les capitales du monde.

Son séjour à Stockholm fut court; cette ville agréable, mais médiocre en population et en puissance, l'ennuya vite. La Suède est une nation qui n'a pas de force par elle-même, et qui peut seulement placer un poids dans la balance des coalitions européennes. Cette politique de satellite avait si peu d'importance, surtout à cette époque, aux yeux de l'empereur, qu'il ne crut pas devoir s'occuper de la mesurer ou de l'affaiblir, et, dégagé bientôt de ces rapports inutiles avec Charles XIV, il s'embarqua pour Dantzig.

Il s'arrêta peu de temps dans cette ville, et se rendit presque aussitôt à Hambourg, où il avait convoqué, pour le 11 mai, un congrès des rois du continent.

Déjà tous les rois étaient arrivés, attendant le maître, ayant amené avec eux les magnificences de leurs cours, et les confondant toutes pour en faire une cour et une magnificence dignes de Napoléon.

Rien ne fut plus splendide que cette réunion. Les fêtes de Dresde, qui, à pareil mois de l'année précédente, avaient jeté un si grand éclat, n'étaient pas comparables à celles-ci. Alors deux souverains y manquaient, ennemis déclarés qu'on allait combattre, et aujourd'hui ils augmentaient la foule, vaincus et tributaires.

Partout et au premier rang apparaissait Napoléon, à qui l'on ne disputait plus le titre de roi des rois.

Mais la pompe et le faste de ces fêtes n'occupaient qu'en apparence la pensée de l'empereur. Il avait d'autres soins. Sous cette splendeur, la réunion de Hambourg recélait de grands événements, et c'est là que fut agité le sort de l'Angleterre.

CHAPITRE IX.

L'ANGLETERRE.

L'Angleterre! que Napoléon détestait; l'Angleterre! pour qui il avait inventé son système continental, cet exil solennel d'une nation à qui l'on refusait l'eau et le feu sur le continent; l'Angleterre! qu'il combattait en Suède, en Russie, en Hanovre, en Espagne; cette Angleterre! toujours présente ou cachée avec ses ruses et son or, hydre aux têtes renaissantes qui jetaient incessamment leurs poisons sur les foudres flamboyantes de son aigle; l'Angleterre enfin! qui brisait son cœur de haine et de vengeance, et qu'à tout prix il voulait vaincre, humilier et anéantir!

Vers la fin de l'année 1812, en Espagne, les troupes françaises avaient repris de grands avantages; mais le sort de ce royaume était encore incertain lorsque, sous les murs d'Astorga, le maréchal Soult remporta une victoire signalée. L'armée anglaise, presque tout entière, et l'armée espagnole, commandées par le général Wellington, furent obligées de mettre bas les armes et de capituler. Trente-deux mille prisonniers furent dirigés sur Bayonne, et le général anglais amené à Paris, vaincu, mais non sans gloire dans sa défaite, car cette campagne malheureuse avait jeté encore un grand lustre sur sa renommée militaire.

La capitulation d'Astorga fut décisive. L'Espagne, entièrement purgée des Anglais, fut bientôt pacifiée. Le roi Joseph rentra dans Madrid, y rappela les cortès et régna depuis tranquillement sur cette nation.

Mais, vaincue en Russie, chassée de l'Espagne, la fière Angleterre restait encore reine de l'Océan, d'où elle bravait le maître de l'Europe.

Las de cette lutte sans fin, l'empereur avait envoyé de Pétersbourg le général Lauriston à Londres, chargé d'offrir une sorte de trève, et d'apporter quelques préliminaires de paix. Il avait pensé qu'au milieu de ses victoires et de sa puissance, sa dignité n'aurait pas à souffrir de sa démarche. Le ministère anglais, de son côté, envoya un diplomate déjà célèbre, M. Canning, qui se rendit auprès de Napoléon avec des instructions de même nature. Mais ces deux missions secrètes et sans caractère décidé n'amenèrent aucun résultat. Une égale fierté repoussait de part et d'autre les concessions réclamées, et l'Angleterre se retira la première de ces négociations, se croyant chez elle aussi inébranlable que les rochers de ses îles.

Il fallut donc continuer la guerre, guerre d'extermination, et désormais sans repos; duel à mort entre ces deux nations, ou plutôt entre Napoléon et elle, et dans lequel il fallait que Napoléon ou l'Angleterre pérît.

Le congrès de Hambourg s'ouvrit dans ces circonstances, avec son masque de fête au dehors, et au dedans la pensée constante de dompter la nation rivale. Là fut formée une confédération offensive de toutes les puissances maritimes de l'Europe, sous la direction de la France. Toutes les flottes de ces états furent mises à la disposition de l'empereur. Bientôt les ports de l'Océan, de Cadix à Cronstadt, s'animèrent d'une activité inaccoutumée, et une expédition décisive fut remise au printemps de l'année suivante.

Après avoir pacifié l'Europe, l'empereur ne croyait pas que ce fût de trop de toutes les forces du continent, et d'une année entière de préparatifs, pour s'assurer le succès et la gloire d'une si grande conquête, et le reste de cette année se passa ainsi dans cette seule pensée et dans ces travaux, sans qu'aucun événement de quelque importance vînt la signaler.

L'Angleterre, qui, de l'autre côté des mers, savait tout et voyait tout, douta pour la première fois de sa destinée.

CHAPITRE X.

PRÉPARATIFS DE GUERRE.

—

Pendant le séjour de l'empereur en Russie, l'impératrice Marie-Louise avait mis au monde une fille nommée Clémentine-Napoléon. A cette occasion, l'empereur rendit un décret portant que ses enfants prendraient, dès leur naissance, le titre de roi et de reine du sang de France, en se réservant pour lui le droit d'attacher à ce titre la détermination d'états et de royaumes, comme il l'avait fait pour son premier-né, le roi de Rome.

Nous reparlerons sans doute de cette jeune reine, dont le souvenir est resté si cher à la France.

Un troisième enfant, nommé Gabriel-Charles-Napoléon, né au mois de février 1814, eut aussi le titre de roi sur son berceau; mais on attendit en vain qu'une qualification plus significative vînt le désigner à l'Europe. Cette vacance d'un mot fut plus remarquée alors que l'action la plus éclatante : comme s'il n'y avait pas un acte de l'empereur qui n'eût son retentissement, son silence comme sa décision.

Cependant, depuis le congrès de Hambourg, les côtes de l'Océan, du nord au midi, étaient devenues vivantes sous l'activité prodigieuse imprimée aux affaires maritimes. Durant l'hiver, des escadres, portant tous les pavillons du continent, venaient successivement se réunir dans l'Elbe, depuis Hambourg jusqu'à la mer ; des bâtiments de transport étaient construits dans les ports de la Hollande, et la flotte de l'Elbe, grossie incessamment de toutes les marines de l'Europe, et à laquelle vinrent se joindre, au mois d'avril 1814, les flottes d'Anvers et de la Baltique, comptait à cette époque soixante vaisseaux de ligne, cent quatre-vingts frégates, un grand nombre de bâtiments de guerre et une quantité prodigieuse de navires de transport et de débarcation.

Le roi des Deux-Siciles, grand-amiral de l'empire, partit, accompagné du duc Decrès, ministre de la marine, pour inspecter ces immenses préparatifs, en même temps que deux cent mille hommes des armées de terre, qui depuis quelque mois étaient réunis dans le Mecklembourg et la Westphalie, s'approchaient de Hambourg, afin que tout fût préparé pour une embarcation soudaine.

L'Angleterre veillait sans relâche aux moindres mouvements de l'Europe, et ne pouvait voir ces armements formidables sans inquiétude et sans y opposer des obstacles. Ses vaisseaux, dans plusieurs engagements, avaient essayé d'empêcher la jonction des différentes escadres dans l'Elbe; mais des combats partiels, dans lesquels les avantages avaient été incertains et jamais importants, ne purent empêcher la réunion complète de toutes les forces maritimes de l'Europe sur les côtes du Holstein.

Elle aussi, dans l'attente d'une invasion, avait soulevé toute sa puissance, et croyant avoir appris les lieux désignés pour la descente, elle y avait porté la plus grande partie de ses moyens de défense.

Cependant rien encore n'avait fait connaître d'une manière certaine l'intention de Napoléon. Le mois d'avril était presque achevé sans qu'aucune déclaration officielle eût paru, et l'Europe attendait le moment fatal dans le silence et la stupeur,

Lorsque ce calme mystérieux fut tout-à-coup rompu par ce décret, en date du 22 avril 1814 :

« NAPOLÉON, empereur des Français, etc., etc.

« Avons décrété et décrétons ce qui suit :

« Art. 1ᵉʳ. Notre bien-aimé fils le roi Gabriel-Charles-Napoléon prendra désormais le titre de *roi d'Angleterre*.

« Art. 2. Nos ministres des relations extérieures, de la justice, de l'intérieur, et notre ministre secrétaire d'état sont chargés en ce qui les concerne de l'exécution du présent décret.

« Donné en notre palais impérial de Hambourg, le 22 avril 1814.

« *Signé*, NAPOLÉON.

« Vu par nous archichancelier de l'empire,

« *Signé,* CAMBACERÈS, prince duc de Parme.

« Par l'empereur,

« Le ministre secrétaire d'état,

« *Signé*, duc de BASSANO. »

CHAPITRE XI.

DESCENTE EN ANGLETERRE.

C'était ainsi qu'était jeté le défi impérial; c'était la défaite qu'il donnait pour gage de bataille, et le partage du pays à vaincre était sa proclamation de guerre.

Sans doute il y a dans de pareils défis rapportés par l'histoire quelque chose de hautain qui déplaît, et trop souvent un résultat nul ou contraire a montré toute la vanité et le ridicule des emphatiques proclamations de ce genre.

Mais là il en était autrement : vingt années de combats, d'habileté politique, de préparatifs et de haine surtout, venaient se résumer dans ce décret, si sérieux que l'Angleterre en trembla; elle vit que tout était désormais fini pour elle; que Napoléon avait brûlé ses vaisseaux, et qu'il fallait qu'un des deux mourût à cette lutte.

Comme nous l'avons déjà dit, la forme de ce décret dut seule la surprendre, car une telle guerre s'enfante longuement, et depuis long-temps aussi ses provinces s'armaient de toutes leurs forces de défense.

Mais ses prévisions la trompèrent en partie et sur l'époque précise de l'expédition impériale, et sur les lieux de la descente.

Cependant, à peine le décret du 22 avril venait-il d'éclater, que déjà l'ébranlement des flottes avait lieu, et cette formidable expédition quittait le continent et se dirigeait vers l'Angleterre.

Telle fut la rapidité de ces événements, que le gouvernement anglais n'avait pu la prévoir. Deux mois ne lui paraissaient pas suffisants pour ce qu'il n'avait fallu que huit jours à effectuer ; et, comme si tout devait déjouer sa pénétration, au lieu de se diriger dans le golfe de la Tamise et sur les côtes de Portsmouth à Ipswich, les flottes de France, favorisées par les vents, vinrent opérer leur débarquement dans le Wash et sur la côte de Boston à Yarmouth.

Le débarquement s'effectua en deux journées, sans aucun obstacle. Dès le premier jour, le troisième corps d'armée, sous le commandement de l'ancien prince royal de Suède, redevenu le maréchal Bernadotte, se porta sur Norwich, s'en empara malgré une résistance opiniâtre, et s'établit dans tout le comté de Norfolk, attendant qu ele autres corps d'armée vinssent se réunir dans les environs de cette ville. Bientôt les mouvements militaires de l'armée française s'exécutèrent, deux batailles successives furent disputées avec acharnement dans les campagnes de Hertford et d'Ipswich; mais l'armée française allait toujours en avant.

Une troisième bataille, plus importante encore, eut lieu sous les murs de Colchester. Les généraux Belfour et Harris, de l'armée anglaise, y furent tués; douze mille Anglais restèrent sur le champ de bataille, et l'armée française eut elle-même à déplorer, au milieu de sa victoire, une perte considérable et la mort du brave général Lepic, tué par un obus au commencement de l'action.

Mais ces combats, qui dans d'autres circonstances eussent été décisifs, n'étaient qu'une préparation à la prodigieuse bataille de Cambridge.

Le gouvernement anglais n'avait pas cessé, depuis les premières nouvelles du débarquement, de déployer l'activité la plus grande. Les combats d'Ipswich et de Colchester l'avaient servi dans ses calculs, et retardé, malgré leurs victoires, la marche des armées françaises. Pendant ce temps les troupes anglaises se retiraient des divers points et des frontières, où le duc d'Yorck, généralissime, les avait dispersées ; elles se dirigèrent à marches forcées vers Cambridge, et il se réunit en peu de jours dans les environs de cette ville une armée formidable de plus de deux cent vingt mille hommes.

Napoléon n'avait pas empêché cette jonction des armées anglaises, et peut-être s'était-il plu à prolonger l'apparente inertie dans laquelle il laissa pendant quelques jours ses propres troupes, afin d'en finir de ces combats partiels qui ne résolvaient pas le problème, et de mettre en face sur un seul point les destinées et les forces accumulées de la France et de l'Angleterre.

Le duc d'Yorck ne voulut pas quitter les environs de Cambridge ; il résolut d'y attendre l'ennemi, et sa détermination devint d'autant plus assurée, lorsqu'il sut que l'empereur s'avançait avec toute son armée vers cette ville.

Ce fut le 4 juin 1814 qu'eut lieu cette gigantesque bataille.

D'un côté l'empereur avec les rois de sa famille et le roi de Saxe, et de l'autre le prince régent, les ducs d'Yorck et de Cambridge étaient présents.

L'armée anglaise venait la veille d'être renforcée par l'arrivée du corps d'armée du général marquis d'Anglesea, à la tête de dix mille Écossais, et elle s'élevait ainsi à plus de deux cent trente mille hommes; l'armée française en comptait plus de cent quatre-vingt-dix mille; l'artillerie était formidable des deux parts, et la cavalerie anglaise avait l'avantage du nombre.
— L'encombrement des troupes du duc d'Yorck, résultat de la rapidité extraordinaire des événements depuis la descente, amena un grand désordre, et contraignit le général en chef de précipiter ses mouvements d'attaque. Cette circonstance favorisa singulièrement les plans de Napoléon, qui put ainsi amener le combat sur le terrain qu'il avait reconnu et choisi.

L'action, engagée au lever du soleil, s'acheva avec le jour, mais tout était terminé avant la nuit. Les résultats en furent immenses. Dès neuf heures du matin, les troupes anglaises, sous le commandement du duc d'Yorck, foudroyées par les batteries françaises, virent tomber leur général en chef frappé à mort d'un boulet de canon. A neuf heures et demie, le duc de Cambridge fut blessé lui-même si grièvement qu'on fut forcé de l'emporter du champ de bataille. Veuve de ces deux généraux, privée de commandements et dans la plus grande confusion, l'armée anglaise fut enveloppée de toutes parts, écrasée et détruite. L'acharnement de la guerre n'avait jamais été plus loin ; jamais aussi grande lutte n'avait soulevé d'aussi grands peuples. L'Angleterre et la France étaient là plutôt comme nations que comme armées, et leur vieille haine nationale débordait en fureur et en massacre; mais la Providence avait encore décidé cette conquête de Napoléon. Écrasés et tombant par milliers, les soldats anglais mouraient dans leurs lignes, sans céder leurs positions; et, quand, sur la fin du jour, réduits au désespoir, leurs bataillons en lambeaux ne pouvaient plus que mourir sans se défendre, ils se retirèrent enfin en jetant un immense cri de douleur qui termina la bataille. Ce cri était le dernier soupir de l'Angleterre, et la chute du géant ébranlait le monde.

Outre le duc d'Yorck, généralissime, l'armée ennemie avait perdu vingt-deux généraux. Cinquante-quatre mille hommes avaient péri, le reste était blessé ou prisonnier. C'est à peine si quarante mille fuyards avaient échappé à ce carnage en se dirigeant vers Bedfort. Toute l'artillerie était restée au pouvoir du vainqueur, et le duc de Cambridge lui-même avait été conduit, blessé et prisonnier, devant l'empereur.

Les pertes de l'armée française s'élevèrent à plus de quatorze mille hommes; le roi de Naples avait reçu une légère blessure au bras gauche. Le maréchal Ney et le général Compans avaient également été blessés, ce dernier surtout l'était si grièvement qu'on désespéra de sa vie pendant quelques jours.

Tout était décidé par cette incroyable victoire. L'Angleterre était plus que vaincue, elle était détruite et rayée du monde, et comme l'armée, la nation n'existait plus.

L'empereur entra le soir même à Cambridge, où il ne demeura qu'un jour. Le surlendemain, 6 juin, il marcha avec son armée directement sur Londres et y entra en vainqueur le 9 juin, jour où le pavillon impérial flotta sur la Tour, sur le Monument et les édifices publics.

Le parlement, depuis la bataille de Cambridge et au milieu de cette crise de la patrie, s'était constitué en permanence. A peine arrivé à Londres, Napoléon se rendit à Westminster; il entra froidement dans la salle des séances de la chambre des communes auxquelles s'étaient joints les lords, il marcha rapidement jusqu'au fauteuil de l'orateur, et là, il déclara d'une voix retentissante que le parlement était dissous, et *détruit*, ajouta-t-il. En même temps, les troupes qui le suivaient firent évacuer la salle, après quoi l'empereur ayant fait fermer les portes, en prit lui-même les clés, et ayant poussé son cheval jusqu'au milieu du pont de Westminster, il jeta avec force ces clés dans la Tamise, en s'écriant : « Il n'y a plus de parlement! il n'y a plus d'Angleterre! »

Il n'y avait plus d'Angleterre! c'était la seconde fois qu'un souverain et son armée, sortis de France, conquéraient ces contrées. Les batailles d'Hastings et de Cambridge avaient été également décisives ; mais ce qui fut un royaume pour Guillaume, Napoléon n'y voulut voir qu'une province.

Il n'y avait plus d'Angleterre! elle ne songea même pas à se débattre. La rapidité de la conquête avait tellement stupéfait les Anglais, qu'ils ne savaient plus que se soumettre ; les ports et les villes de l'intérieur reçurent silencieusement les vainqueurs et leurs pavillons, et la nation, n'ayant plus de foi dans sa destinée, impuissante et sans espoir, attendait ce que Napoléon ferait d'elle.

Le lendemain même de la bataille de Cambridge, la famille royale s'était retirée dans les provinces du nord; elle apprit à Yorck l'entrée des Français à Londres. Le prince régent envoya les lords Castelreagh et Liverpool en ambassade vers l'empereur; mais celui-ci refusa même de les recevoir, en disant qu'il ne pouvait traiter avec de tels ennemis, et que, vainqueur de l'Angleterre, il voulait en rester le maître.

Toute l'habileté de ces diplomates échoua devant la rigueur de Napoléon, et leur illusion politique s'éteignait à peine lorsque le décret qu'on va lire leur apprit comment le vainqueur disposait de la nation vaincue.

CHAPITRE XII.

DÉCRET DE LONDRES.

« Napoléon, empereur des Français, roi d'Italie, protecteur de la confédération du Rhin, et médiateur de la confédération suisse, etc., etc.,

« Avons décrété ce qui suit :

« Art. 1er. Les mers sont libres, les divers états de l'Europe reprennent les colonies qu'ils possédaient avant 1789.

« Art. 2. L'Angleterre est réunie à l'empire français.

« Art. 3. La maison de Brunswick a cessé de régner sur l'Angleterre.

« Art. 4. Le roi Georges III prendra le titre de roi feudataire des royaumes unis d'Écosse et d'Irlande, à la charge de payer annuellement à la France un tribut de 5,000,000 de fr., et un contingent de guerre en troupes et argent qui sera fixé ultérieurement.

« Art. 5. Le parlement anglais est supprimé.

« Art. 6. L'Angleterre n'a d'autre constitution que celle de l'empire français, dont elle fait partie.

« Art. 7. L'Angleterre est divisée en vingt-deux départements. »

Les nombreux articles qui suivent dans ce décret contiennent l'organisation judiciaire, administrative et militaire de cette nouvelle province.

Quarante pairs des plus illustres maisons étaient appelés au sénat français, et cent députés anglais furent nommés à la chambre élective ; car c'était l'esprit de ce décret comme la volonté et la politique de Napoléon de fondre les deux nations, afin qu'il n'y eût plus qu'un seul état, la France, dans laquelle venait s'absorber l'Angleterre.

L'archichancelier Cambacérès fut nommé vice-roi de l'Angleterre, et chargé de créer la nouvelle organisation judiciaire et administrative.

Le maréchal duc de Dalmatie vint prendre le commandement des forces et établir le système militaire.

Les Anglais furent conservés dans leurs charges et leurs fonctions, autant que ces dispositions nouvelles le permirent.

Les débris de l'armée anglaise, recueillis et traités sans beaucoup d'exigence et de rigueur, furent, après avoir traversé l'Océan, transportés en Hollande, en France et en Italie, pour être distribués et fondus avec mesure dans les troupes françaises. Ainsi placée sous le commandement d'officiers français, cette armée devenait sans importance et sans danger, en même temps qu'elle augmentait d'une manière utile les forces militaires de l'empereur.

Pendant trois ans il n'y eut que des garnisons françaises dans les vingt-deux nouveaux départements.

Le commerce respira, les mers étaient redevenues libres. L'Angleterre se releva de son accablement, son intérêt l'accoutuma à être française, et sa fierté s'assouplit sous la douceur et l'habileté de la nouvelle domination.

Le roi Georges III, sans troupes et sans moyens de résister, accepta ce fragment de royauté qu'on lui jetait en dédommagement de son empire, et alla tranquillement établir sa cour à Glasgow.

C'est qu'en effet la force morale de l'Angleterre n'existait plus. Au moment où l'on avait abordé cette terre inabordable, le charme s'était rompu; elle devenait une nation ordinaire, et elle devait être vaincue.

Toutes ses colonies furent réunies à l'empire français, excepté la Dominique et les îles Lucayes, dans la mer des Antilles, l'Amérique anglaise du nord, et l'île de Ceylan, dans l'Inde, qui furent assurées au roi d'Écosse et d'Irlande.

Ainsi devinrent parties intégrantes et colonies de l'empire français, l'Inde, la Nouvelle-Hollande, les îles d'Afrique, le cap de Bonne-Espérance, Malte, Gibraltar, la Jamaïque, les Antilles, Terre-Neuve et les autres possessions coloniales anglaises.

Les îles de Jersey et de Guernesey devinrent une sous-préfecture dépendant du département de la Manche, le chef-lieu de cet arrondissement étant fixé à Guernesey. Les nouvelles lois françaises remplacèrent dans ces îles les anciennes coutumes et lois normandes qu'elles avaient conservées jusque-là.

La compagnie des Indes fut dissoute, et le commerce de l'Asie rendu libre.

La dette de l'Angleterre resta à sa charge et séparée de celle de la France.

Un archevêque primat fut établi à Londres; il eut la suprématie spirituelle de l'église anglicane. Les revenus immenses du clergé furent attribués comme fonds d'amortissement au paiement de la dette publique, et les membres de ce clergé furent, comme ceux du clergé français, payés avec des traitements fixes sur les fonds généraux de l'état.

Londres devint aussi le séjour d'une cour de cassation, d'une école polytechnique et d'une école de magistrature.

Les universités d'Oxford et de Cambridge devinrent des académies. L'université anglaise fut établie à Londres.

Les lois françaises furent traduites, et devinrent obligatoires à commencer du 1er janvier 1815.

Et peu d'années s'étaient écoulées, que l'Angleterre, vaincue et dissoute, se retrouva reconstituée comme province de l'empire, et se sentit française.

CHAPITRE XIII.

HARTWELL.

—

L'empereur Napoléon, voulant rendre complets les résultats de la conquête, ne consentit pas à en céder la moindre part sans y apposer comme le cachet de sa suzeraineté; aussi fit-il savoir que lui-même irait à Glasgow donner l'investiture des royaumes unis d'Écosse et d'Irlande au roi dépossédé de la Grande-Bretagne. Cette action avait à ses yeux une grande importance politique : c'était rabaisser le roi donné à ces deux royaumes, et manifester sa propre puissance à la nation qu'il venait de fonder.

Sur le chemin de Londres à Glasgow est la ville d'Aytesbury, et à quelques milles de cette ville existe un château nommé Hartwell.

C'était là qu'habitait, courbée sous les coups d'une destinée terrible, la vieille et royale famille des Bourbons; là aussi vivait un roi de France, sacré dans le sang, couronné par le malheur, et dont la vaine royauté n'avait plus qu'un nom et quelques hommages stériles de fidèles serviteurs.

A l'approche de l'armée française, les amis du monarque exilé l'avaient invité à fuir; ils lui représentaient les dangers qu'il y avait à courir s'il tombait dans la puissance de celui qu'on appelait dans ce lieu l'usurpateur. On parlait de la possibilité d'un grand crime. Il y avait, disait-on, une légitimité à acquérir par quelques meurtres, et la tête sacrée du roi eût été la première à être frappée.

Louis XVIII se détourna, à ces conseils, vers le vieux prince de Condé, qui seul était en ce moment à Hartwell : « Et vous, mon cousin ? » lui demanda-t-il.

M. le prince de Condé répondit que pour lui il ne voyait que de la grandeur à demeurer en face de l'empereur et à l'attendre.

Louis XVIII serra avec attendrissement la main du vieux général. « C'était ma pensée, mon cousin, lui dit-il; nous verrons s'il n'y a rien dans un roi de France qui puisse arrêter le glaive d'un meurtrier. »

Il se trompait dans sa douleur injuste; il méconnaissait la grandeur d'âme de Napoléon, dont la politique était trop haute pour rêver un crime, d'ailleurs si inutile.

L'empereur, arrivé à Aytesbury, voulut aller à Hartwell. La présence des Bourbons dans ce domaine le surprit, et il admira peut-être leur courage.

Il se détourna de la route, quitta son cortége, et, accompagné seulement du duc de Dalmatie et du général Rapp, il se dirigea au grand galop vers la résidence d'Hartwell.

Son arrivée inattendue produisit la plus grande agitation dans le château, et ce fut avec une sorte d'effroi que M. de Blacas en vint annoncer la nouvelle à Louis XVIII.

« C'est une visite », dit le roi en souriant. Et avec sa présence d'esprit ordinaire, il ajouta : « Il serait de mauvaise compagnie de ne pas la recevoir ; je suis chez moi, monsieur, et l'on fera entrer le général Bonaparte. »

Ce nom de général donné à l'empereur tira des larmes de toute cette noblesse fidèle ; elle ne savait ce qui pourrait arriver d'une semblable entrevue, où le roi légitime et dépossédé de France se disposait à refuser un titre de souverain au puissant empereur des Français.

Napoléon fut introduit, accompagné de ses

deux généraux. Louis XVIII ayant fait retirer sa cour, resta seul avec le prince de Condé, et la conversation suivante s'établit entre les deux souverains, ainsi que l'a écrite le général Rapp dans ses *Mémoires*.

LOUIS XVIII, *se levant à l'arrivée de Napoléon*.

« Général, je n'espérais pas cette bonne fortune, et votre visite dans ce château m'étonne et m'est précieuse. »

A ces mots Napoléon pâlit et se mordit les lèvres. Il répondit :

— « Le malheur a des droits à tous les hommages, prince, et je n'ai pas voulu passer si près de Français d'une aussi grande illustration sans les voir. Le souverain de la France aime à retrouver les siens quelque part qu'ils soient. »

LOUIS XVIII.

« Les siens ! Monsieur, sans doute vous ne voulez pas dire votre roi ? »

NAPOLÉON, *souriant*.

« Votre altesse ne le pense pas. »

LOUIS XVIII, *avec dignité*.

« Ni vos sujets, sans doute ? »

L'empereur se tut, et, rapprochant le fauteuil sur lequel il venait de s'asseoir de celui du roi de France, il le regarda en face et lui dit :

« Toutes ces formules sont vaines ; je connais l'esprit de votre altesse, et mes moments sont trop pleins pour que j'aille combattre avec elle sur un terrain où j'aurais trop de désavantage : je dois m'expliquer nettement.

« Votre altesse conserve encore le titre de roi de France ; vingt-cinq ans d'infortune ont dû vous convaincre de sa vanité. C'est moi, moi seul qui suis le véritable souverain de la France, moi qui l'ai élargie jusqu'aux bords de l'Europe ; et le monde, qui ne vous connaît plus, ne sait pas même s'il y a encore des Bourbons quelque part. Vingt-cinq années de misère ont desséché leur mémoire.

« Quelque peu de souci que je puisse avoir d'une résignation inutile à mes desseins, c'est à vous de penser, prince, s'il ne serait pas à propos de quitter ce titre stérile de roi de France, qu'un autre titre et ma puissance ont absorbé.

« Cependant votre maison a été long-temps royale ; elle peut le redevenir : l'Irlande a d'assez belles provinces catholiques pour le descendant des rois très-chrétiens. Le roi Georges n'est pas encore si fermement assis sur ce trône que je ne puisse y placer les Bourbons, et si.... »

LOUIS XVIII, *l'interrompant avec enthousiasme.*

« Oh! ma belle couronne de France, tout flétris que soient tes lis, comment penserais-je à te remplacer! Ah! plutôt ce mot de roi de France que la toute-puissance ailleurs! »

NAPOLÉON.

« Si l'Irlande convient peu à la famille des Bourbons, un plus grand empire, et plus digne d'elle peut-être, est vacant dans le nord; la Suède, avec la Finlande, n'a plus qu'un roi sans postérité. La Norwége, qui vient d'en être distraite, pourrait y être réunie de nouveau, et le Danemarck lui-même, si les destinées le voulaient, pourrait venir recompléter cette ancienne monarchie des trois royaumes du nord. Cette tiare septentrionale, prince, vaudrait sans doute un pareil sacrifice. »

LOUIS XVIII.

« Vous connaissez peu les cœurs de roi, monsieur, pour essayer de les atteindre par une telle corruption. »

NAPOLÉON, *se levant avec colère.*

« Ni vous la fermeté terrible de l'empereur des Français, prince; là où les bienfaits cessent, le châtiment, plus facile, pourrait commencer. »

LOUIS XVIII, *avec calme.*

« Ma famille est accoutumée au martyre, général; me voici, prêt à tout: il y a encore de la place pour moi dans vos fossés de Vincennes. »

A ce mot de Vincennes, le vieux prince de Condé, qui avait écouté avec un froid dédain cet entretien, trembla tout-à-coup, pâlit, et laissa tomber sa main sur le pommeau de son épée; puis, des larmes ayant coulé sur ses joues, il leva les mains au ciel et sortit en s'écriant : « Oh! mon Dieu! »

Napoléon n'avait perdu aucun de ces mouvements, et, redevenu calme, il dit à Louis XVIII :

— « Votre altesse ne pourrait rester en France, et l'Angleterre est devenue la France; mon ministre lui fera connaître mes intentions. » En achevant ces mots, il sortit précipitamment, remonta à cheval, et, sans adresser une seule parole aux généraux qui l'accompagnaient, il regagna, avec la plus grande vitesse, la ville d'Aytesbury.

CHAPITRE XIV.

L'ILE DE MAN.

—

L'empereur se rendit à Glasgow, où s'étaient réunis les parlements d'Écosse et d'Irlande. Ainsi qu'il l'avait déjà fait pour le roi de Pologne Poniatowski, il remit, en présence des membres de ces parlements, le sceptre au roi Georges, et, dans un discours assez court, il assura à ces deux royaumes la jouissance de leurs constitutions et de leurs priviléges, avec les modifications que le système de l'Europe lui avait imposées, disait-il, et la première fut l'émancipation de l'Irlande catholique.

Cette investiture de ce double royaume lui assurait une suzeraineté de fait, quoiqu'elle ne fût pas officiellement promulguée.

De Glasgow il fit écrire, par le duc de Bassano, ministre secrétaire d'état, la décision suivante à Louis XVIII :

« Napoléon, etc. ;

« Avons ordonné ce qui suit :

« Les bâtiments, parc et dépendances du château d'Hartwell sont réunis à notre domaine privé.

« Dans le délai d'un mois, à compter de ce jour, le comte de Lille et sa famille, ainsi que les personnes qui les accompagnent, se rendront dans l'île de Man, qui deviendra le lieu de leur résidence.

« Donné au palais de l'Université de Glasgow, ce 22 juillet 1814.

« Napoléon.

« Duc de Bassano. »

Une lettre du duc de Bassano accompagnait cette décision; pleine de respect pour les illustres proscrits, elle leur annonçait que cette résidence était comme une propriété même de l'île, et que tant que la famille des Bourbons resterait sur son territoire, aucune autorité française n'y séjournerait, et ne pourrait y avoir d'action.

Louis XVIII affecta de refuser la seule appa-

rence d'une souveraineté sur cette île; MM. de Montesquiou et de Blacas l'administrèrent, sans même rendre un compte qu'il ne voulut jamais recevoir.

Ainsi, une sorte de royaume fut comme imposé à celui qui se disait le roi de France. Il y avait dans cette modération de l'empereur une tactique adroite qui ne pouvait échapper à Louis XVIII; aussi, tout en acceptant cet exil, auquel il ne pouvait se soustraire, il protesta encore par une de ces nobles déclarations qui sont si connues.

L'île de Man a environ dix lieues de long sur cinq de large. Elle est assez fertile; Douglas en est la capitale, port et ville d'environ trois mille habitants. D'autres villes d'une moindre importance s'y trouvent encore; la population entière est d'environ quarante mille âmes.

C'est dans cette île que, long-temps après, en 1824, Louis XVIII étant mort, son frère, M. le comte d'Artois, fut proclamé, sans que l'Europe en sût quelque chose, roi de France, sous le nom de Charles X.

CHAPITRE XV.

RÉPUBLIQUE DE SAINT-MARIN.

Une conquête assez ridicule vint rompre, pour la distraction de l'Europe et l'amusement de la postérité, la monotonie si glorieuse de toutes ces grandes révolutions.

A quelques lieues de Rimini, dans le royaume d'Italie, existait une petite république de Saint-Marin, peuplée d'environ six mille habitants et ayant un territoire de deux lieues de diamètre.

L'histoire de ce petit pays montre jusqu'à quel point le dédain peut servir de salut aux peuples.

Les habitants de Saint-Marin, depuis plus de huit cents ans, s'étaient constitués dans un état d'indépendance ; c'était une république nommant ses magistrats, un provéditeur et quelques autres fonctionnaires, et il semblait que, par une plaisanterie politique, les autres puissances avaient toujours voulu épargner cette nation.

Mais au mois de juin 1815, le garde-champêtre d'une commune voisine, dépendant de l'empire français, ayant arrêté un délinquant sur un champ de la république, cet acte fut considéré comme une violation d'un territoire étranger, d'où grande rumeur dans la cité.

Le conseil fut assemblé, et là furent gravement agités l'importance de cet événement et les moyens d'y remédier. Les discussions furent longues, énergiques, et il fut arrêté qu'une adresse ferme et pleine des sentiments de liberté et de douleur serait envoyée à l'empereur des Français, pour réclamer sur cette violation du pays et demander une réparation.

Cela pouvait être hardi et assez fièrement convenable, si l'empereur avait bien voulu, par le même sentiment de pitié qu'avaient consacré les siècles, permettre cette réparation.

Mais cela était complètement ridicule si le souverain s'en irritait, ce qui n'arriva pas tout-à-fait cependant.

L'empereur fit écrire au préfet de Pesaro qu'il eût à nommer un maire à la commune de

Saint-Marin, qui dorénavant dépendrait du canton et de l'arrondissement de Rimini, et à ordonner que le commissaire de police de cette dernière ville se transporterait à Saint-Marin pour proclamer cet arrêté de la préfecture.

Ainsi expira dans un procès-verbal de commissaire de police l'ancienne république de Saint-Marin.

CHAPITRE XVI.

PROMOTIONS.

L'empereur quitta l'Angleterre et revint à Paris dans les premiers jours du mois d'août.

Le 15 du même mois, jour de sa fête, il fit paraître un décret dans lequel, en souvenir des grands événements des deux années précédentes et principalement de la conquête de l'Angleterre, il appelait à de hautes dignités quelques-uns des grands fonctionnaires de l'état.

Eugène Beauharnais fut nommé roi d'Italie.

Napoléon détacha en sa faveur ce titre de sa propre couronne. Le nouveau roi conserva pour l'empereur le gouvernement du royaume d'Italie, sans rien gagner à cette magnifique faveur, qu'une dignité plus complète, mais sans augmentation de puissance.

Napoléon avait appris à l'Europe qu'il pouvait s'emparer à son gré du titre de roi, il voulut aussi lui apprendre qu'il pouvait le résigner et l'abandonner selon son bon plaisir.

Le duc de Cadore fut créé prince d'Oldembourg.

C'était la récompense des traités de paix que, depuis le célèbre traité de Vienne, M. de Champagny avait conclus avec une grande habileté, et en dépassant quelquefois les prévisions de l'empereur. C'était encore un juste hommage rendu par Napoléon à ce ministre aussi distingué par sa probité sévère que par ses hautes facultés, le seul d'ailleurs pour lequel il eût une déférence qui tenait presque de la vénération.

Lorsqu'en 1818 le prince architrésorier de l'empire mourut, le duc de Cadore, prince d'Oldembourg, fut promu à cette éminente dignité.

Les comte Montalivet, Mollien et Daru furent créés ducs.

Le comte Roy, alors président du corps législatif, et plus tard ministre des finances, fut créé duc d'Illyrie.

Furent nommés maréchaux de France les six généraux :

Belliard, ... créé duc de Mantoue;

Gouvion Saint-Cyr, créé duc de Ferrare;
Molitor;
Foy, ... créé duc de Tolosa;
Clausel, ... créé duc de Calabre;
Gérard, ... créé duc de Ravenne.

Le vice-amiral Gantheaume fut fait comte de Yarmouth et investi de la nouvelle dignité d'amiral, créée dans la marine par le même décret.

Douze généraux de brigade furent nommés généraux de division, et d'autres nombreuses promotions ainsi que des décorations furent répandues dans l'armée sur ceux qui avaient bien mérité dans les derniers événements militaires.

L'empereur voulut aussi que sa mère prît le titre d'impératrice-mère.

Madame *mère* (comme on l'appelait alors) reculait devant cette magnifique dignité. Elle s'y refusa d'abord, mais Napoléon insista, et lui fit reconnaître que la mère de tant de souverains devait elle-même avoir un titre impérial. Elle fut couronnée à Notre-Dame de Paris, le 27 août de la même année; l'empereur demanda au pape de poser lui-même la couronne sur la tête de sa mère. Cette cérémonie eut lieu au milieu d'une grande pompe, et l'on y vit, pour la dernière fois, les mains tremblantes et froides du pape Pie VII donner la bénédiction aux peuples. Depuis quelques mois ce saint pontife s'affaiblissait de plus en plus, et il succomba quelques jours après le couronnement de l'impératrice-mère.

A la même époque, les habitants de Marseille crurent l'occasion favorable pour renouveler, auprès de l'empereur, une demande qui, faite une première fois, ne leur avait pas été accordée, c'était d'élever sur la principale place publique de cette ville une statue à Charles Bonaparte, père de l'empereur. Mais Napoléon, qui voulait que tout fût extraordinaire et plus qu'humain dans lui et sa famille, était comme importuné de cette maladroite flatterie; son père n'avait été qu'un citoyen ordinaire. Le présent et l'avenir lui appartenaient bien, à lui, Napoléon; mais il ne pouvait rien dans le passé. Il sentait qu'il lui était impossible d'aller fouiller une tombe pour y planter ces vains titres de roi et d'empereur qui n'y germent plus. Il répondit par un second refus.

CHAPITRE XVII.

LE CARDINAL FESCH, PAPE.

—

Pie VII était mort le 5 septembre 1815; Napoléon songea à la nomination de son successeur.

On assure que lui-même hésita s'il ne se déclarerait pas pontife souverain des églises catholiques; son projet l'eût mené jusque-là de se proclamer chef religieux de la chrétienté. Sous cette nouvelle puissance se seraient réunies toutes les sectes diverses du christianisme, libres et indépendantes dans leur culte, et toutes se rattachant à l'unité d'un pontife suprême; mais il douta de lui-même et il pensa que l'heure n'était pas venue.

Cependant cette nomination d'un pape ne pouvait lui être indifférente; il savait de quel poids est la religion et l'influence de ses ministres dans les cœurs des peuples, et qu'en politique cette force ne devait être dédaignée ni comme obstacle ni comme instrument.

Sans doute aussi à cette époque devait-il réfléchir profondément à cette bizarre exception d'une monarchie élective conservée seule en Europe. Et ces restes de je ne sais quelles formes républicaines qui se trouvaient si étrangement mêlées aux coutumes de l'église catholique, religion toute de puissance et d'autorité, l'étonnaient et l'offensaient peut-être.

Il avait, en donnant à la Pologne sa nouvelle constitution, anéanti le droit d'élection et proclamé celui de la souveraineté héréditaire.

Mais les obstacles sans nombre qu'eût fait naître la destruction du principe d'élection des papes et du privilége des cardinaux l'arrêtèrent. Il n'osait point encore y porter le seul remède que son génie jugeait convenable, celui de s'attribuer à lui seul cette toute-puissance pontificale. Il hésitait aussi, si, comme Charlemagne, il ne nommerait pas lui-même le pape, et s'il ne s'arrêta pas long-temps à cette idée, au moins voulut-il diriger en maître l'élection de ce souverain sans état, à qui il avait naguère enlevé toute la puissance temporelle. Dans ce but, tout en laissant aux cardinaux le magnifique privilége de choisir leur pontife, il leur écrivit la lettre suivante :

« Illustres cardinaux,

« Le Seigneur a rappelé à lui le vénérable et saint pontife Pie VII; vos éminences vont élire son successeur.

« Notre respectueux amour pour notre sainte religion nous impose le devoir de participer en quelque sorte par nos vœux à cette pieuse et solennelle élection.

« Et nous avons reconnu que les intérêts de la religion comme ceux de l'empire, aussi bien que nos vœux particuliers, appelaient à cet insigne sacerdoce notre vénérable oncle S. E. le cardinal Fesch.

« Nous prions le Seigneur d'éclairer et d'inspirer vos éminences dans l'accomplissement de cet important devoir.

« De notre palais impérial de Saint-Cloud, le 7 septembre 1815.
« Napoléon. »

Tous les cardinaux de l'Europe furent convoqués, et le conclave s'établit dans le palais impérial de Lyon.

La lettre de Napoléon indiquait plus que des

vœux, elle faisait connaître ses ordres. Chaque cardinal y répondit en donnant l'assurance de son respect et de sa soumission.

Vingt-neuf cardinaux se trouvèrent présents au conclave; l'assemblée fut présidée par le cardinal Alexandre Mattei, de Rome, et les opérations du scrutin commencèrent.

Elles n'eurent pas lieu cependant avec cette unanimité d'obéissance qui avait été promise. Les prélats italiens souffraient de voir la tiare échapper à l'Italie, et, ce qui n'avait pas eu lieu depuis Urbain VI (1378), ceinte par un Français. Quelques-uns même, mus par un sentiment de scrupule et de conscience, crurent devoir s'opposer à l'abolition de cet usage, qu'avaient consacré d'ailleurs les constitutions apostoliques; ils savaient aussi que le droit d'exclusion dont jouissaient les souverains d'Autriche et d'Espagne leur avait été enlevé par une décision secrète, et ces violations des formes de l'élection leur avaient paru autant de sacriléges. Aussi, huit suffrages furent-ils donnés au cardinal Barthelemy Pacca de Benevento, comme le signe d'une énergique protestation; mais les vingt-une autres voix, dès la première séance, appelèrent à la chaire de saint Pierre le cardinal Fesch.

Le nouveau pape fut proclamé à Lyon, plus tard à Paris, et enfin à Rome où il se rendit au mois de décembre suivant, sous le nom de Clément XV. Il prit pour ses armes l'aigle impériale de France.

Napoléon fut vivement blessé du partage des cardinaux dans cette élection, mais loin de le témoigner, il écrivit au contraire au cardinal Pacca la lettre suivante :

« Les voix qui vous appelaient à la chaire de saint Pierre m'ont prouvé de quelle estime le sacré collége honorait votre éminence.

« C'était aussi vous indiquer à la mienne.

« J'apprends à votre éminence que je lui envoie les insignes de grand-aigle de la Légion-d'Honneur et que je la présente à sa sainteté, le pape Clément XV, pour le siége vacant de l'archevêché de Milan.

« Je prie Dieu qu'il ait votre éminence en sa sainte et digne garde.

« NAPOLÉON. »

L'empereur avait un instant souhaité que le nouveau pape prît le nom de Napoléon Ier, mais il abandonna vite cette pensée qui se fondit dans d'autres intentions qu'il destinait à l'avenir.

CHAPITRE XVIII.

PAIX DE 1815.

Tout semblait fini et pacifié en Europe. L'empereur, de retour à Paris, résolut d'employer les loisirs de la paix et l'immensité de ses trésors à l'embellissement de Paris et de la France.

La grande rue Impériale, dont nous avons déjà parlé, était presque achevée.

Une rue semblable, de même largeur et de même magnificence, et coupant à peu près à angle droit la rue Impériale, s'étendit depuis Saint-Denis jusqu'à Montrouge; elle divisait ainsi la capitale en deux moitiés. Cette rue fut nommée la *rue Militaire*, parce qu'elle conduisait en effet aux deux routes militaires du midi et du nord, et surtout parce que la grande plaine de Saint-Denis, qu'elle traversait, devint un immense champ-de-mars, s'étendant d'Aubervilliers à Saint-Ouen et de Paris à Saint-Denis. L'empereur fit défendre et entourer ce grand espace par des fossés larges et revêtus de maçonnerie, dans lesquels des canaux amenèrent les eaux de la Seine. Cette plaine étant dominée par Montmartre, il fit aussi construire sur cette élévation une forteresse, dont les travaux furent entrepris et terminés sous la direction du général Marescot, auquel Napoléon avait à cette époque rendu ses bonnes grâces.

Ce nouveau champ-de-mars avait la forme d'un losange, ayant son diamètre le plus long de Paris à Saint-Denis, et les deux autres angles à Saint-Ouen et Aubervilliers; à ces deux derniers points et à Saint-Denis, d'immenses casernes furent construites, pouvant contenir chacune vingt mille hommes. C'étaient comme trois villes militaires, gardant une capitale. Un quartier de cavalerie où pouvaient être casernés plus de douze mille hommes et autant de chevaux fut encore élevé à Saint-Denis. Ces casernes étaient en outre défendues par des ouvrages d'une grande importance et qui firent beaucoup d'honneur à l'arme du génie militaire.

La citadelle de Montmartre assurait par sa position et l'importance de ses fortifications, considérées comme inexpugnables, la défense et la conservation de Paris, en même temps qu'elle maîtrisait en le dominant le nouveau champ-de-mars de la plaine de Saint-Denis.

Tandis que ces travaux militaires étaient exécutés dans les environs de Paris, l'intérieur de la ville acquérait aussi de nombreux embellissements.

La rue de Rivoli et la Bourse furent achevées.

Presque toutes les places publiques furent restaurées et ornées des statues des maréchaux qui étaient morts. Celle du maréchal Lannes s'éleva au milieu de la place des Vosges, laquelle reprit le nom plus consacré de place Royale.

L'empereur ordonna la refonte et le rétablissement de la statue de Louis XIV sur la place des Victoires, avec cette inscription :

LUDOVICO. MAGNO.

NAPOLEO. MAGNUS.

Les bâtiments du quai d'Orsay furent terminés, et une suite d'hôtels réguliers et semblables à ceux de la rue de Rivoli furent construits depuis la rue du Bac jusqu'au pont Louis XVI et prolongés au-delà du palais du corps législatif.

Ces palais furent réservés aux ambassadeurs des puissances étrangères, qui furent ainsi logés aux frais de l'empire, et chacun portait le nom et les armes de l'état dont il renfermait l'ambassade.

Le quai, depuis le pont Louis XVI jusqu'au pont d'Iéna, fut terminé plus tard avec un grand luxe. On l'appela le quai des Ambassadeurs.

L'église de la Madeleine étant achevée, le ministre de l'intérieur proposa d'y placer le sénat, mais Napoléon refusa sans rien dire de plus. Il n'eût pas souffert que deux corps politiques délibérassent ainsi face à face, et pussent se toucher d'aussi près. Le sénat laissé au Luxembourg convenait mieux à ses desseins; il n'avait point oublié cette maxime plus vieille que Machiavel : Diviser c'est régner.

L'église de la Madeleine fut en effet consacrée au culte de cette sainte, et devint une paroisse pour un quartier qui en manquait.

On répara Versailles et on le meubla comme si Napoléon devait l'habiter, mais il y vint peu; Saint-Cloud, plus rapproché de Paris, semblait être sa demeure d'affection.

Cependant un acte singulier fit penser qu'un jour l'empereur habiterait cette résidence si royale de Versailles. Le nouveau pont de Sèvres était commencé, et devait être un jour un des plus beaux ponts de pierre des environs de Paris. Des ordres furent donnés pour discontinuer les travaux. Au lieu de ces arches éternelles, on construisit à Sèvres un pont de bois d'une extrême élégance, en même temps qu'une sorte de construction militaire était placée à sa tête, du côté de Sèvres, comme pour le défendre.

Quelques personnes se souvenaient que Louis XIV n'avait jamais consenti la construction d'un pont de pierre à cet endroit, que sous Louis XV cette construction avait eu lieu, et que c'était par là que la population était venue, dans les journées des 4 et 5 octobre 1789, enlever de Versailles le roi Louis XVI et sa famille.

Un pont de bois, au contraire, défendu par des troupes, pouvait être facilement coupé ou brûlé, et une pareille irruption devenait désormais impossible. Tel était le raisonnement de quelques-uns; mais on ne sut jamais si cela avait été la pensée de l'empereur.

Les galeries du Louvre étant terminées dans leur entier, les maisons particulières qui existaient dans l'intérieur furent démolies. L'arc de triomphe du Carrousel disparut aussi. « C'est un jouet d'enfant », avait dit Napoléon. Ainsi, la place du Carrousel s'étendit du Louvre aux Tuileries, et cet espace immense ne fut plus divisé que par la grille qui forme la cour d'honneur du château.

On continua l'arc de triomphe de l'Étoile, qui devait être entièrement revêtu de marbre blanc.

En même temps, sous l'administration de M. de Chabrol, Paris s'assainissait et s'embellissait de plus en plus : les eaux de la Seine, soulevées à une très-grande hauteur par des pompes à feu, furent distribuées dans toutes les maisons et à tous les étages; les rues, devenues plus larges, furent garnies de trottoirs; plusieurs places publiques plantées d'arbres furent créées au milieu de la ville, qui s'agrandissait sans cesse en étendue et en population.

Il en était de même pour les autres villes de France. Un palais impérial fut construit à Lyon à la jonction de la Saône et de Rhône; mais ces divers travaux furent surpassés par ceux exécutés à Rome et en Italie.

CHAPITRE XIX.

TRAVAUX A ROME ET EN ITALIE.

Au mois de mars 1816, l'empereur se rendit à Rome, suivi de sa cour et de ses ministres; il se fit aussi accompagner de plusieurs membres de l'Institut, entre autres, Lagrange, Monge, Prony, Berthollet, Visconti, Denon, Millin, Percier et Fontaine.

M. le comte Molé, directeur-général des ponts et chaussées, s'y rendit également; et, entouré de cette autre cour de sciences et de talents, Napoléon traversa Rome dans tous les sens, et parcourut plus d'une fois la route dangereuse de Terracine dans les marais Pontins.

Puis, quand il eut tout vu de ce coup d'œil d'aigle qui voyait tout pour remédier à tout, il assembla un conseil et déclara qu'il avait deux désirs :

1° Que le dessèchement des marais Pontins fût complètement effectué;

2° Que le Tibre fût détourné de son lit dans Rome.

Ces deux ordres furent reçus avec admiration par le conseil, et accueillis avec enthousiasme quand ils furent connus dans Rome.

Les mathématiciens et les ingénieurs, MM. de Prony et Monge à leur tête, furent chargés du dessèchement de ces marais empestés, ruines cadavéreuses d'une ancienne et excessive civilisation, et qui, dans une contrée alors dépeuplée, consumaient infailliblement ceux qui osaient encore l'habiter.

Un système de canalisation fut conçu et conduit sur une multitude de points qui tous se dirigeaient jusqu'à Terracine. De larges espaces furent creusés en bassins, à l'instar de ces docks qui existent à Londres. Le port de Terracine fut très-agrandi, et il se trouva que deux ans après l'arrivée de l'empereur, cette campagne, si belle sous l'ancienne Rome, avait reparue desséchée, assainie, brillante, ne demandant plus qu'une population qui accourut et des villes qui y ressuscitèrent; et Terracine, devenue un des ports les plus importants de la Méditerranée, put dans ses magnifiques et immenses bassins contenir à l'abri la flotte la plus nombreuse, et communiquer très-avant dans la campagne par les canaux qui avaient été creusés.

Dans le délire de leur reconnaissance, les peuples de Rome et de Naples élevèrent en l'honneur de l'empereur une statue de cent pieds de hauteur, placée sur le haut du cap et du mont Circello; elle fut recouverte de feuilles de bronze, et dans le piédestal qui la supporte, un phare fut établi, comme si un nouveau bienfait devait brûler sans cesse en sacrifice aux pieds du bienfaiteur.

Les environs de Rome, qui offraient le spectacle de la stérilité et de la désolation, furent vaincus par l'opiniâtre habileté des ingénieurs; on y fit d'immenses plantations; les aqueducs relevés apportèrent sur leurs arcades, comme sur des arcs de triomphe innombrables, l'eau qui vint rafraîchir et féconder ces espaces, et dans ce cercle désert, qui entourait dans un rayon de cinq lieues la ville sainte, reparurent la vie, l'agriculture et les populations nombreuses, comme au temps des Césars.

En échange de ce bienfait, il commit une admirable dévastation en faveur de la France. La colonne Trajane fut enlevée, transportée à Paris, et élevée au milieu de la cour du Louvre, qui venait d'être pavée en marbre dans toute son étendue.

Rome pleura cette perte ; mais elle était si riche de colonnes antiques, de la colonne Antonine, des obélisques sans nombre qu'autrefois Auguste avait aussi enlevés au pays de Sésostris, qu'elle pleura dans le silence l'acte d'un conquérant qui faisait d'ailleurs tant pour elle.

Mais ce fut surtout pour l'église Saint-Pierre, cette seule merveille du monde moderne, que Napoléon occupa sa pensée et son action. Les successeurs envieux de Michel-Ange avaient voulu renchérir sur ses plans ; et, confondant le long avec le grand, ils avaient gâté la croix grecque du grand homme, étendu démesurément la nef de l'église, et plaqué à sa face le plus insignifiant des portails.

Napoléon voulait hardiment restituer à Saint-Pierre la grandeur primitive qu'avait créée Michel-Ange. Mais il y a dans les monuments religieux une double consécration d'art et de religion qui sanctifie leurs formes, et rend leurs fautes même vénérables. Il laissa donc la croix latine, dont l'étendue était regardée comme merveilleuse par les fidèles catholiques.

Mais, cette concession faite au sentiment religieux, il fit détruire les colonnes engagées du portail et les étages de croisées qui le déshonoraient. A leur place, s'élevèrent trois rangs superposés d'arcades inégales. Au bas cinq arcs immenses, au-dessus une ligne de dix plus petits, et enfin, au rang le plus élevé, vingt autres couronnés d'un attique admirable et de vingt-une statues colossales. Des colonnes toscanes, ioniennes et corinthiennes, séparaient et ornaient ces arcades, dont l'ensemble rappelait à la fois le grandiose du pont du Gard et la majesté du Colysée.

L'empereur donna lui-même le plan des canaux qui devaient servir au détournement du Tibre.

Les excavations profondes faites dans la ligne tracée par sa main impériale découvrirent des richesses immenses en antiquités, distribuées plus tard dans les musées de l'empire.

Quand le jour fut arrivé où, ces canaux étant achevés, le Tibre, ce vieux et jaune Tibre, dut quitter son lit éternel pour un lit inaccoutumé, alors, on vit cette population italienne et presque romaine de Rome se précipiter dans son cher fleuve, s'y baigner avec amour, y plonger avec joie comme pour le préparer à cette grande révolution.

A un signal convenu, le canon se fit entendre, les cloches de toutes les églises s'ébranlèrent ; le pape, accompagné du sacré collége, donna sa bénédiction au peuple et au Tibre. L'empereur, du haut d'un trône fort élevé, donna l'ordre : les dernières barrières furent brisées, et le fleuve se précipita terrible et en mugissant dans ces canaux inconnus, et laissa son ancien lit à sec et livré nu aux regards de son peuple.

Vingt mille ouvriers et soldats furent employés à fouiller le lit abandonné du Tibre ; un ordre admirable régna dans ces travaux, et les moindres découvertes étaient enregistrées et placées dans les divers dépôts établis par l'administration.

Qui dira ce qu'il renfermait dans ses entrailles, ce vieux fleuve de Rome ! Il y avait plus de deux mille ans que, jaloux, il engloutissait toutes les richesses de la république, de la ville des empereurs et des papes. Chaque invasion des barbares y avait accumulé des trésors. Il était comme pavé des plus magnifiques sculptures ; tout reparut, et les marbres, et l'or, et l'airain, et les statues, et les boucliers, et les armes ; une autre Rome, l'ancienne, qui dormait dans la noble fange du Tibre, ressuscita pour enrichir la Rome française.

Le grand ouvrage de MM. Visconti, Denon et Percier donne de précieux détails sur ce détournement du Tibre et les découvertes qui en furent la suite.

Napoléon était présent partout ; il présidait, avec cette joie simple et expansive qui est particulière aux grands esprits, à ces admirables travaux. Il se sentait fier des victoires qu'il remportait sur le passé, et ne pouvait se rassasier de cette ville qu'il voyait pour la première fois. Car, bien que ses expéditions l'eussent, à plusieurs époques de sa vie, conduit aux portes de Rome et de Jérusalem, il avait toujours évité jusque-là d'entrer dans leurs murs, comme s'il eût redouté alors le contact de la grandeur surhumaine de ces deux villes, et qu'il eût craint que sa gloire ne fût anéantie dans leur gloire.

CHAPITRE XX.

MADAME DE STAEL.

L'empereur quitta Rome après l'avoir ainsi remplie de son génie et de ses bienfaits ; tout était fait pour la magnificence de l'Italie et pour son bonheur : il n'avait plus rien à y ordonner, et laissait au temps le reste. D'ailleurs, quelques avertissements sourds d'un grand mouvement dans le nord de l'Europe avaient excité vivement son attention, et il crut son retour nécessaire.

Il passa par Genève, où languissait exilée la baronne de Staël. Il voulut en finir avec cette femme célèbre ; il savait quelle haine elle lui gardait pour les persécutions essuyées ; mais il savait aussi quel pouvoir avaient le sourire impérial et le premier pas fait par la puissance.

Mme de Staël demeurait habituellement à

sa terre de Coppet, aux environs de Genève; mais elle était alors dans cette ville, lorsqu'un officier d'ordonnance vint la prévenir que l'empereur arrivait, et allait descendre chez elle. Un instant après, une voiture s'arrêta; Napoléon en descendit et entra d'un air aisé.

La position de la baronne de Staël était des plus difficiles. Prise ainsi à l'improviste, encore déchirée de mécontentement, et de haine peut-être, elle n'était préparée à rien, lorsque Napoléon arriva droit à elle, et lui tendant la main, prit la sienne, et lui dit : « Votre génie est une puissance, madame, et je viens traiter avec vous. »

Mme de Staël, dans la plus grande surprise et la plus grande joie de cette marque inouie d'honneur, donne sa main à l'empereur, la lui serre et se met à pleurer.

L'empereur fit sortir ceux qui l'accompagnaient, et resta seul deux heures avec elle.

On assure que, dans cet entretien, il lui témoigna ses regrets d'avoir été trompé sur son compte; qu'on la lui avait représentée comme un génie à craindre, mais qu'une nouvelle lecture de ses œuvres en Italie l'avait transporté d'admiration ; qu'il avait vu Rome avec Corinne, et que, si, en effet, son haut mérite pouvait faire redouter de l'avoir pour adversaire ; d'un autre côté, rien n'était plus à rechercher que son amitié.

Mme de Staël ne pouvait contenir son émotion, et, se jetant aux genoux de Napoléon, elle lui dit que, malgré sa douleur, elle n'en avait pas moins professé pour lui une sorte de culte, et que cette démarche faisait, en ce moment, déborder son cœur de joie et de reconnaissance.

L'empereur lui parla de son livre de l'Allemagne, que ses ministres avaient arrêté à l'impression. — « Platitude barbare ! s'écria-t-il. — Je veux, madame, que ce livre soit imprimé au Louvre, par les presses impériales. »

En lui parlant, il l'appela madame la duchesse.

« Votre majesté laisse tomber un titre, dit-elle en souriant.

— « Je l'élève jusqu'à vous, madame », lui répondit-il.

Puis il parla de l'Académie française, et lui demanda sérieusement si elle souhaiterait d'en faire partie. Mme de Staël répondit avec la même gravité qu'elle s'estimerait heureuse de cet honneur.

Il semblait qu'il ne dût pas même être élevé

cette question de savoir si une femme pouvait devenir membre de l'Institut.

— « Vous en serez donc, madame, dit-il, et, pour vous éviter les démarches, je ferai moi-même connaître votre intention, et vous verrez l'Académie arriver à vous. »

Il sortit ensuite et lui demanda si elle ne retournait point à Coppet; Mme de Staël dit qu'en effet c'était son projet.

Ils sortirent ensemble, et l'empereur, en lui offrant la main pour monter dans la voiture impériale, dit à ceux qui l'entouraient : « Je vous présente Mme la duchesse de Staël, messieurs. » Puis il se plaça à ses côtés dans la voiture, et étant demeuré une heure à Coppet, il en repartit directement pour Paris, où Mme de Staël revint elle-même un mois après.

A son retour à Paris, Napoléon manda l'Académie française aux Tuileries, et dit à ses membres que la mort de Bernardin de Saint-Pierre ayant laissé une place vacante, il pensait que l'Académie française s'honorerait d'un choix tel que celui de Mme la duchesse de Staël. Le lendemain elle fut nommée à l'unanimité par l'illustre compagnie.

Quelque temps après eut lieu la séance de réception, à laquelle assista l'empereur avec la famille impériale. Le discours de Mme de Staël fut sublime, comme on le sait; il était plein de hardiesses littéraires et de vues profondes. L'enthousiasme de la récipiendaire pour l'empereur éclata à plusieurs reprises, et il fut partagé par l'assemblée, qui les couvrit tous deux d'acclamations.

CHAPITRE XXI.

MOREAU.

—

Il semblait que Napoléon, élevé si haut au-dessus de tout, voulut au défaut d'empires conquérir des hommes.

Moreau, depuis le jugement qui l'avait exilé, vivait en Amérique, contemplant avec l'insouciance qui lui était propre les grands événements de l'Europe, et pensant à peine que lui-même s'était vu bien près de ce trône où brillait son ennemi.

De Rome, Napoléon envoya aux États-Unis, près du vainqueur de Hohenlinden, le général Andreossy, porteur d'une lettre amicale et de propositions importantes.

Quand le général Andreossy arriva près de Moreau, il vit ce grand homme habitué à la vie la plus simple, travaillant à son jardin, et paraissant étranger aux secousses du monde.

Il reçut les offres de Napoléon avec froideur, et dit qu'il ne pouvait rien accepter de lui.

Mais le général Andreossy, qui savait que ce grand caractère manquait d'énergie et de persistance dans ce qui lui était personnel, revint le lendemain à la charge. Moreau devait être créé maréchal de France, duc de Carniole et grand-aigle de la Légion-d'Honneur.

Moreau hésita alors; il soupirait après sa patrie; sa femme, sa fille ne parlaient que du bonheur de revoir la France : il flottait encore incertain, et puis il accepta. Le général Andreossy profita avec insistance de cette résolution, et le décida à partir sur-le-champ, et à s'embarquer sur une frégate française qui devait prendre le nom du général Moreau, si elle le ramenait en France.

Cet acte de générosité dans l'empereur n'était pas sans calcul; à cette époque, l'armée était renouvelée, une nouvelle génération de soldats était survenue, ayant entendu comme dans le lointain le bruit de la gloire du général exilé; mais ce n'étaient plus les troupes de l'armée du Rhin qui eussent versé leur sang pour un général adoré. La gloire de Moreau était ancienne, presque de l'histoire, et son nom ne pouvait plus agir sur les masses.

Aussi l'empereur savait-il qu'il n'était plus à craindre, et qu'il avait tout à gagner en attirant à ses côtés cet illustre général au moment d'une grande guerre dont il soupçonnait l'approche.

Moreau arriva en France, et fut aussitôt présenté à l'empereur. Napoléon se leva, courut à lui et l'embrassa. « Monsieur le maréchal, lui dit-il, mon ambassadeur avait oublié de vous parer du plus glorieux de vos titres. » Puis il dit à haute voix et avec majesté :

— « Je vous salue, prince de Hohenlinden. »

A ce nom de la victoire qui l'avait tant illustré, Moreau s'inclina en saisissant la main de Napoléon; il allait la baiser avec reconnaissance, quand celui-ci le relevant, ils s'embrassèrent une seconde fois. Dès ce moment, Moreau fut gagné d'amitié et de dévoûment à l'empereur.

Une immense fortune lui fut assurée; un palais lui fut construit aux frais de l'état, dans la rue Caumartin, qui prit le nom de rue de Hohenlinden.

C'est qu'on pouvait alors impunément nommer une victoire vieille de seize ans.

Napoléon n'eut rien fait de tout cela quelques années plus tôt.

CHAPITRE XXII.

SARDAIGNE.

L'empereur, dans son voyage à Rome, et malgré les invitations pressantes du roi des Deux-Siciles, Murat, n'avait point voulu se rendre à Naples. Il voyait déjà dans la conduite de ce souverain de sa façon une allure tortueuse et une intention de se conduire soi-même avec quelque indépendance.

Cela était fait pour déplaire à Napoléon; aussi lui répondit-il que les soins exclusifs de son empire l'obligeaient à renoncer au voyage de Naples.

En même temps que le roi Murat sollicitait de son suzerain cette faveur de le recevoir dans sa capitale, par un acte hardi de son pouvoir et de sa liberté, il donnait cours à son ambition.,, et essayait ainsi de connaître jusqu'à quel point il pouvait, sans offenser grièvement l'empereur, agir dans le cercle de sa propre puissance.

La grandeur de Napoléon importunait l'âme jalouse de Murat.

Il voulut être conquérant à son tour.

La Sardaigne, gouvernée alors incognito, pour ainsi dire, par la maison de Savoie, devint le but de sa pensée. Il résolut de l'envahir. Une frégate napolitaine eut ordre de capturer un bâtiment sarde : de là une réclamation de la part du roi Victor-Emmanuel ; de là un refus superbe de satisfaire ce prince de la part de Murat ; de là une guerre.

Un combat naval eut lieu sur les côtes d'Afrique, près l'île de Zimbe : parodie ridicule de ces combats géants de l'empire. Un vaisseau de ligne napolitain, une frégate et quelques bricks, flotte entière du royaume des Deux-Siciles, détruisirent facilement la flottille encore plus faible de la Sardaigne. Murat, à la tête d'une armée de treize mille hommes, fit aussi son invasion, eut aussi sa petite bataille décisive, et entra vainqueur dans Cagliari ; et là, datant aussi un décret d'une capitale conquise, cet imitateur présomptueux déclara que la maison de Savoie avait cessé de régner en Sardaigne, et que ce royaume était réuni à celui des Deux-Siciles.

Le roi Victor-Emmanuel, ainsi dépossédé de ses états, était parvenu, après sa défaite, à se sauver en Corse sur un bateau pêcheur.

Murat avait, sans en donner aucun avis à Napoléon, entrepris et achevé sa conquête; et il crut devoir persister dans cette hardiesse, et ne pas la lui faire connaître lorsqu'elle fut terminée.

L'empereur, profondément irrité de cette action, la garda dans son cœur et attendit.

Toutefois, par l'entremise du préfet de Bastia, où se trouvait réfugié le roi Victor-Emmanuel, il fit offrir à ce prince de venir en France. De Toulon, où il aborda, jusqu'à Paris, il fut accueilli avec les honneurs dus à un souverain. L'empereur le reçut lui-même avec des égards recherchés, lui assigna un palais, et après quelques jours, il le confondit dans la foule des autres rois de sa cour.

CHAPITRE XXIII.

LIGUE DU NORD-EST.

Si l'empereur ne se montra pas à l'égard de Murat ce qu'il était quand il se croyait offensé, terrible et inflexible, c'est qu'alors les symptômes d'une grande révolution apparaissaient à ses yeux, lorsque l'Europe ne voyait encore partout qu'un ciel pur et sans nuages.

La Russie, cette grande puissance qui s'était naguère crue assez forte pour lutter contre le monarque du midi, et le renverser peut-être, dévorait l'humiliation de la guerre de 1812, et versait des larmes de sang sur ses belles provinces de Pologne et de Finlande, enlevées à sa domination.

La Suède avait, après cette même guerre, vu tomber de son front une de ses couronnes, celle de Norwége.

Et la Prusse, toujours turbulente, grosse de haine contre la France, ne pouvait lui pardonner la honte impardonnable d'Iéna et de dix autres défaites ; elle appelait chaque jour la vengeance, et contemplait avec envie et fureur ce que la Saxe et l'Allemagne avaient gagné sur elle quand le vainqueur démembrait ses provinces.

Une nouvelle et mystérieuse coalition se forma entre ces trois puissances, des propositions de s'y réunir furent même faites dans le plus grand secret et d'une façon un peu vague au nouveau roi de Pologne. Poniatowski les rejeta avec horreur, et déclara hautement qu'il serait le premier à en avertir l'empereur des Français, à qui il devait tout.

Le Danemarck, l'Autriche et l'Écosse furent aussi sondés dans leurs intentions, afin d'être agrégés à cette alliance : tous trois refusèrent, le premier par reconnaissance, la seconde par crainte, et la dernière par faiblesse.

La Turquie restait seule à gagner en Europe, puissance aveugle, et stationnant fièrement au milieu du mouvement du monde.

M. de Hardemberg envoya à Constantinople, sans mission apparente, M. le comte de Goltz, que MM. de Nesselrode et de Posen rejoignirent à Belgrade, et tous trois obtinrent une audience du grand-seigneur.

Le sultan était porté à la paix et à quelque

amitié pour Napoléon, mais cette présomption naturelle aux Turcs fut exaltée par les offres des trois puissances et par des rêves de gloire et de conquête.

L'Illyrie et les îles Ioniennes, devenues françaises, devaient être restituées à la Turquie, ainsi que la Transylvanie, que l'Autriche serait obligée de rendre. On faisait encore espérer que la Sicile serait détachée de l'empire français pour devenir une province turque.

Mahmoud entra donc dans cette coalition que l'histoire a nommée la ligue du nord-est.

Les opérations de ces quatre puissances alliées furent ainsi combinées : une partie de l'armée russe devait marcher sur Varsovie et s'en emparer, tandis que le reste de l'armée, joint aux forces militaires combinées de la Suède et de la Prusse, se porterait en Westphalie et en Bavière; la Turquie, de son côté, devait en même temps débarquer ses troupes dans le royaume d'Italie, sur les côtes d'Ancône, et faire l'invasion de terre par l'Illyrie.

Les opérations des quatre puissances avaient été combinées avec le plus grand mystère dans leurs cabinets. On avait beaucoup compté sur leur improviste.

Mais l'empereur Napoléon savait tout.

CHAPITRE XXIV.

GUERRE DE 1817.

On était arrivé au mois de février 1817, qu'aucune manifestation extérieure n'avait encore fait connaître les projets de guerre de la ligue du nord-est. Et déjà, sur l'ordre de Napoléon, les flottes de l'empire, composées de celles de France, d'Angleterre, de Hollande et de Danemarck, se réunissaient dans les ports de Toulon, de Barcelone et de Gênes, et au mois de février toutes ces flottes se portèrent ensemble dans l'Adriatique.

En même temps les forces de terre se tenaient prêtes sur les bords du Rhin.

On eût dit que l'Europe attendait quelque prodigieux résultat, tant étaient grands la stupeur et pour ainsi dire le silence des nations.

L'armée russe commença la première les hostilités. Elle se porta sur Grodno en Pologne, et s'empara de cette ville.

Dès lors tout fut en feu, et les quatre puissances liguées, et la France, qui traînait après elle le reste de l'Europe.

Le roi de Pologne tenta de reprendre Grodno, mais vainement. Les maréchaux ducs de Bellune et de Tolosa (Victor et Foy) accoururent à son secours et entrèrent en Pologne avec quarante mille soldats.

Le prince de Hohenlinden (Moreau), avec cent mille Français, Anglais et Danois, occupa le Mecklenbourg et le Danemarck, en se dirigeant vers la Suède.

Le roi d'Italie (Eugène), avec les Napolitains, les Autrichiens et les Bavarois, et en outre avec les corps des maréchaux prince de la Moskowa et duc de Castiglione, entra en Bosnie et en Servie.

La flotte française, divisée en deux escadres, sous les ordres de l'amiral comte de Yarmouth et du vice-amiral Missiessy, parut dans l'Archipel et fit voile vers Constantinople.

L'empereur lui-même, à la tête de la grande armée, traversa la Bavière, et entra une fois encore en Prusse.

Alors la tempête des guerres rugit dans toute sa fureur. Mais elle fut courte, car presque en même temps, dans le courant du même mois d'avril 1816 :

Constantinople était bombardée et prise par nos flottes, et l'amiral Missiessy en prenait le gouvernement pour la France.

Le roi de Pologne et le maréchal de Bellune entraient dans Moscou, tandis que le maréchal Foy s'emparait de Pétersbourg.

Moreau, ayant écrasé à Wexio une partie de l'armée suédoise, était lui-même entré en maître à Stockholm.

Et le 21 avril, sous les murs de Berlin, l'empereur, avec sa grande armée, avait, dans la plus extraordinaire de ses victoires, anéanti les armées combinées suédoise, russe et prussienne ; et un boulet perdu, sur le soir de cette journée, avait atteint et frappé à mort l'empereur Alexandre.

De son côté le roi d'Italie avait, près de Belgrade, taillé en pièce l'armée turque, et lui avait tué vingt-cinq mille hommes.

La rapidité de ces victoires survenues en même temps confondit cette fameuse ligue du nord-est qui s'évanouit comme un nuage devant le soleil.

L'empereur ne daigna pas entrer à Berlin. Il nomma le maréchal duc de Dalmatie gouverneur général de cette ville et de la Prusse entière.

Après quoi il se retira à Dresde, où lui arrivèrent coup sur coup les nouvelles de ces succès inouis, et c'est là que vinrent le retrouver les rois vaincus, leurs ministres et leurs cours.

Jamais conquêtes et victoires n'avaient été plus soudaines, et jamais aussi la puissance européenne de l'empereur n'avait été plus assurée. Tout tremblait sous lui, tous étaient esclaves ou vaincus.

CHAPITRE XXV.

DRESDE.

—

Le 8 mai 1817, l'empereur fit savoir aux rois et aux ministres des états vaincus qu'il consentait à les recevoir. Dès le matin se pressaient dans les premiers salons du palais royal de Dresde, les rois de Prusse et de Suède, les trois grands-ducs de Russie, portant le deuil de leur frère l'empereur Alexandre, et le frère de Mahmoud; une cour nombreuse les accompagnait.

Napoléon les fit long-temps attendre, et ce dédain fut sa première vengeance. A midi cette foule fut introduite. Un seul siége était dans le salon où la recevait l'empereur, et il ne se leva même pas quand les rois et le reste entrèrent.

— « Que me voulez-vous? » s'écria-t-il en

jetant sur eux des regards flamboyants de colère.

Le roi de Suède s'avança en tremblant et dit d'une voix faible et respectueuse : — « Nous demandons à votre majesté le traité qu'il lui plaira de nous accorder.

— « Pas de traité, dit l'empereur d'une voix tonnante; des ordres! Allez! »

Jamais il n'avait paru plus irrité et plus méprisant; il sentait que l'Europe était à ses pieds et qu'il pouvait la fouler et la piétiner comme il lui plaisait.

Tous sortirent la rage et la honte dans le cœur.

L'empereur ordonna au duc de Bassano d'écrire aux rois de Suède et de Prusse et aux trois grands-ducs de Russie qu'ils ne pouvaient retourner dans leurs états, dont la destinée n'était pas fixée. La ville de Prague leur était désignée comme lieu de résidence. — Ils s'y rendirent.

Le roi d'Italie, après la victoire de Belgrade, traversa la Servie et la Roumélie, et étant aussi entré à Constantinople, il y reçut les ordres de l'empereur touchant cette contrée. Il fit en conséquence évacuer la Roumélie, où se trouvaient les restes de l'armée turque. Les troupes ainsi que le sultan Mahmoud furent transportés en Asie, de l'autre côté du Bosphore.

Cette guerre si grande, dans laquelle une moitié de l'Europe avait combattu contre l'autre, fut ainsi mise à fin en peu de temps et par la plus mémorable victoire. Cé fut la dernière, et dans les premiers jours du mois de juin 1817, cette partie du monde se trouvait comme la propriété entière et exclusive de Napoléon, qui put la diviser à son gré, et laisser tomber comme il l'entendait des couronnes dépendantes sur des princes feudataires.

CHAPITRE XXVI.

POLITIQUE.

La colere qu'avait manifestée l'empereur dans la courte entrevue de Dresde, et dans les deux mots terribles qu'il avait jetés sur ces rois, était un calcul, et avait un intérêt.

Cela laissait les vaincus dans une complète incertitude de leur sort, et par conséquent dans une attente plus effrayante des volontés de celui dont ils dépendaient.

Et cela lui donnait le temps de rêver à la manière dont il profiterait de ce dernier triomphe.

Napoléon savait que l'heure était sonnée où il n'y avait plus que lui en Europe, et que tous les autres, rois ou nations, étaient des sujets. L'Europe était toute à lui, il pouvait le proclamer; aussi n'hésita-t-il pas à le faire.

La Russie et l'Angleterre étaient les seules puissances que son génie avait pu craindre. Elles n'existaient plus.

On sait comment il avait anéanti l'Angleterre.

Quant à cette nation du nord, à cette Russie toujours renaissante sous ses glaces, il se promit bien qu'elle ne lui serait plus désormais redoutable, et qu'il l'abaisserait à la mesure des plus petits états. Quelle glorieuse volupté n'était-ce pas pour lui, d'ailleurs, de pétrir et remanier sans cesse les empires, de distribuer les couronnes, de renouveler la terre, afin de réaliser enfin cette promesse qu'il s'était faite naguère, d'être un jour le plus ancien des monarques de l'Europe! Et pour qu'on ne pût se méprendre à ces actes éclatants de la souveraineté qu'il se préparait, il lui plût, avant toutes choses, d'anéantir les titres d'empereur et de czar qui décoraient encore des têtes impériales, et de passer un niveau royal sur tous les autres princes souverains.

Lui seul devait conserver le titre d'empereur, et déjà il avait fait connaître l'estime où il mettait celui de roi, lorsqu'il s'en dépouillait et laissait à Eugène ce mot de roi d'Italie dont il ne se souciait plus.

Devenu maître de l'Europe, cet autre titre de

protecteur de la confédération du Rhin devenait dérisoire : il le rejeta aussi ; il se débarrassa en même temps de cette médiation despotique dont il enserrait la confédération suisse.

Il lui plut aussi de faire une *fournée* de rois, comme pour affaiblir ce caractère à force de le rendre commun.

Pour donner un plus grand éclat à ces changements qu'on attendait avec tant d'inquiétude, il en retarda l'exécution de trois mois, tenant ainsi les rois prisonniers de Prague et les peuples dans l'incertitude de leurs destinées.

Tandis qu'il se préparait à reconstituer l'Europe, il revint en France, entouré de sa gloire, marchant au milieu des pompes et des acclamations, accueilli presque comme un Dieu ; mais déjà son génie était dégoûté de triomphes, et ne vivait plus que d'ambition et de pouvoir.

CHAPITRE XXVII.

TRIOMPHE.

J'ai été court en parlant de ces victoires; à quoi eût-il servi de les décrire magnifiquement, alors qu'elles étaient si rapides et simultanées, que l'admiration, appelée à la fois en Suède, en Turquie, en Allemagne, en Russie, ne pouvait pour ainsi dire se reconnaître dans cette confusion de triomphes; alors que chaque jour avait deux ou trois batailles à consacrer; alors que les capitales étaient soumises à la même heure, et qu'on ne pouvait même plus assigner une date à chacune de ces conquêtes?

Qu'importent la description de ces batailles, le nombre des morts, gloire relative et de calcul, qui, avant de déplorer la perte de dix mille hommes de la patrie, regarde s'il n'y a pas à se réjouir parce que cent mille ont succombé dans l'autre armée!

Qu'importent les détails des trésors enlevés, des canons pris, des monuments des arts ravis à leur terre natale, ces innocents trophées du génie devenus des trophées de guerre!

Qu'importe! car tout cela se confond dans deux mots, victoire et conquête.

L'histoire, les peintres, les fossoyeurs, les artilleurs, les généraux et les almanachs disent toutes ces choses, à leur place et avec exactitude.

Je l'ai déjà annoncé, je ne fais pas de l'histoire.

Aussi ne rappellerai-je pas quel fut le triomphe de Napoléon et de sa grande armée victorieuse, quand elle se déployait, étincelante de fer et de fierté, le long des routes de France, comme un immense serpent aux couleurs d'or et d'émeraude.

Les journaux racontèrent ces fêtes, cette joie qui éclatait sur leur passage, cette population se tenant par la main, et ne faisant de Strasbourg à Paris qu'une double haie incessante de cris, d'hommages et d'enthousiasme.

Et les arcs de triomphe! et les fleurs dont on avait jonché les chemins! et les jeunes filles en blanc, réunies comme des guirlandes de roses blanches, entourant le héros et s'agenouillant devant lui.

Et les canons des grandes villes, les cloches et les fusées des villages, et toutes les collines flamboyantes sous les feux de joie !

Et ce délire de tous !

Et les corps de l'état qui se transportaient à vingt lieues de la capitale pour assurer plus tôt le grand homme de leur respect et de leur allégresse ! Et l'entrée dans ce Paris sous les arcs de victoire de l'Étoile et de Louis XIV ; les rues avec leur tapis de fleurs, les maisons vêtues d'étoffes comme d'habits de fête ; et des têtes apparaissant partout, des soupiraux aux fenêtres les plus élevées, et des millions de bouches retentissant du cri sans fin : Vive l'empereur !

Et lui ! l'empereur ! accablé de fatigues, de gloire et d'ennuis, entrant le soir en son château des Tuileries, où il ne put dormir !

Voilà un triomphe !

CHAPITRE XXVIII.

ARC DE TRIOMPHE DE L'ÉTOILE.

On allait, d'après les ordres reçus les années précédentes, recouvrir de marbre blanc l'arc de triomphe de l'Étoile ; déjà Canova et Chaudet avaient achevé le modèle des deux statues colossales de la Gloire et de la Paix qui devaient, assises et adossées, couronner de leur repos majestueux le gigantesque édifice ; les deux sculpteurs étaient sur le point de tailler leurs marbres ; mais les travaux furent arrêtés ; une autre matière plus glorieuse devait remplacer celle-là. Des canons sans nombre avaient été pris sur l'ennemi, machines inutiles depuis que l'Europe soumise n'avait plus besoin de la mort qui sort de leurs bouches pour le grand jeu qu'elle avait perdu.

L'empereur ordonna que l'arc de l'Étoile

fût entièrement revêtu du bronze de ces canons pris dans la dernière guerre. Aussi, depuis ce temps, fut-il nommé *la porte de bronze*, et onze années plus tard *la porte d'or*, lorsqu'en 1828 le bronze eut été entièrement doré.

Les deux colonnes de la barrière du Trône, dans la grande rue Impériale, furent aussi recouvertes de ce bronze vaincu. Une d'elles portait en lettres d'or les noms des combats de cette dernière campagne, et l'autre ceux des généraux qui s'y étaient le plus illustrés.

Mais ces manifestations éclatantes de la gloire et de la puissance de Napoléon ne semblèrent plus rien, et s'évanouirent devant le *Moniteur* du 15 août 1817, nouvel anniversaire de sa fête et de sa naissance. Il aimait ce rapprochement de date, comme s'il fondait l'histoire dans lui-même, et comme si son nom dût envelopper ainsi toutes les grandes révolutions du monde. Ici, c'était l'asservissement de l'Europe.

Je copie ce *Moniteur*.

CHAPITRE XXIX.

MONITEUR UNIVERSEL DU 15 AOUT 1817.

—

Premier décret.

« Napoléon, empereur des Français, souverain de l'Europe.

« L'histoire de ces vingt dernières années, toutes marquées de batailles, de sang versé, des convulsions des empires et de la misère des peuples, a fait connaître à l'Europe qu'un vice mortel existait dans sa constitution.

« Cette multiplicité d'états, de puissances et d'ambitions égales, amenait incessamment des guerres et des désastres.

« Dieu a montré qu'il fallait un souverain à ce continent, et qu'une pareille république de rois sans chef n'était pas dans ses desseins.

« La Providence, en nous conduisant du

doigt à travers nos victoires à la conquête de l'Europe, nous a visiblement appelé à cette insigne souveraineté.

« En conséquence,

« Sur le rapport de nos ministres ;

« Vu les délibérations du sénat français, suffisamment garni de rois et de princes souverains ;

« Vu l'avis de notre conseil d'état ;

« Nous avons décrété et décrétons ce qui suit :

« Art. 1er. L'Europe est divisée en royaumes et principautés feudataires, sous la souveraineté immédiate de l'empire français.

« Art. 2. L'empire français conserve seul le titre d'empire, et son souverain celui d'empereur, les autres monarchies et puissances devant prendre désormais le titre de royaumes et de principautés.

« Art. 3. La division de l'Europe sera réglée par un décret.

« Art. 4. L'empereur des Français nomme les chefs et titulaires de ces différents états.

« Art. 5. Le principe de la succession légitime aux trônes et aux principautés est reconnu et établi par le présent décret.

« Art. 6. Toutefois, les chefs de ces gouvernements, royaumes et principautés, devront recevoir l'agrément et l'investiture de l'empereur des Français.

«Art. 7. L'empereur des Français prend ce titre : *Empereur des Français, souverain de l'Europe.*

« Art. 8. Les rois, les princes souverains de l'Europe et les ministres de notre empire exécuteront, chacun en ce qui les concerne, le présent décret.

« Du palais impérial des Tuileries, ce 15 août 1817.

« NAPOLÉON. »

Deuxième décret.

« NAPOLÉON, empereur des Français, souverain de l'Europe,

« Vu notre décret en date de ce jour, créant le titre d'empereur des Français, souverain de l'Europe,

« Nous avons décrété et décrétons ce qui suit :

« Art. 1ᵉʳ. Les titres de roi d'Italie, de protecteur de la confédération du Rhin, de médiateur de la confédération suisse, ne nous seront plus désormais donnés ; nous les avons déposés et les déposons par le présent décret.

« Du palais impérial des Tuileries, ce 15 août 1817.

« Napoléon. »

Troisième décret.

« Napoléon, empereur des Français, souverain de l'Europe,

« Vu notre décret en date de ce jour, annonçant l'organisation de l'Europe,

« Nous avons décrété et décrétons ce qui suit :

« Art. 1er. L'Europe est composée des différents états dont la formation et la circonscription suivent :

« 1° L'empire français, qui contient la France, la Corse, la Hollande, le Hanovre, le Holstein, l'Oldembourg, l'Italie, l'Illyrie et l'Angleterre ;

« Sont et demeurent annexées à notre empire, pour en faire partie intégrante, l'Albanie, la Roumélie, la Grèce, la Morée, les îles Ioniennes et de l'Archipel, Malte et la Catalogne ;

« 2° Le royaume d'Espagne ;

« 3° Le royaume de Westphalie ;

« 4° Le royaume des Deux-Siciles ;

« 5° Le royaume de Portugal ;

« 6° Le royaume uni d'Autriche et de Hongrie ;

« 7° Le royaume de Valachie et de Moldavie, auquel sont et demeurent réunies la Bessarabie, la Transylvanie, la Servie et la Bulgarie, et une partie de la Bosnie, l'autre partie de cette province, qui touche à l'Illyrie, étant réunie à l'empire français ;

« 8° Le royaume de Suisse ;

« 9° Le royaume de Pologne ;

« 10° Le royaume uni d'Écosse et d'Irlande ;

« 11° Le royaume de Bavière ;

« 12° Le royaume de Wurtemberg ;

« 13° Le royaume de Saxe ;

« 14° Le royaume de Bade ;

« 15° Le royaume uni de Danemark et de Norwége ;

« 16° Le royaume de Suède et de Finlande ;

« 17° Le royaume de Russie : Pétersbourg, capitale ;

« 18° Le royaume de Moscovie : Moscow, capitale ;

« 19° Le royaume de Bohême ;

« 20° Le royaume de Silésie et de Posen ;

« 21° Le royaume de Sardaigne.

« Art. 2. Les princes souverains d'Allemagne conserveront leurs possessions, comme elles existaient sous notre protectorat de la confédération du Rhin.

« De notre palais impérial des Tuileries, ce 15 août 1817.

« NAPOLÉON. »

CHAPITRE XXX.

PROMOTION DE ROIS.

Quatrième décret.

« Napoléon, empereur des Français, souverain de l'Europe,

« Vu l'art. 4 du premier de nos décrets, en date de ce jour ;

« Vu en outre notre troisième décret de ce jour ;

« Avons promu et appelé à la dignité de rois les princes de notre famille dont les noms suivent :

« Art. 1er. Notre frère Joseph Napoléon est nommé roi d'Espagne.

« Notre frère Louis Napoléon, ancien roi de

Hollande, est nommé roi de Silésie et de Posen.

« Notre frère Jérôme Napoléon, roi de Westphalie, est nommé roi des Deux-Siciles.

« Notre frère Lucien Napoléon est nommé roi de Suisse.

« Notre beau-frère Joachim Napoléon, ancien roi des Deux-Siciles, est nommé roi de Suède et de Finlande.

« Notre beau-frère Félix Napoléon, prince de Lucques, est nommé roi de Portugal.

« Notre beau-frère Napoléon Borghèse est nommé roi de Westphalie.

« Art. 2. Sont promus à la dignité de rois et appelés à la souveraineté des états dont la désignation suit :

« 1° Au royaume d'Autriche et de Hongrie, François Ier, ancien empereur d'Autriche ;

« 2° Au royaume uni d'Écosse et d'Irlande, Georges III, ancien roi d'Angleterre ;

« 3° Au royaume de Pologne, le roi Poniatowski ;

« 4° Au royaume de Bavière, le roi Maximilien-Joseph ;

« 5° Au royaume de Wurtemberg, le roi Frédéric ;

« 6° Au royaume de Saxe, le roi Frédéric-Auguste ;

« 7° Au royaume de Bade, le grand-duc Charles-Louis-Frédéric ;

« 8° Au royaume uni de Danemarck et de Norwége, le roi Frédéric VI ;

« 9° Au royaume de Sardaigne, le roi Victor-Emmanuel ;

« 10° Au royaume de Bohême, Frédéric-Guillaume III, ancien roi de Prusse ;

« 11° Au royaume de Valachie et de Moldavie, Frédéric-Auguste, grand-duc de Holstein.

« Art. 3. Les Russies d'Europe et d'Asie sont divisées en trois royaumes : 1° La Russie : capitale, Pétersbourg ; 2° la Moscovie : capitale, Moscow ; 3° la Sibérie : capitale, Tobolsk. La délimitation de ces trois royaumes sera fixée par un décret spécial.

« Sont promus à la dignité de roi et appelés à la souveraineté des états dont la désignation suit :

« 1° Au royaume de Russie, Nicolas, grand-duc de Russie ;

« 2° Au royaume de Moscovie, Constantin, grand-duc de Russie ;

« 3° Au royaume de Sibérie, Michel, grand-duc de Russie.

« Art. 4. Les rois promus par le présent décret jouiront des dignité et pouvoir royaux, tant pour eux que pour leurs héritiers et descendants mâles et légitimes, et par ordre de primogéniture.

« Art. 5. A défaut d'héritiers mâles et légitimes, l'empereur des Français pourvoit à la nomination d'un roi au trône vacant.

« Art. 6. Avant leur avénement au trône, les rois de l'Europe prêtent le serment de foi et hommage dans les mains de l'empereur des Français.

« Art. 7. L'empereur convoquera, dans un délai de trois mois, un congrès général des rois ci-dessus promus et appelés à l'effet de prêter le serment voulu par l'article précédent.

« Art. 8. Conserveront leur titre de roi, pour jouir des prérogatives et honneurs dus à cette dignité, et pour prendre rang après les rois titulaires et avant les princes souverains d'Allemagne, les rois honoraires dont les noms suivent :

« Le roi Charles IV, ancien roi d'Espagne;

« Le roi Ferdinand VII, ancien roi d'Espagne;

« Le roi Ferdinand Ier, ancien roi des Deux-Siciles ;

« Le roi Charles XIII, ancien roi de Suède ;

« Le roi Jean VII, ancien roi de Portugal et roi du Brésil.

« Art. 9. Conserveront leur titre de roi, pour prendre rang immédiatement après nous et avant les rois de notre sang nos bien-aimés fils,

« Le roi de Rome,

« Le roi d'Angleterre.

« Art. 10. Prendra rang avant les rois nos frères, notre oncle le saint père, le pape Clément XV.

« Art. 11. Prendra rang immédiatement après les rois de notre sang,

« Le roi d'Italie, ancien vice-roi, prince Eugène.

« Art. 12. Les rois ci-dessus nommés aux articles 1, 2, 3 du présent décret prendront rang dans l'ordre même où ils sont placés dans ces articles et avec les modifications portées aux articles 9, 10 et 11.

« Art. 13. Les impératrices et reines de notre sang et de notre famille seront placées, dans les grandes cérémonies, au rang qu'il nous plaira indiquer, sans que les décisions précédentes puissent nuire à nos futures dispositions.

« Art. 14. Les princes souverains d'Allemagne prendront rang après les rois dans l'ordre qui sera prescrit par un décret spécial.

« Donné au palais impérial des Tuileries, ce 15 août 1817.

« NAPOLÉON. »

CHAPITRE XXXI.

RÉFLEXIONS.

Les réflexions découlent naturellement de ce célèbre *Moniteur* du 15 août.

On y voit la Prusse rayée des royaumes de l'Europe, et son souverain transporté sur le trône de Bohême.

La Turquie disparaît aussi entièrement des états de l'Europe, et l'empereur prend pour lui ce qu'il y avait de plus brillant et de plus utile dans les décombres de cet état, c'est-à-dire la Grèce, l'Archipel et Constantinople.

On y voit la Russie au dernier degré d'abaissement. Autant Napoléon avait pu la craindre, autant il avait voulu la diviser, l'affaiblir et la rendre sans aucun poids dans la balance des peuples. Elle était appauvrie de la Finlande, de toutes les provinces polonaises, et, pour comble de misère, divisée en trois états sans aucune force.

Étrange retour dans les destinées des nations ! Lorsqu'à la fin du XVIIIe siècle, l'Autriche, la Russie et la Prusse s'acharnaient sur le cadavre de la Pologne et la déchiraient par lambeaux, qui pouvait penser que le jour viendrait où la Pologne ressusciterait plus brillante, tandis que de ses avides ennemies la Prusse serait anéantie, la Russie partagée à son tour, et la superbe Autriche perdrait la Bohême avec le titre et le rang de césar !

La Sardaigne se trouvait restaurée en royaume et enlevée à Naples ; l'heure était sonnée de punir Murat de cette imprudente conquête, et de le reléguer sur un trône du nord.

Le Holstein était réuni à la France, et son souverain, toujours fidèle allié de Napoléon, fut largement récompensé par le titre de roi des provinces du nord de l'ancienne Turquie.

On voit dans ce décret le grand-duc de Bade devenu le plus petit des rois de l'Europe.

Tous les membres de la famille impériale sont faits rois.

On y voit aussi Lucien, le seul qui s'appelât encore *Bonaparte*, rentré en grâce depuis quelque temps, chargé d'une royauté bizarre : républicain devenu roi forcé d'une république.

Outre la Bohême et le titre impérial, l'Autriche perdait encore la Transylvanie. Ces châtiments la punissaient de son hésitation lors de la ligue du nord-est ; c'était d'ailleurs la seule puissance encore importante, un empire enfin, et Napoléon ne voulait plus d'autre empire que le sien.

Cinq souverains dépossédés conservent le titre de rois, et dans ces promotions royales toujours le même oubli des anciens rois de France.

On doit encore remarquer dans ces décrets qu'en s'attribuant le droit et le nom de souverain de l'Europe, et en repoussant ses autres titres, l'empereur ne parlait plus de la grâce de Dieu et des constitutions de l'état.

Si jamais acte de puissance avait été jusque-là accompli sur la terre, c'est sans doute celui-ci.

CHAPITRE XXXII.

MARIE-LOUISE.

—

L'impératrice Marie-Louise était alors grosse pour la quatrième fois; elle devait accoucher au mois de novembre 1817, quand une altération soudaine de sa santé la conduisit aux portes du tombeau.

Le nouveau roi d'Autriche, son père, était dans la plus vive douleur du coup funeste que lui avait porté le décret du 15 août. Au commencement du siècle, il avait déjà déposé forcément sa couronne impériale d'Allemagne; mais aujourd'hui, après avoir livré ses provinces, ses armées, sa fille à Napoléon, il lui fallait descendre au rang d'un simple roi, et se dévêtir de la pourpre d'empereur. Cela était horrible pour lui, d'avoir cessé deux fois d'être césar. Que Napoléon ne lui demandait-il encore d'autres provinces! Que ne lui prenait-il sa Styrie, son Tyrol, sa Hongrie elle-même, pourvu qu'il lui laissât son Autriche *impériale!*

C'était au milieu de cette affliction, et dans ces termes, qu'il écrivit à Marie-Louise une lettre des plus énergiques où il lui demandait si c'était à elle de souffrir ainsi l'humiliation de son père.

Marie-Louise, que Napoléon tenait étrangère à la politique, ne vit là qu'une affaire d'émotion et de sentiment filial. Les instances de son père la troublèrent vivement. Autour d'elle s'agitaient encore quelques personnes dévouées à la maison d'Autriche, et dont les conseils intimes excitèrent et enhardirent sa faiblesse; toutefois, elle sentait vaguement que sa participation, même suppliante, dans les desseins de son époux, était imprudente et pouvait être funeste.

Déjà, dans le commencement de son mariage, lorsque l'Autriche, voulant au moins exploiter au profit de sa politique le présent immense d'une archiduchesse, avait pressé l'impératrice de présenter quelques réclamations, elle avait été repoussée froidement, et la sévérité était venue pour la première fois glacer la tendresse de Napoléon.

Elle n'avait rien fait de semblable depuis;

mais dans cette dernière circonstance, la douleur de François Ier paraissait si vive, ses instigations si pressantes, qu'elle osa faire une nouvelle tentative.

Napoléon, à ce que l'on a assuré, témoigna son indignation de la manière la plus violente; l'impératrice, foudroyée par sa colère, tomba évanouie et comme morte à ses pieds. L'empereur redevenu calme la fit relever et secourir; mais le coup funeste était porté, et un mois ne s'était pas écoulé, qu'elle accoucha avant le terme d'un fils qui vécut, et elle-même mourut le même jour dans les douleurs de l'enfantement.

Napoléon la pleura, car il l'avait aimée; les plus magnifiques funérailles lui furent faites, dignes d'elle et du souverain de l'Europe. Et pour la première fois depuis la destruction de leurs vieux tombeaux des rois, les caveaux de Saint-Denis, restaurés, se rouvrirent pour recevoir les restes de l'impératrice.

Le fils qu'elle avait déposé mourant au seuil de la vie vécut malgré son extrême faiblesse; l'empereur lui donna le titre de roi de la Grèce.

Après la mort de Marie-Louise, Napoléon songea profondément à ce qu'il devait faire. Dans sa marche ascendante à la souveraineté européenne, il avait souvent regretté cette mauvaise ambition d'autrefois qui lui avait fait aspirer à une épouse du sang impérial. Alors, c'était une faveur, mais depuis, ce sang était retombé bien au-dessous de lui. Maintenant même, il supportait mal cette alliance qui le retenait sur le même plan que les autres rois. La mort de l'impératrice, tout en lui déchirant le cœur, lui rendit comme une sorte de liberté, et fit que désormais il n'aurait plus rien de commun avec les autres rois.

CHAPITRE XXXIII.

JOSÉPHINE.

—

Napoléon se ressouvint alors de cette Joséphine que les peuples appelaient la bonne Joséphine, même depuis sa disgrâce, car le peuple n'est pas un courtisan qui mesure ses hommages à la fortune, mais qui en garde souvent pour le malheur. On l'avait toujours appelée le bon génie de Napoléon. Depuis l'année 1809, époque à laquelle la fausse politique de l'empereur la lui avait fait repousser, elle languissait, toujours triste et souffrante, dans ses beaux palais de la Malmaison et de Navarre, et suivait encore de ses yeux en pleurs la vie et la gloire du grand homme qu'elle avait tant aimé.

La mort de Marie-Louise dut être, pour l'âme si créole de l'impératrice Joséphine, une source féconde d'émotions brûlantes, et peut-être alors rêva-t-elle un retour sur le trône dont elle était descendue naguère. Cet espoir ne fut pas trompé.

Huit jours s'étaient à peine écoulés depuis la mort de Marie-Louise, que le roi d'Italie vint voir sa mère, et lui annonça l'arrivée de l'empereur à la Malmaison.

On ne sait ce qui se passa dans la longue entrevue de Napoléon et de Joséphine. Elle dura depuis dix heures du matin jusqu'au soir. Des larmes, des cris furent entendus : des larmes et des cris de joie peut-être ! mais personne n'a jamais pu pénétrer le secret de cette réconciliation impériale. Quoi qu'il en soit, l'empereur, en dînant avec l'impératrice Joséphine, déclara devant les officiers de la maison qu'il y avait encore une impératrice régnante.

Paris, la France et l'Europe connurent bientôt ce grand événement. Inattendu comme il l'était, il produisit des effets divers. Chaque famille royale espérait en secret de voir une de ses filles monter et s'asseoir sur le trône des trônes. Ce nouveau mariage confondit bien des espoirs.

Le pape Clément XV bénit, à Notre-Dame, cette union nouvelle, et l'impératrice Joséphine fut une seconde fois couronnée.

Mais c'est la France surtout qui tressaillit de joie à cette nouvelle. Il y avait pour cette bonne Joséphine un enthousiasme instinctif et un amour dont on ne se rendait pas compte ; sa disgrâce en était cause autant que sa bonté, car rien n'inspire tant d'intérêt et d'affection que le malheur des âmes belles et tendres; et puis elle avait pour elle une voix nombreuse, retentissante, c'était celle des pauvres, qui se réjouirent de voir remonter si haut cette source intarissable de grâces et de bienfaits.

L'empereur, en réorganisant la maison de l'impératrice, lui donna, pour l'accompagner, une reine d'honneur ; ce fut la reine de Wurtemberg.

Des princes de sang royal devinrent ses gentilshommes et ses écuyers; et déjà ils étaient si loin de leur royauté d'autrefois, qu'ils sollicitèrent ces faveurs, et l'empereur ne les leur épargna pas. Il aimait à les placer ainsi à des rangs inférieurs, d'où ils ne pouvaient plus voir que de loin la majesté impériale, et où ils apprenaient encore mieux combien il y avait de distance entre le souverain et les rois de l'Europe.

CHAPITRE XXXIV.

ALGER.

Après ces grandes choses, la guerre du nord-est, la promotion de rois et le mariage de l'empereur, il y eut une longue paix, à peine interrompue, au mois de juin 1818, par la courte et glorieuse expédition d'Alger.

Toujours insolente, cette nation de pirates n'avait pas craint d'offenser le pavillon impérial de l'Europe, qui, depuis la suzeraineté reconnue de l'empereur des Français, flottait au grand mât des navires de toutes les nations. Un navire français fut pillé par des corsaires algériens. Dès lors, l'expédition fut ordonnée, pressée avec la plus grande vigueur, et le débarquement de forces considérables s'effectua bientôt sur les côtes d'Afrique. Aussi lâche que superbe, Alger se rendit après les premières hostilités, et le pavillon tricolore flotta sur ses citadelles. Les trésors du dey, s'élevant à près de 300,000,000 de francs, furent apportés en France, et le dey lui-même y fut amené prisonnier. L'empereur ne voulut pas le voir, et lui fit dire, par son ministre de la marine, qu'il avait hésité s'il ne devait pas le faire fusiller. Il fut retenu deux années de suite dans les prisons de Vincennes, et plus tard transporté dans la Turquie d'Asie.

L'empereur, à qui cette conquête avait été représentée comme des plus importantes pour la sûreté des mers, ordonna, après cette première victoire, la continuation de l'expédition, sur toutes les côtes de la Barbarie, depuis Maroc jusqu'en Égypte, qui furent balayées de ces pirates. Les quatre empires barbaresques devinrent une colonie française; Alger en fut la capitale; un aide-de-camp de l'empereur fut nommé gouverneur-général de la ville et de la colonie, à laquelle on donna le nom de France africaine. On trouva aussi dans les villes de Tunis, de Maroc et de Fez, d'immenses trésors, qui vinrent s'engloutir dans les caves des Tuileries, où depuis long-temps l'empereur amoncelait des richesses incalculables.

Cette conquête de l'Afrique du nord avait été,

comme nous l'avons dit, courte et glorieuse, mais surtout décisive. Il ne resta plus rien de ces brigands qui, depuis dix siècles, infestaient la Méditerranée. Le commerce respira, et la France gagna, avec une colonie magnifique, une ligne de côtes qui lui donnait la possession presque entière de la ceinture de la Méditerranée.

Plus de deux millions de familles françaises et européennes, qui n'avaient que la misère dans leur patrie, obtinrent des concessions de terrains, et furent transportées en Afrique, où elles peuplèrent cette terre vaincue. Il y eut comme un enthousiasme d'émigration dans les classes pauvres, ce qui permit à l'empereur de ne pas réaliser sa volonté politique de rendre cette émigration obligatoire pour un ban de citoyens qu'il eût désigné.

Une triple organisation, judiciaire, administrative et militaire, fut établie dans la France africaine. Elle fut aussi divisée en départements, mais néanmoins sans cesser d'être soumise à un régime colonial, l'empereur n'ayant pas voulu la rendre partie intégrante de l'empire.

CHAPITRE XXXV.

PAIX, CANAUX ET ROUTES.

Cette expédition fut la seule qui interrompit la paix de 1817 à 1820. Encore ne peut-on dire que ce fût là une guerre véritable ; l'empereur ne voulut pas la considérer ainsi ; il la regardait comme un châtiment infligé à des pirates.

Pendant ces quatre années de paix, il s'attacha presque uniquement à organiser un système complet de routes et de canaux dans l'empire. Il ordonna la création de routes militaires, partant toutes de Paris, et allant presque en ligne droite aboutir aux villes les plus importantes des extrémités de l'empire. La plus extraordinaire sans contredit était celle de Paris à Constantinople, dont la largeur et la beauté sont considérées comme des merveilles. Les autres, moins étendues, étaient non moins admirables; c'étaient les routes militaires de Paris à Amsterdam, à Calais, à Hambourg, à Genève, à Toulon, à Rome, et l'embranchement de celle de Constantinople qui allait de Scutari, en Morée, jusqu'à Lépante. La route militaire de Londres à Édimbourg ne le cédait qu'en longueur à celle de Constantinople, car toutes étaient dans des conditions uniformes de largeur et de formation.

Des canaux furent aussi établis sur tout le territoire français, et particulièrement en France. On proposa à l'empereur de réaliser le projet si agité déjà du canal maritime de Paris au Hâvre, à quoi il répondit qu'il importait peu que la mer vînt à Paris, puisqu'elle allait au Hâvre, et presque à Rouen. « Le Hâvre, Rouen et Paris, ajouta-t-il, sont une même ville dont la Seine est la grande rue. » C'était presque ce mot si poétique de Pascal : « Les fleuves sont des chemins qui marchent. »

Avec le système de canalisation des fleuves, il arriva que ces chemins qui marchent furent réunis depuis la Garonne jusqu'à l'Elbe par des anneaux rapprochés de rivières factices s'enchaînant de toutes parts, et faisant comme un immense filet de navigation jeté sur tout l'empire.

Au centre fut créé le *canal impérial*, d'une largeur plus considérable et pouvant recevoir des bâtiments d'une force importante. Il partait de Bordeaux et de Lyon pour se réunir aux environs d'Orleans et se prolonger jusqu'à Amsterdam en passant par Paris. A lui aboutissaient tous les autres canaux des départements; ce fut aussi une route militaire pour le commerce.

CHAPITRE XXXVI.

LA VIE ET LA MORT.

A cette époque de 1819, une grande recherche scientifique fut tentée, la plus grande, la plus sublime peut-être, celle de la vie, du mystère de la vie et de la mort.

Trois hommes du génie le plus puissant, Bichat, Corvisart et Lagrange conçurent à peu près dans le même temps l'idée d'épuiser toutes les ressources de la médecine, tous les secrets de la physiologie, toutes les forces de la physique, pour arriver à la connaissance de cette vérité.

Les expériences multipliées, rapportées dans leur ouvrage, les dissections sans nombre faites sur des êtres vivants, alors qu'ils épiaient, dans les premiers moments de la fécondation, les premiers actes de la vie qui arrive, et aussi, dans le sujet qui allait mourir, les derniers symptômes de cette vie au moment de son départ ; les recherches les plus profondes faites dans l'érudition de tous les siècles ; les médecins, les philosophes, les cabalistes, les mystiques consultés ; chaque intelligence de tous les âges apportant en tribut la pensée neuve ou élevée qu'elle avait eue ; enfin ces trois grands hommes réunissant leur triple génie pour ce grand œuvre, devaient amener le résultat de la plus sublime découverte faite sur la terre, et d'une communication de l'homme avec un des secrets que Dieu lui avait cachés jusque-là.

On se rappelle l'enthousiasme que produisit, au mois de septembre 1818, le rapport fait par Bichat à l'Institut au nom de ses deux confrères. Ils avaient découvert *la vie* ; ils l'avaient vue arriver, poindre, s'insinuer, éclater dans la matière inorganisée, et plus tard abandonner la nature vivante, s'éteindre et se séparer de chaque molécule ; ils avaient reconnu cette flamme éthérée sortant du corps, alors que le corps se refroidissait, et qu'une autre puissance y succédait, la mort !

Bien plus, eux-mêmes avaient retrouvé dans la plus haute physique la force même de la vie. Maîtres de diriger des courants galvaniques et magnétiques à leur gré, on les vit, dans leurs expériences miraculeuses, reproduire, exciter les phénomènes vitaux; créer enfin; créer, car sous l'action de ces forces qu'ils dirigeaient, on voyait les vaisseaux s'épanouir et naître sur les corps jusque-là inertes, la palpitation survenir, et la vie elle-même s'échapper de leurs mains surhumaines.

Et comme si ce n'était qu'un simple corollaire de leur découverte, ils l'appliquaient aussi au système général de l'univers. La vie individuelle de chaque monde, et la vie relative de tous, c'est-à-dire le système général du monde, n'étaient plus qu'un effet du grand principe qu'ils avaient découvert. En étendant leur découverte, ils la complétaient ainsi, et prouvaient que la vie est une, celle d'un insecte comme celle d'un soleil et de ses planètes esclaves.

Cet œuvre immense illustrera notre âge, comme la découverte de l'Amérique a illustré le sien; et plus sans doute, car le hasard et une intelligence hardie pouvaient faire découvrir des terres existantes et dont le mystère était l'éloignement. Mais rien n'égale ce magnifique résultat de trois puissants génies, demandant à Dieu compte de ses grands secrets, et arrivant presque de force jusqu'à lui pour les lui arracher; découvrant le système de l'homme, comme

Newton le système du monde, et apprenant aux hommes de la terre ce que c'est que cette intelligence divine qui s'organise pour sa fin.

Quelques mois après ce rapport, en juin 1819, parut le grand ouvrage intitulé : *Découverte de la vie et de la mort dans l'homme et les êtres organisés, par Bichat, Corvisart et Lagrange.*

Épuisés sous ce dernier effort des facultés humaines, ces trois grands hommes moururent bientôt après. Il semblait que l'humanité ne pouvait aller au delà de ce qu'ils avaient appris à la terre, que leurs âmes en avaient assez fait, et qu'il n'avaient plus qu'à partir pour un autre monde où il verraient tous les autres mystères face à face.

Lagrange mourut le premier, un mois à peine après la publication de ce livre; à ses derniers moments on voyait encore le philosophe maîtriser son agonie pour rêver à des secrets que l'on ne connaissait pas. Il allait mourir, ses diciples désolés prévoyaient que dans quelques heures il ne devait plus exister; et cependant, lui était silencieux et calme devant les aperceptions de son intelligence, on eût dit qu'il voyait des choses qu'on ne pouvait comprendre. Tout-à-coup un d'eux, par un sentiment de désespoir et de génie, le docteur Hallé, imagina un remède soudain et héroïque, qui put reprendre pour quelques jours Lagrange à cette mort imminente, et lui restituer un peu de vie. Mais Lagrange, revenu ainsi à la terre, s'indigna et leur dit ce mot sublime : « Qu'avez-vous fait? pourquoi m'avez-vous troublé? Je m'étudiais mourir. »

CHAPITRE XXXVII.

CONSEIL DES ROIS.

Napoléon avait assez abaissé les rois et il ne pensait pas qu'ils pussent songer à relever la tête; mais il y a dans cette dignité quelque chose de divin qui consacre, même au milieu du malheur, et ne laisse pas se courber trop bas.

Il avait voulu que chaque année tous ces rois d'Europe créés, rétablis ou confirmés par ses décrets du 15 août, se rassemblassent en conseil dans les derniers jours du mois de décembre. Le Louvre et les Tuileries étaient terminés alors; dans ces palais, des appartements magnifiques leur étaient attribués, et loin de voir affaiblie cette grandeur de royauté qu'ils avaient laissée dans leurs villes capitales, ils la retrouvaient avec plus de faste et de magnificence dans l'hôtellerie impériale, ou un maître les forçait de descendre.

Pendant quinze jours consécutifs, qui furent appelés dans le peuple la quinzaine royale, l'empereur les rassemblait chaque matin en un conseil qu'il présidait toujours, et où étaient agités les plus hautes questions sociales, les intérêts généraux de l'Europe, et les intérêts particuliers de chaque état.

Autour d'une longue table ovale étaient rangés selon leur rang et assis sur des trônes ces hommes couronnés; à l'extrémité de cette table un trône pareil aux autres, mais placé sur une estrade un peu plus élevée, paraissait le siége d'honneur: c'était celui où l'empereur allait s'asseoir quand on lui faisait connaître que l'assemblée était réunie.

Le salon où se tenait le conseil fut nommé la salle des rois; il est placé, comme chacun sait, à l'extrémité de la grande galerie des tableaux, dans le pavillon de Flore, à l'angle du jardin et du quai.

Il y avait dans ce conseil des rois une telle soumission, une si grande confiance dans les intentions de l'empereur, qu'il semblait qu'il n'y eût jamais là qu'une volonté et qu'une seule tête, pour ainsi dire, tant la crainte respectueuse opprimait uniformément ces fronts à bandeau royal.

Cependant les trois conseils tenus ainsi dans les trois années qui avaient suivi 1816 avaient vu se modifier leur attitude; l'esprit royal, qui ne peut quitter entièrement ceux qu'il a consacrés, recommençait à les illuminer de nouveau, et le temps, qui enlève toujours quelque chose même à la gloire et à la puissance, avait réveillé leur faiblesse, et leur avait fait sentir davantage le poids lourd de leur asservissement

Un jour, c'était le 20 décembre 1819, Napoléon, au milieu du conseil, émit une idée toute nouvelle; il voulut, je ne sais par quel dédain, inviter les rois dans cette séance à consentir une sorte de charte royale qui les enchaînait encore plus étroitement aux pieds de l'aigle impériale. Ainsi cette soumission si éclatante, quoique tacite, de ces rois feudataires, ne lui suffisait plus. Et dans ce caprice du moment, il lui paraissait nécessaire qu'un acte solennel émané d'eux-mêmes apprît à l'Europe et à chacun de leurs peuples tout ce qu'il y avait de certain, de patent, d'officiel dans leur servitude.

C'en était trop pour des cœurs de rois accoutumés à l'adversité, mais non pas à la honte.

Un murmure s'échappa de leurs rangs, comme le témoignage d'une stupéfaction douloureuse.

Napoléon frémit profondément à ce mouvement inaccoutumé. Mais que ne dut-il pas ressentir quand le roi de Bohême (l'ancien roi de Prusse), se levant, parla en ces termes :

« Votre majesté a navré nos cœurs par une proposition que sa profonde sagesse n'a sans doute pas pesée. Elle sait les rapports qui existent entre nous et nos peuples, entre nos peuples et leurs rois ; elle sait de quelle vénération doit être environné notre sceptre, et combien ce sanctuaire où Dieu et votre majesté nous ont placés doit être sacré pour les nations. Et voilà que notre caractère sera flétri ; le mépris s'élèvera jusqu'à nous, la mesure de notre humiliation sera comblée, et il ne nous restera plus qu'à mourir ! Votre majesté oublie sans doute en ce moment ce que sont des rois sur la terre. »

Ces dernières paroles, dites avec énergie, furent suivies de l'approbation du conseil. Tous se levèrent à la fois, en répétant que tels étaient leurs sentiments.

Napoléon, étincelant de fureur, se leva aussi, et, rejetant avec force son fauteuil contre le mur de la salle, il frappa d'une telle violence sur la table du conseil, qu'elle en fut brisée.

Puis, marchant à grands pas, et les regardant d'un œil de feu, il s'écria avec colère :

— « Des rois ! des rois ! Oh ! je le sais : ce sont quelquefois des esclaves qui auraient envie d'être rebelles.

« Des rois ! ce sont des enfants à qui j'ai mis dans la main deux jouets, un sceptre et un globe.

« Mais ce sceptre, je le jetterai au feu, et il y pétillera comme un vil morceau de bois.

« Mais ce globe ! ce n'est qu'une bulle légère, que mon souffle a gonflée, que mon souffle peut anéantir. »

Le roi de Suède (Murat) se levait comme pour répondre.

— « Silence ! s'écria-t-il d'une voix de tonnerre. Silence ! roi de Suède ! Silence ! tous ! »

Et il ajouta dans le dernier degré d'exaspération :

— « Eh bien ! sachez donc ce que je suis, moi, si vous oubliez ce que vous êtes. »

CHAPITRE XXXVIII.

LE SOLDAT ROI. — § 1.

En disant ces mots, il enfonça violemment dans la table un poinçon qu'il tenait à la main, et s'approchant avec rapidité de la fenêtre donnant sur le quai, il l'ouvrit avec rage, et presque toutes les vitres se brisèrent en frappant contre le mur.

Il regarda, et ayant vu un grenadier en bonnet de police qui s'en allait tranquillement à sa caserne, et sur le point de traverser le pont pour passer de l'autre côté de la Seine, il l'appela vivement. Le grenadier, à cette voix connue, se retourna, et, ôtant son bonnet, il cherchait qui l'avait appelé. Il vit bientôt à la fenêtre l'empereur flamboyant de furie, qui lui cria : « Grenadier, monte ici », et l'empereur donna en même temps les ordres pour le faire arriver jusqu'à lui.

Un instant après, entra le soldat, une pipe à la bouche et l'air goguenard encore, quoique un peu surpris de cet appel.

Dès qu'il fut là, l'empereur fit sortir ses pages et ses officiers, et, demeuré avec les rois et le grenadier, il lui dit :

— « Ton nom ? »

Le soldat éteignit sa pipe, et, se tenant comme au port d'armes, répondit avec assurance :

— « Guillaume Athon.

— « Ton âge, ton régiment, ton pays ?

— « Quarante-sept ans, de Pithiviers, grenadier de la garde impériale, deuxième régiment, deuxième bataillon, première compagnie.

— « Tes services ? ton histoire ?

— « Trente-et-un ans de service ; vingt-deux campagnes, Égypte, Italie, Espagne, Russie, etc. Pas d'histoire. Je me suis battu, j'ai seize blessures, et je suis resté soldat. »

L'assurance de cet homme étonna peut-être Napoléon, mais il ne fit rien paraître. Les rois attendaient dans un morne silence.

— « Tant de services valent mieux, reprit l'empereur ; tu n'es plus soldat... je te fais roi.

— « Roi !... Comme vous voudrez, sire. »

A cette réponse faite avec insouciance et flegme, l'empereur le regarda d'un œil scrutateur.

— « Oui, roi ! Voilà un trône vacant ; tu peux aller t'y asseoir. (C'était la place du vieux roi Georges III, malade et mourant à Glasgow.)

— « A la bonne heure ! »

En disant ce peu de mots, il allait s'y placer avec la même aisance et la même incurie, quand l'empereur, l'arrêtant, lui prit la main et l'embrassa. — «Je te consacre roi. Va t'asseoir, dit-il.

— « Je ne comprends rien au reste, dit le soldat ; mais mon général m'a embrassé. » Et deux grosses larmes roulèrent dans ses yeux.

Il alla s'asseoir sur ce siége royal, et, regardant tous ses nouveaux collègues d'un air glacé, il s'enfonça dans le fauteuil, remit sur sa tête son bonnet de police, et allait s'endormir peut-être, lorsque l'empereur, se levant, dit d'une voix terrible :

— « Vous savez qui je suis, messieurs, et maintenant aussi ce que sont des rois. Allez, le conseil est levé. »

Et il se retira.

Les rois traversèrent lentement la grande galerie de tableaux, pour retourner dans leurs appartements. Leurs fronts étaient baissés et tristes ; ils savaient qu'ils ne pouvaient rien contre un tel caprice venant d'un tel pouvoir. Ils craignaient même de se communiquer leurs pensées, et, au milieu de ce silence, la longue galerie retentissait seule sous la gravité de leurs pas.

Le nouveau roi, Guillaume Athon, sortit le dernier. Entré dans la galerie, il s'amusait à contempler les tableaux, le bonnet de police penché sur l'oreille, et sifflant parfois, quoique assez bas, des airs de caserne.

La vue de ces peintures l'amusa, et il n'était pas sorti des salons de l'école italienne, que déjà les rois avaient disparu dans le grand salon.

Car lui avait un de ces caractères bizarres que rien n'étonne ni ne chagrine, et qui se soucient aussi peu d'un royaume que d'une blessure légère, parce qu'il ne comprenait pas ce que voulait dire le premier de ces mots, et qu'il n'ignorait pas que c'était son métier de répandre son sang à la guerre.

Curieux, d'ailleurs, comme les soldats, il ne songeait plus à ce qui venait de se passer tout à l'heure, depuis qu'il regardait les tableaux. Puis, se voyant seul, il tira sa pipe de sa poche ainsi qu'une pierre, de l'amadou et un briquet, et il allait, sans autre souci, rallumer son tabac, quand quelqu'un, l'arrêtant par le bras, lui apprit que l'empereur le demandait. Il se retourna, et, sans répondre, suivit l'officier qui l'avait interrompu dans ses distractions assez peu royales.

CHAPITRE XXXIX.

LE SOLDAT ROI. — § 2.

Toute violente que pouvait paraître la colère de Napoléon, en général, elle avait cependant toujours sa mesure; car il savait si bien tenir les rênes de ses passions, qu'il ne leur laissait jamais que l'élan qui convenait à sa profonde pensée.

Au contraire, dans le conseil des rois, cet accès de fureur avait été soudain, incalculé. Une colère aveugle et sans réflexion l'avait emporté, et, sans doute, rien au monde, rien ne pouvait la causer plus légitimement que cette insolence des rois qui osaient ne pas demeurer esclaves.

Mais plus tard, quand, de retour dans son cabinet, et seul, il eut sa passion calmée et sa réflexion plus froide, alors il se mit à rêver, et vit jusqu'où il avait été entraîné. Retombant sur lui-même, il s'affligea et eut honte de son action et de cet outrageant caprice qui lui avait fait jeter un sceptre à un soldat! D'ailleurs, n'avait-il pas été trop loin ? Trop courbés, les rois pouvaient se relever terribles, et puis n'avait-il pas quelque intérêt à conserver au moins pour le peuple ce respect qui entoure la royauté. Dans le regret de ce qu'il avait fait, et dans l'incertitude de ce qu'il avait à faire, il voulut voir son nouveau roi, Guillaume Athon, et un officier s'étant détaché pour le chercher, le rejoignit dans la galerie des tableaux, comme on sait, et l'amena devant l'empereur.

Il entra, se tenant debout et respectueusement à la porte, mais la tête haute et le regard fixe, conservant enfin cette attitude à la fois noble et soumise du soldat devant son chef.

— « Qu'on approche un fauteuil, dit l'empereur, et qu'on nous laisse. »

Restés tous deux seuls, ils se turent pendant quelques minutes, le soldat roi toujours debout.

— «Votre majesté veut-elle s'asseoir ? » lui dit l'empereur d'un ton mélancolique.

Le soldat s'assit dans le fauteuil et regardait toujours fixement l'empereur.

— « Que vous semble de cet événement du conseil ? lui demanda Napoléon.

— « Ma foi, sire, je ne le comprends pas, à moins que ce soit une moquerie faite à un vieux soldat.

— « Non, cela est sérieux, vous êtes roi.

— « Roi! Et pourquoi? »

L'empereur pâlit à cette singulière question, et dit : « Parce que telle a été ma volonté.

— « Votre volonté peut donc me faire roi, quand tous vos généraux n'auraient pu me faire caporal.

— « Expliquez-vous.

— « Je ne sais pas lire.....

— « Qu'importe! lui dit Napoléon dont le cœur se brisait de plus en plus; vous êtes élevé à la plus haute dignité de la terre; vous êtes roi. Mon choix suffit, cela ne vous plaît-il pas?

— « Pas plus qu'à vous peut-être.

— « Que voulez-vous dire ?

— « Que, sans comprendre quelque chose à tout ceci, il me semble qu'il aurait mieux valu que votre majesté ne m'eût point fait monter et asseoir au milieu de tous ces............ Mais finissons-en, et laissez-moi retourner à ma caserne, sire, car l'appel de deux heures va se faire, et j'en aurais pour trois jours de salle de police. »

Ces paroles, cette fermeté indifférente, cette

sagesse instinctive, étonnèrent au plus haut point l'empereur, qui lui répondit :

— «Cela ne se peut ; vous êtes roi, ma parole vous a consacré, et rien ne peut vous enlever cette consécration.

— « A la bonne heure, reprit le soldat. »

Ils se turent; l'empereur resta le front appuyé dans sa main gauche.

Après quelques instants, le soldat roi reprit le premier la parole, et ses yeux fixes s'animèrent d'une flamme étrange :

— «Je crois que ma personne gêne votre majesté ; eh bien ! il se peut que tout s'arrange.

— « Comment? dit Napoléon en le regardant avec inquiétude.

— « C'est de m'envoyer au bout du monde...... ou plus loin encore........, car si tout ce tripotage devait finir par une prison d'état perpétuelle,....... je n'y resterais pas vivant deux jours. »

L'empereur était stupéfait.

— « Que voulez-vous dire ?

— « Que s'il faut vous payer votre titre de roi avec ma vie, je suis prêt.

— « Vous y tenez donc bien peu à la vie?

— « Bah !...... je l'ai jouée vingt fois pour un mensonge, une injure, le baiser d'une fille de joie, et vingt fois encore pour rien, quand j'avais bu ! Je ne parle pas de la guerre, les boulets m'ont passé entre les jambes et ont grondé à mes oreilles ; deux pouces de plus, et tout était fini ; mais c'est le métier, je n'en parle pas.

— « Et ta famille ?

— « Je n'en ai pas, pas de mère, ni de femme, ni d'enfants.

— « Quoi ! tu ne tiens pas à la vie ?

— « Ça m'est égal, et si cela vous arrange, vous !

— « Qui te l'a dit ? reprit Napoléon avec égarement.

— « Personne. Faites comme il vous plaira.

— « Non ; tu vivras roi, avec ton sceptre, ta cour, tes palais, tes trésors.

— « A la bonne heure ! »

Et tous deux se turent encore. Mille sentiments déchiraient le cœur de l'empereur ; le soldat roi s'en aperçut, et se levant :

— « Sire, il faut vous décider ; si votre majesté le veut, je me tue ! et personne n'aura rien su..... ou bien j'attendrai que l'on me..... »

L'empereur tourna les yeux sur lui, et des larmes y coulaient ; il tendit la main à Guillaume Athon, qui la saisit et la baisa. L'empereur lui ouvrit les bras, et l'autre s'y jetant, ils s'embrassèrent tous deux.

La fermeté du soldat le quitta en ce moment, il pleura aussi.

— « Voilà deux fois que votre majesté m'embrasse aujourd'hui, dit-il en essuyant ses yeux; j'aurais mille vies, que cela ne vaudrait pas cette joie, et je ne serais plus heureux si je vivais après cela! »

Napoléon le regardait avec des yeux humides.

— « Adieu! sire, dit-il; adieu!... » Et il se retira.

L'empereur, absorbé dans ses réflexions, ne se leva point. Près de la porte, Guillaume Athon se retourna encore, et lui dit avec simplicité :

— « Adieu! sire, je retourne à la caserne; à ce soir..... adieu! »

Et il disparut.

Il y avait, comme lui, dans la grande armée, des âmes simples, énergiques et bronzées à la fumée des batailles.

Le lendemain de cette journée, on apprit que, la veille, vers neuf heures du soir, le corps de Guillaume Athon avait été trouvé frappé au cœur de trois coups de baïonnette. Rien n'indiquait une lutte. On supposa qu'il s'était suicidé, car on ne lui connaissait pas d'ennemi, et les blessures étaient par devant. D'ailleurs, cet événement de peu d'importance ne sortit pas de la caserne et du rapport du lieutenant au colonel.

On ne savait rien de plus sur cet homme. Les rois, en apprenant sa mort, se turent sur les événements de cette journée, et le temps reprit son cours comme s'il n'y avait pas eu de sang versé.

CHAPITRE XL.

RÉVISION DE LA LÉGISLATION.

La France était alors (1819) florissante au plus haut degré, riche, peuplée, heureuse. Le système général des routes et des canaux complété; des monuments, des ponts, des édifices publics construits avec la plus grande magnificence; une administration forte, protectrice des citoyens et de leur fortune; au-dessus de tout cela, une gloire incroyable, telle était la France, et à un degré moindre, les pays dépendant de l'empire.

Les lois étaient aussi admirables que le reste. Jeunes encore, elles avaient l'énergie de la jeunesse, et l'autorité des lois anciennes. C'était un des plus beaux résultats de cette révolution injugeable, qui, comme un géant placé entre l'ordre ancien et le monde nouveau, avait les pieds dans le sang et la tête dans le ciel. Tout le droit était renouvelé. Des monuments de sagesse avaient été élevés par des hommes souvent en délire, et quand Napoléon était revenu d'Égypte et avait pris la France, il avait agrandi et complété, sur tous les points, la législation, et pour couronner l'édifice, donné des codes.

Et quand il eut vu son œuvre, il ne se reposa pas.

Il n'avait pas cette fierté jalouse qui pense que la chose faite ne peut être perfectionnée ; au contraire, des lois successives vinrent utilement corriger ces codes eux-mêmes. Ainsi, ceux des intérêts civils virent plus d'une fois modifier quelques-uns de leurs principes, et les codes criminels leur excessive sévérité.

Au mois de février 1818, il fit publier une édition nouvelle où avaient été fondues toutes ces améliorations.

Mais il fit plus encore, car il n'ignorait pas que cette législation nouvelle, depuis 1789, n'était pas le droit tout entier de la France, et qu'il y avait encore, dans les anciennes lois françaises, des matériaux importants et des restes sacrés qu'on ne devait point regarder comme anéantis. Il voulut donc relier ces vieilles traditions législatives aux lois nouvelles, et ramener à lui, pour ainsi dire, tout le passé de l'ancienne France, afin de tout fondre dans son œuvre unique, et afin que les peuples de son temps n'eussent plus à rejeter les regards en arrière pour y chercher autre chose que des souvenirs inertes et de la vieille histoire.

Napoléon l'avait dit : « *Il faut que tout en France date de moi* »; et il en était venu à ce point de force, qu'il pouvait ainsi comprimer le passé et le refouler devant lui à ses pieds.

Pour arriver à ce grand résultat, il s'entoura des plus illustres jurisconsultes de France et d'Allemagne. Il leur attribua un pouvoir voisin de la puissance législative elle-même; et avec cette haute délégation, il mit dans leurs mains l'entière disposition des archives de l'état et des bibliothèques de l'Europe.

Cette commission, ainsi instituée, prit le nom de *conseil supérieur de révision des lois*, et sa mission était de recueillir et de réviser toute les parties de la législation française, depuis les premiers temps de la monarchie jusqu'à nos jours.

Le conseil supérieur de révision fut divisé en deux sections principales.

La première fut chargée de réunir en un corps complet toutes les lois anciennes, ainsi que les capitulaires, ordonnances, établissements, édits et déclarations jusqu'à l'année 1789.

Après avoir achevé cette première collection chronologique, qui n'était qu'un travail de haute compilation historique et une préparation à l'œuvre réformatrice, les membres de cette section choisirent dans ces matériaux les lois encore en vigueur, ils les classèrent et les rédigèrent dans des codes spéciaux, qui par l'habile harmonie de ce beau travail vinrent se coordonner avec les codes déjà existants, et les compléter de toute la force restée encore à cette vieille législation.

Par un troisième travail, la même section prépara un décret d'abrogation de toutes les lois qui n'étaient pas rappelées dans ces codes spéciaux, afin que, reconnues inutiles à la vie civile et politique, ces ruines du temps passé cessassent d'en gêner la marche, pour passer désormais à l'état d'histoire.

La seconde section exécuta sur des bases analogues les mêmes travaux pour les lois, arrêtés, décrets et décisions rendus depuis 1789, afin de balayer également les débris inutiles et rétablir au milieu de la confusion de ces lois innombrables les droits de l'ordre et de la clarté.

Quatre années suffirent à l'achèvement de ce

grand travail digne de Napoléon et des hommes supérieurs à qui il l'avait confié. Les deux grandes collections chronologiques, du V⁰ siècle à 1789, et de 1789 à 1820, furent publiées à part, plutôt encore comme des documents d'histoire, que comme une œuvre de législation.

Mais il n'en fut pas de même de la réunion de ces décrets spéciaux qui furent immédiatement soumis à la sanction des deux corps législatifs et promulgués dans leur ensemble au mois de février 1824, sous le titre de *Corps général des lois françaises*. La première édition, en dix volumes in-4°, sortit à cette époque des presses de l'imprimerie impériale, et devint le droit français.

Ainsi la France eut son Digeste et son Justinien.

L'accomplissement de cette œuvre avait donné la plus haute impulsion aux études philosophiques et historiques du droit, et tandis que Napoléon donnait ainsi cette magnifique et lumineuse législation, de toutes parts, en France, en Allemagne, en Angleterre et même en Italie, se préparaient de grands travaux sur ces matières.

C'était en vain que l'archichancelier Cambacérès avait dit spirituellement à l'un de ses collaborateurs, lors de la promulgation des pre-

miers codes : « *Nous avons tué le droit romain.* »
Le droit romain n'était pas mort, il revivait dans les études des savants jurisconsultes ; ceux-ci en creusaient la profondeur, et en découvraient les sources. Ils allaient aussi fouiller les entrailles des histoires du moyen-âge pour y chercher les législations de ces temps; ils allaient retrouver dans les nations étrangères les lois qui y avaient été apportées par les conquêtes. Les lois normandes étaient étudiées en Angleterre. Les anciennes coutumes françaises, si curieusement explorées, l'étaient dans les îles anglo-normandes ou dans les contrées de l'Amérique où elles subsistaient encore, et les lois allemandes et saxonnes, transportées à leur tour dans l'Angleterre et dans le midi de l'Europe, étaient interrogées dans leurs nouvelles patries. Alors paraissaient à la fois : en Allemagne, les *Essais sur les anciennes lois romaines*, par Niebhür, l'*Histoire de la législation grecque*, par Gans, l'*Histoire des lois dans l'antiquité*, par Herder, les *Vues sur le droit romain*, par Savigny ; en Angleterre, le magnifique ouvrage de M. Brougham, intitulé : *La concordance générale des lois de l'Europe*, et en France, l'*Histoire des lois françaises*, par M. Troplong, jurisconsulte qui sait l'histoire, *La science des lois*,

par M. Dupin, l'*Essai sur les lois commerciales au moyen-âge*, par M. Pardessus, et les travaux de M. Thierry sur les établissements législatifs des barbares.

Deux autres ouvrages se rattachent encore et par leur nature et par leur date à ceux-ci.

L'étonnant livre des *Considérations sur la constitution française*, par M. de Maistre, livre que Napoléon fit saisir et brûler, et l'*Histoire de France par les lois et les monuments*, par M. Guizot, œuvre toute nouvelle où la vérité historique s'appuyait à chaque pas sur les chartes, les monuments, les médailles, les lois, et en général tous les actes contemporains qui jetaient sur les faits une lumière et une autorité incontestables.

CHAPITRE XLI.

CATALOGUE.

Il est impossible de passer sous silence, en continuant cette histoire, le mouvement si remarquable et si puissant qui fut donné à la littérature dans l'année 1820, et qui se prolongea et s'accrut jusqu'en 1830; et comme la nature de ce travail ne me permet guère d'interrompre les récits historiques, et de les entrelacer trop souvent de considérations littéraires, je m'arrêterai quelques instants ici, à cette date de 1820, où commence ce mouvement de progrès, et sans m'inquiéter de la chronologie qui me condamne, et sauf à me soumettre de nouveau à son joug dans le chapitre suivant, je ferai une histoire abrégée de la littérature et des immenses travaux qui furent publiés pendant ces dix années.

S'il y avait eu une forme plus abrégée encore que celle dont je vais me servir, je l'eusse choisie de préférence, tant je recherche la rapidité et la brièveté, tant surtout je prise la liberté des opinions littéraires; historien par-dessus tout, et très-peu critique, je n'ai voulu que réunir dans ce chapitre des noms d'auteurs et de livres dans un certain ordre, en un mot, dresser un véritable catalogue.

1820. — En cette année commença la publication de l'encyclopédie monumentale nommée *Encyclopédie de l'Institut*, parce que tous les membres des quatre académies concoururent à l'exécution de cet ouvrage, et s'imposèrent la loi de faire eux-mêmes et de signer tous les articles. Jamais œuvre plus importante n'avait été confiée à des hommes plus habiles; on put l'appeler véritablement *le livre des livres*. Elle fut terminée par la publication de son soixante-huitième volume in-4, en 1828. Quinze volumes de planches et sept de tables portent le nombre total à quatre-vingt-dix volumes in-4. Cette encyclopédie fut imprimée avec le plus grand luxe par les presses impériales, et la haute libéralité de l'empereur en rendit le prix accessible à la plupart des fortunes.

1820. — Parurent simultanément :

Les dialogues philosophiques sur l'univers, par M. le comte de Maistre, 3 vol. in-8.

Histoire du génie de l'antiquité, par Paul-Louis Courier, 5 vol. in-8.

De l'Angleterre, par Mme la duchesse de Staël, 3 vol. in-8.

Ces trois ouvrages dépassèrent de bien loin tout ce que la France et l'Europe avaient pu attendre du génie de leurs auteurs. Le livre *de l'Angleterre* de Mme de Staël fut surtout placé beaucoup au-dessus de son beau livre *de l'Allemagne*.

1821. — M. de Lamartine publia ses *Méditations poétiques*.

Histoire générale de la France, par M. de Châteaubriand.

Le douzième et dernier volume de cette magnifique histoire, la plus belle des histoires nationales, fut publié en 1826; il porta sur son frontispice les nouveaux titres de M. de Châteaubriand, créé duc d'Albanie, et nommé ministre d'état en cette même année, 1826.

La 9ᵉ édition a paru en 1829.

1822. — *Histoire du christianisme*, par M. de Lamennais, 6 vol. in-4.

1820 à 1827. — Continuation et fin des deux grandes entreprises littéraires connues sous les noms de :

Collection des historiens de la France, 42 vol. in-f°.

Recueil des lois et ordonnances du royaume de France, jusqu'en 1789, 48 vol. in-f°.

1823. — *Description des ruines de Palmyre*, 2 vol. in-4. — Atlas.

1824. — *Description des ruines de Babylone*, 3 vol. in-4. — Atlas.

Grammaire et dictionnaire des hiéroglyphes, par Champollion, 5 vol.

1825. — *Histoire de la Grèce*, par Michelet, 4 vol.

Philosophie de l'histoire, par le même, 2 vol.

Philosophie de l'histoire, par Ballanche, 6 vol.

Dieu, poëme en 18 chants, par Lamartine.

Philosophie de la nature, par Geoffroy-Saint-Hilaire, 3 vol.

Histoire des connaissances humaines, par Ampère, 4 vol.

1826. — *OEuvres complètes de Shakespeare*, traduites par M. Villemain, 16 vol.

1826. — *Histoire générale des sciences physiques*, par M. G. Cuvier, 8 vol. in-4.

Histoire générale des sciences mathématiques, par Biot, 6 vol. in-4.

Traité de philosophie, par Royer-Collard, 3 vol. in-8.

Richelieu, roman historique, par sir Walter Scott.

Livre publié et composé en France et en français.

Le Roy d'Yvetot, roman politique, par Ch. Nodier.

Ouvrage rare, la seconde édition n'ayant pas été autorisée.

1827. — *La Sainte-Bible*, traduite par le cardinal de Frayssinous, 26 vol. in-8.

Les guerres d'Espagne, par le maréchal Foy, 5 vol.

Histoire de la littérature française, par Villemain, 6 vol.

La science des lois, par M. Dupin aîné, 4 vol.

Luther, roman historique, par V. Hugo, 2 vol.

Théorie de l'Esprit, par M. Beyle de Stendhall.

Ce livre trop spirituel irrita Napoléon,

et fit exiler M. Beyle à Rome, où il acheva sa belle *Histoire de la peinture en Italie*, 1829, 12 vol. in-8.

1828. — *Histoire de la philosophie*, par V. Cousin, 4 vol.

Histoire de la politique chez les peuples anciens et modernes, par M. A. Carrel, 1 vol.

Description historique et géographique de l'intérieur de l'Afrique. 6 vol. in-4. — Atlas.

1829. — *Histoire de l'empereur Napoléon, jusqu'à la monarchie universelle*, par A. Thiers, 8 vol.

Satan, poème, par Alfred de Musset.

Chansons, par P.-J. de Béranger.

Histoire d'Angleterre, par Guizot, 9 vol. in-8.

Essai sur le crédit et les finances dans la monarchie universelle, par le comte Roy, duc d'Illyrie, 4 vol. in-8.

1830. — *La diplomatie mise à la portée de tout le monde,* par un roi, 1 vol. in-8.

Ce livre singulier et ironique parut à une époque où la diplomatie était devenue une science inutile ; il fut généralement attribué à M. de Talleyrand.

Les comédies de Ménandre, récemment découvertes, traduites par Sainte-Beuve, 4 vol. in-8.

Je termine ici cette liste, à laquelle j'aurais pu ajouter encore les titres de plusieurs publications d'une pareille importance. Je n'y ai pas placé non plus les œuvres de théâtre et d'autres ouvrages dont la France garde le souvenir et que la postérité n'oubliera pas.

CHAPITRE XLII.

SAINT-SIMON, L'ABBÉ DE LAMENNAIS.

—

C'étaient deux hommes que Napoléon n'aimait pas.

A côté de ce développement littéraire que nous venons d'esquisser, se révéla, vers 1823, une tendance nouvelle des esprits; philosophique et politique à la fois, elle cherchait à améliorer le sort des hommes, des pauvres surtout, et à donner au commerce et aux sciences l'application la plus utile aux progrès de l'humanité.

C'était la philantropie sonore du XVIII° siècle, appliquée.

L'empereur examina de près cette opinion, et en étudia sérieusement la marche. Et quand il eut reconnu son utilité, et qu'il vit qu'aucun danger ne l'accompagnait, il laissa faire, ou favorisa en dirigeant A la tête de ce mouvement était un homme, père et chef de cette philosophie politique, le comte de Saint-Simon, d'une imagination puissante, quoique le plus souvent prête à s'égarer, mais ayant posé le premier ce principe du perfectionnement social et de l'amélioration du sort de tous les hommes.

Un développement sans borne de l'industrie était la base de son système, aussi s'avisa-t-il un jour de créer le mot *industriel* qui eut une grande fortune.

Napoléon fut frappé de certains travaux publiés par M. de Saint-Simon de 1810 à 1822. Rechercheur des hommes de force comme il l'était, il fixa ses regards sur ce novateur. Mais s'il rencontra juste en ce qui touchait le génie du philosophe, il se méprit sur sa véritable capacité; il voulut en faire un homme d'action, et il se trouva que le penseur ne savait rien de plus que penser. Nommé successivement préfet à Avignon, puis à Nancy, M. de Saint-Simon ne fit que des fautes et se montra très-médiocre administrateur. Au bout de deux années, l'empereur lui retira ces fonctions et créa pour lui une place de directeur de l'industrie, sous les ordres du ministre du commerce. Mais là encore, le comte de Saint-Simon, trop inférieur ou trop supérieur peut-être à cette place, n'y apporta que des théories vagues, et une administration désordonnée. L'empereur, dégoûté de plus en plus de cet homme, dans lequel, à côté de tant de fautes, il lui fallait reconnaître un esprit d'une si haute portée, lui ôta définitivement tout service actif, pour le reléguer dans les vaines fonctions de conseiller d'état en service extraordinaire.

Saint-Simon mourut tranquillement, et fort délaissé de l'empereur, en juin 1827.

De son vivant, une réunion de jeunes gens l'ayant choisi, malgré ses refus, pour leur maître, arborèrent son nom à la tête d'une doctrine philosophique qu'ils façonnèrent en manière de religion. Ils firent de Saint-Simon une sorte de dieu, et se nommèrent *Saint-Simoniens*. Mais le conseiller d'état, très-offensé de cet enthousiasme, ne trouva d'autre moyen de se purger de cet apothéose qu'en intentant à ses opiniâtres disciples un procès qui occupa alors vivement les esprits et dont on se souvient encore.

Si l'empereur, très-irrité de tous ces mécomptes dont nous avons parlé, avait fini par voir le comte de Saint-Simon avec un déplaisir toujours marqué, il n'en fut pas de même de *l'abbé de Lamennais.*

Ce génie puissant, dédaigneux d'un mouvement social qui lui semblait mener le monde à l'abîme, d'un pouvoir impérial qui ne lui imposait pas, flamboyant de colère devant l'indifférence glacée des nations qui s'en allaient oubliant Dieu et la foi, plein de croyance de vie et de génie devant ces peuples mourants qui descendaient au tombeau portés par la philosophie, lui! l'abbé de Lamennais, en dehors de ce mouvement, de cette puissance, de cette agonie, se constitua l'apôtre de Dieu, le *Luther* de la réformation catholique ; et secouant les esprits sous les fureurs de sa parole, il réveilla les hommes qui dormaient dans l'indifférence, et se levèrent stupéfaits à ce bruit.

L'empereur, dont la politique admettait le progrès religieux, et favorisait ardemment les croyances d'une religion qui mettait César à côté de Dieu, autorisa et seconda même les efforts de l'illustre père de l'église.

Mais, peu de temps s'était écoulé, qu'il vit sa prévoyance dépassée par la parole débordante du prêtre. Napoléon voulait se servir de toutes les forces, mais il voulait surtout en rester le maître; il n'était pas âme à laisser une puissance, quelle qu'elle fût, hors de la portée et de l'action de la sienne.

Il manda l'abbé de Lamennais à Saint-Cloud.

Quand ces deux hommes furent en présence, ils se contemplèrent quelques instants en silence, car ils ne s'étaient pas encore vus jusque-là.

Napoléon, comme on le sait, avait à cette époque acquis un embonpoint qui rendait plus sensible l'exiguité de sa taille. Il était en ce moment vêtu d'une redingote de couleur grise qu'il portait habituellement.

L'abbé de Lamennais, d'une taille encore plus petite, et d'une maigreur remarquable, n'avait pas cru pour la cour elle-même abdiquer ce droit de simplicité d'habillement qu'a tout ecclésiastique. Une cravate noire, liée comme une corde autour de son cou, était avec des bas de laine noirs les seuls vêtements que laissait apercevoir une large redingote brune dont il était entouré.

L'empereur rompit le premier ce silence d'examen :

— « Voici deux hommes d'assez petite taille qui peuvent changer la face de la terre», dit-il avec un sourire ; et comme regrettant d'avoir laissé trop au prêtre dans ces paroles,

« il y en a un, au moins », ajouta-t-il avec fierté.

— « Peut-être », répondit froidement l'abbé de Lamennais ; et ce mot fut dit de façon qu'on ne savait comment y démêler le doute ou la présomption.

Mais ce mot avait élargi la scène. L'empereur, sans pousser plus loin ces gracieux préliminaires, dévoila à l'abbé de Lamennais les mystères de sa politique ; comment il avait besoin de la religion pour l'affermir ; comment cette puissance fondue dans la sienne la rendrait désormais infaillible. Il ajouta qu'il avait jeté les yeux sur lui pour l'aider dans une réformation universelle du christianisme ; qu'il n'ignorait pas de quelle force sa parole religieuse l'avait rendu le maître. Il lui dit qu'il le ferait *pape* ; mais, ajouta-t-il, il entendait que le pape ne fût que le second dans ce grand pouvoir, et qu'il ne devait pas penser à s'en arroger la moitié.

La véhémence du discours de l'empereur, et l'admirable éloquence qu'il avait lorsqu'il voulait convaincre et séduire, trouvèrent cependant M. de Lamennais froid et dans une respectueuse résistance. Pour lui, il était loin d'avoir une pareille magie de langage. Sublime dans ses livres, il avait l'improvisation difficile, et la conversation même embarrassée; toujours débordé par sa pensée, la parole était pour lui un instrument imparfait pour la recueillir. Toutefois, il s'était assez tracé une ligne invariable pour répondre à Napoléon qu'il y avait deux forces au monde, Dieu et l'empereur, que ces deux forces pouvaient s'aider, mais non se confondre; que ce serait folie et sacrilége de voir dans la religion un appui esclave; et que, pour lui, il ne voyait dans cette alternative que l'homme qui dût aller à la remorque de la religion.

Ils ne s'entendaient plus.

Napoléon devint pressant, terrible même. M. de Lamennais, la tête baissée, était aussi calme devant la séduction que devant l'effroi.

Alors, ils conversèrent ensemble sur les matières les plus élevées de la religion et de la politique ; mais l'histoire n'a rien su de la fin de cette conversation, aussi mystérieuse que les mystères qui y furent soulevés par ces deux grandes intelligences.

M. de Lamennais crut devoir en garder le secret, car il y a des idées qui sont trop fortes pour l'humanité.

Après cinq heures d'une entrevue animée, quelquefois même heurtée par la colère de l'empereur, ils se séparèrent étonnés et mal satisfaits l'un de l'autre.

Napoléon avait vu qu'il n'y avait rien à faire de l'abbé de Lamennais. Il sut au moins comprimer l'élan de ses publications; mais il le laissa lui-même tranquille et ne pensa pas à le persécuter.

CHAPITRE XLIII.

MURAT. — § 1.

Le commencement de l'année 1820 offrit à l'empereur une terrible occasion de prouver aux rois de quelle valeur réelle était sa suzeraineté sur l'Europe.

Le roi Murat avait quitté avec une douleur profonde ce beau trône de Naples où Napoléon l'avait laissé trop peu de temps. Sa fierté n'avait que trop compris la disgrâce qui le frappait, lorsqu'il se vit relégué sur un trône insignifiant dans le nord. La Suède et Stockholm, voilà ce qu'il avait reçu en échange de ses Deux-Siciles et de Naples, au moment surtout où la Sardaigne conquise réunissait sous sa puissance les deux plus grandes îles de la Méditerranée, et un nouveau royaume.

Mais ce fut précisément cet accroissement

imprudent de puissance, cette conquête indiscrète qui irrita l'empereur. Sans le dire, il avait voulu faire savoir aux rois qu'un seul coup de canon ne devait pas se tirer en Europe sans sa permission.

Aussi, Murat paya-t-il cher cette prétention de conquête, et la parodie qu'il avait cru faire de son beau-frère. Il alla sous le ciel de plomb de la Scandinavie rêver à cet exil royal... et à sa vengeance.

Sa vengeance ! car son âme fière ne resta pas un instant sans en nourrir les projets. La haine avait désormais remplacé tout autre sentiment dans son âme, et c'était cette haine implacable qui succède, pour la tuer, à la reconnaissance, et qui grandit même des bienfaits qu'on a reçus.

A peine arrivé dans ses nouveaux états, il mit tout en œuvre pour préparer un avenir de vengeance. Il essaya tout d'abord de renouveler cette ligue du nord-est terrassée en 1816. Ses tentatives furent vaines : les rois de Russie, de Bohême, de Moscovie, ne savaient plus qu'être esclaves ; leurs têtes, toutes fumantes encore des coups de la foudre, se baissaient devant l'aigle, et ne songeaient plus à se relever. Le Danemarck, la Pologne et la Saxe, alliés plus fidèles, repoussèrent plus nettement les propositions de Murat, et celui-ci resta seul avec sa haine impuissante.

L'empereur n'ignorait cependant aucune de ces manœuvres. Sa police innombrable et presque universelle avait étendu partout ses racines. Les cabinets et les états de l'Europe étaient comme enlacés de toutes parts dans cet immense filet, et les propositions coupables de Murat, toutes secrètes qu'il eût essayé de les tenir, étaient cependant connues de Napoléon. Il fit plus, il s'en procura les preuves les plus authentiques, et, lassé enfin des complots d'un roi et d'un beau-frère, il écrivit lui-même au roi de Suède dans les termes les plus durs et les plus menaçants; il lui reprochait ce qu'il avait osé faire, lui rappelait que c'était lui qui l'avait tiré de son obscurité et jeté sur des trônes. Il lui faisait connaître que sa main pouvait se retirer, et que sa chute devenait alors infaillible. Il terminait en le mandant à Paris pour s'expliquer sur sa conduite, ou plutôt, disait-il, pour recevoir un pardon.

Peut-être y avait-il de la maladresse dans une lettre semblable adressée à un homme tel que Murat. Il était facile de deviner qu'elle irriterait encore plus sa colère, car ce n'était pas un roi à se courber si vite sous l'humiliation. D'ailleurs, ce trône de Charles XII et de Gustave Wasa n'était pas fait pour diminuer l'exaltation chevaleresque du nouveau souverain qu'on y avait assis. Aussi, le roi de Suède répondit-il par le mépris à cette lettre du souverain de l'Europe.

Peut-être aussi était-ce, de la part de l'empereur, un calcul profond, et savait-il que cette lettre mettrait Murat dans la nécessité d'une révolte ouverte, et lui dans le droit de le punir, car il semblait fatigué de ce beau-frère, et cette conquête de Sardaigne n'était point sortie de sa mémoire.

Quoi qu'il en soit, le roi de Suède reçut avec la plus grande indignation la lettre de l'empereur. Ayant rassemblé immédiatement le sénat, il en donna lui-même lecture à haute voix. Après quoi, il s'adressa aux sénateurs, et leur demanda s'il était possible à un roi et à une nation de supporter un pareil outrage. Quant à lui, ajouta-t-il, il aimait mieux perdre vingt fois la vie que de ne pas venger son honneur. En conséquence, il annonça qu'il se déclarait délié de toute servitude et de son serment envers l'empereur des Français, et en état de guerre avec lui. Il protesta de son amour pour la Suède, et finit en déclarant qu'il ne pouvait croire que le sénat et la nation hésitassent un instant à partager la colère et la vengeance du roi.

Le sénat trembla devant ces communications du souverain, en pensée des événements qui pouvaient en être la suite. Sans prendre un parti décisif, il fit connaître au roi qu'il pouvait tout, et que, s'il voulait la guerre, il fallait bien que la Suède la voulût.

A la suite de cette séance, le roi de Suède rappela son ambassadeur à Paris, et fit donner ses passeports à M. le baron de Cazes, alors ambassadeur de France à Stockholm.

Quand ces nouvelles furent arrivées en France, Napoléon fit insérer dans le *Moniteur* le décret suivant :

« NAPOLÉON, empereur des Français, souverain de l'Europe ;

« Avons décrété ce qui suit :

« Art. 1er. Le roi de Suède, Murat, inculpé de haute trahison envers l'empire, et d'avoir violé son serment de fidélité à l'empereur des Français, sera traduit devant la cour des rois pour y être jugé.

« Art. 2. A cet effet, le conseil des rois, convoqué extraordinairement en haute cour de justice criminelle, se réunira le 25 avril prochain au palais impérial du Louvre, pour y procéder au jugement du roi de Suède.

« Art. 3. Le prince archichancelier de l'empire, assisté de notre procureur-général à la cour de cassation, exercera les poursuites au nom de l'empereur devant la cour des rois.

« En notre palais impérial des Tuileries, ce 10 février 1820.

« Napoléon. »

Les rois se rendirent tous à Paris avant l'époque fixée.

Murat, qui se croyait en sûreté dans son royaume, et qui se préparait à une défense désespérée, fut soudainement enlevé par une compagnie de ses propres gardes dont il ne se défiait pas, et qui était restée secrètement dévouée à l'empereur. Il fut par eux transporté au bord de la mer, et immédiatement embarqué de force sur un vaisseau français, qui le conduisit en France. Il arriva à Paris dans les premiers jours du mois d'avril. Alors s'instruisit ce royal procès dans le palais du Louvre. L'empereur avait commis le ministre de la justice à l'effet de recueillir les charges et les explications données par le roi.

Le roi Murat refusa constamment de répondre au ministre ; il remettait, disait-il, à s'expliquer devant ses pairs.

Le ministre lui ayant conseillé de choisir des avocats, il le regarda avec dédain : « Pensez-vous, dit-il, que ce soit l'affaire d'un voleur de mouchoirs ? On ne plaidera pas, monsieur ; je parlerai. »

CHAPITRE XLIV.

MURAT. — § 2.

Rien ne fut plus solennel que ce procès et que les formes qui y furent gardées. L'empereur avait même songé à faire tenir cette cour de juges-rois au Panthéon, où, sous cette magnifique inscription : *Aux grands hommes la patrie reconnaissante*, il voyait quelque chose d'auguste et de terrible à juger un roi coupable. Puis, par d'autres considérations, ce fut dans la grande salle du musée impérial que durent se tenir les séances de la haute cour.

Cette grande salle, dépouillée pour la circonstance des tableaux qui la décoraient, fut entièrement tendue de longues draperies de velours rouge brodé d'or. Au fond, sur une estrade, étaient rangés treize trônes; celui du milieu s'élevait entre tous, et était destiné à l'empereur. Sur un parquet moins élevé, était le siége de l'archichancelier. Enfin, au bas et en face du tribunal, était encore un trône vide. Quelques arrangements secondaires complétaient cette organisation.

Le 25 avril, dès huit heures du matin, la partie de la salle qu'on avait réservée pour les spectateurs se remplit des princes, des grands-officiers de la couronne, de généraux et autres grands fonctionnaires. Le peuple, pour qui cette publicité fut une illusion, n'y fut pas admis, comme s'il ne devait pas paraître à une solennité trop grande pour lui.

A dix heures, une garde d'honneur introduisit le roi Murat. Il était en uniforme de général et décoré de ses ordres de Suède. Après avoir examiné quelque temps la salle, où n'étaient point encore arrivés ses juges, il s'assit avec dédain dans le trône qui lui était réservé en face du tribunal.

Peu de temps après, un chambellan placé à la porte de la galerie d'Apollon annonça : « La cour des rois. » Et l'on vit entrer deux à deux douze des rois de l'Europe, parmi lesquels on ne comptait aucun membre de la famille napoléonienne. Leur alliance avec Murat avait motivé leur récusation.

Les douze rois étaient revêtus de leurs ornements royaux. Ils s'assirent sur les trônes, selon un ordre convenu d'avance entre eux, ou décidé peut-être par l'empereur.

A peine étaient-ils placés, que le grand-chambellan, debout près la porte de la grande galerie, annonça à haute voix : « L'empereur. »

Napoléon parut. Il n'avait point la pourpre impériale, mais ce costume militaire d'affection et si simple qu'il portait d'habitude. A son arrivée, les rois se levèrent, et Murat lui-même, agité par cette influence, se souleva comme à regret, et retomba aussitôt sur son trône. L'empereur monta à sa place, salua l'assemblée, et, s'étant assis, il dit que l'archichancelier pouvait prendre la parole.

Ce fut ainsi que commença cette singulière procédure. On observa que Napoléon, président de ce tribunal, ne crut pas devoir remplir les formalités habituelles aux communes affaires, comme de demander ses noms à l'accusé, et de l'interroger. C'est qu'on savait assez quel était ce roi, et ces formes eussent été inutiles.

Il semblait aussi que la dignité de l'accusé eût souffert devant les dépositions de témoins qui n'eussent pas été de son rang. On n'opposa donc à Murat que ses actes, des traités et des lettres. L'archichancelier, dans un rapport lumineux et plein de respect pour la majesté du roi qui allait être jugé, exposa cette grave affaire.

Après quoi, Napoléon, d'une voix calme et sans émotion, s'adressant à Murat, lui dit:

— «Votre majesté sait de quoi elle est accusée; a-t-elle fait choix d'un conseil, ou veut-elle s'expliquer elle-même?

— « Je ne le devrais pas peut-être, répondit Murat, car je ne reconnais à personne ici le droit d'attenter à mon caractère, ou de me demander compte de mon diadème. Roi comme vous tous, je n'ai d'autre place que dans vos rangs, et non pas devant vous et dans la position d'un accusé, et je décline comme un crime et un sacrilége cette audacieuse pensée de me juger. »

Alors, il se leva, et, s'étant couvert, il continua avec la plus grande énergie:

« Ce que M. l'archichancelier vous a dit est vrai... Il eût pu cependant s'épargner le mot de *conspiration*, qui ne me va pas. Un roi ne conspire pas, mais il a des desseins, que Dieu juge après lui. Si j'ai tenté de régénérer l'Europe et de rendre la liberté à mes frères les rois, ce n'est pas à eux de le trouver mauvais, et de s'abaisser jusqu'à m'en faire un hypocrite reproche; et si celui que le sort a trouvé comme moi soldat pour en faire un souverain, s'offensait de mes pensées, il n'avait qu'une manière de m'appeler en jugement, c'était au seul tribunal des souverains, le champ de bataille. Honte à celui qui a renié la guerre pour juge! »

Après avoir dit ces paroles le roi de Suède se rassit. L'empereur lui dit avec le même calme : « Ainsi votre majesté reconnaît tous les actes qui lui sont représentés »; et s'adressant au duc de Bassano, ministre d'état et chargé de la garde de ces papiers, il lui ordonna de remettre sous les yeux de Murat les traités, lettres et écrits qui émanaient de lui et qui pouvaient le compromettre.

Murat répondit : « Je connais tous ces papiers, et je n'en désavoue aucun.

— « Et votre majesté ne peut ni les expliquer, ni les défendre? » dit Napoléon avec la même impassibilité.

— « Je ne le veux pas, dit le roi.

— « Et votre majesté n'a rien à ajouter ?

— « Rien », dit Murat.

Alors, sur un signe de l'empereur, l'archichancelier se leva et prononça un discours assez court dans lequel il résumait cette grande affaire. Il essaya de justifier le mot de conspiration qui avait offensé le roi. Puis, après avoir établi les preuves du crime, et arrivant à la peine qu'on devait appliquer, il demanda si les actes du roi de Suède n'étaient pas en dehors de toute justice ordinaire, et si les lois du peuple pouvaient atteindre le caractère d'un roi. Il finit en disant qu'il y avait lieu de croire que la justice et la loi devaient, dans cette circonstance inouie, se réunir et découler à la fois de cette cour de rois, en fixant, dans l'arrêt auguste qu'ils allaient rendre, et la législation nouvelle concernant le crime du roi de Suède, et la décision conforme aux principes que cette législation aurait établis.

A peine l'archichancelier avait-il cessé de parler, que Murat, se tournant vers lui, lui dit à haute voix : « Monsieur Cambacérès, c'est la seconde fois de votre vie que vous pesez dans vos mains le sort d'un roi ; mais vous avez aujourd'hui d'étranges complices. »

L'archichancelier baissa la tête en signe de respect.

L'empereur demanda au roi de Suède s'il avait quelque observation nouvelle à présenter.

— « Non ! reprit Murat avec une énergie nouvelle ; mais songez-y, rois qui m'écoutez, et qui vous arrogez le droit de décider de mon sort ; songez que vous vous dégradez de vos propres mains, que votre majesté périt, que le sceau de Dieu tombe de vos fronts dans cette exécrable mission qui vous est imposée, et que vous n'avez plus qu'un pas à faire pour dépasser toutes les limites de la bassesse et du crime. Allez, esclaves! allez! et, si vous l'osez, revenez assassins! »

Il retomba épuisé de colère sur son trône.

L'empereur seul avait écouté avec indifférence cette sortie foudroyante, tandis que les douze rois, la tête uniformément baissée, semblaient accablés sous le poids de tels outrages.

L'empereur Napoléon, après quelques instants de silence, et après avoir réuni les actes que l'archichancelier et le duc de Bassano déposèrent sur la table du tribunal, dit que la cour des rois délibèrerait le reste du jour sur cette affaire, et la séance fut remise au lendemain 26 avril.

La séance levée, l'empereur et les rois quittèrent le tribunal, et le roi de Suède fut emmené par les gardes qui l'avaient accompagné.

CHAPITRE XLV.

MURAT. — § 3.

Le lendemain, la cour des rois reprit sa séance. Murat parut plus pâle et plus fatigué. Ses yeux avaient quelque chose d'éteint, et l'abattement de sa physionomie laissait deviner quels douloureux combats avait dû essuyer ce cœur ferme, pendant la nuit sans sommeil qui précéda le jour où l'on allait décider de sa vie.

Il se fit un grand silence, lorsque l'empereur ayant pris place dit à Murat: « Roi de Suède, vous allez entendre la décision de la cour des rois. »

Et ayant déployé un parchemin, il lut d'une voix un peu altérée l'arrêt suivant :

« La cour des rois, constituée en vertu du décret du 10 février 1820, présidée par l'empereur Napoléon, souverain de l'Europe, et assemblée à l'effet de juger S. M. le roi de Suède, Joachim Murat, accusé de haute trahison envers l'empire, d'avoir violé son serment de fidélité à l'empereur, et d'avoir conspiré contre l'ordre établi en Europe ;

« Après avoir entendu le rapport de l'archichancelier de l'empire et les réponses et observations de S. M. le roi de Suède ;

« A décidé :

« Que la haute trahison d'un roi feudataire envers l'empire et l'empereur, souverain de l'Europe, est un crime puni de la peine de mort;

« Que la violation du serment de fidélité prêté entre les mains de l'empereur, souverain de l'Europe, aux termes des décrets du 15 août 1815, par un roi feudataire, est un crime puni de la peine de mort;

« Que l'attentat commis par un roi feudataire et dont le but est de renverser l'ordre établi en Europe par les mêmes décrets, est un crime puni de la peine de mort;

« Après avoir proclamé ces principes devenus lois par la volonté de la cour, et en ayant immédiatement la force;

« La cour des rois réunie au Louvre, sous la présidence de l'empereur, souverain de l'Europe, a décidé que le roi de Suède, Joachim Murat, était convaincu d'avoir commis les trois crimes qui lui sont imputés;

« En conséquence, la cour des rois le condamne à la peine de mort. »

— « C'est bien ! » dit Murat. Ce furent ses dernières paroles ; et il se retira, sans rien ajouter, entouré des gardes qui l'avaient amené.

Les douze rois descendirent de leurs trônes dans le même ordre et dans un profond silence: ils semblaient consternés.

L'empereur sortit rapidement de la salle. Il se précipita pour ainsi dire dans la grande galerie, avant que personne eût pu lire sur son visage l'impression qui le dominait, et ce public de cour qui avait assisté à cette scène extraordinaire se retira plein d'émotion et de terreur.

Napoléon, renfermé dans ses appartements, fut inaccessible à qui que ce fût. Sa sœur, la femme de Murat, essaya en vain d'arriver jusqu'à lui; elle ne put y parvenir. L'impératrice Joséphine elle-même, accoutumée à lui arracher tant de grâces, ne put le voir. On n'espérait plus que dans sa puissance même ; on se demandait si dans cette circonstance l'empereur ne s'attribuerait pas le droit de grâce, alors que les autres souverains avaient concouru à la décision qui avait condamné Murat. On pensait qu'une occasion aussi éclatante de manifester le pouvoir et les droits de sa souveraineté serait saisie par lui. On espéra encore pendant le reste de cette journée.

CHAPITRE XLVI.

MURAT. — § 4.

Il y avait, en effet, dans le cœur de Napoléon une lutte immense entre sa justice souveraine et sa vieille affection pour Murat, entre la nécessité politique et vingt années de souvenirs et de fraternité de gloire. Il n'y avait pas une victoire d'Europe et d'Égypte où ce sublime soldat n'eût été aux côtés de l'empereur, lui le génie du sabre, comme Napoléon était le génie de la guerre. Ils s'étaient aimés en frères, et Napoléon l'avait comblé de son amitié, en lui donnant sa sœur, des principautés et deux royaumes. Mais une telle révolte, une semblable audace semblaient avoir vaincu ces souvenirs.

Cependant, après la prononciation de l'arrêt, le roi Murat avait été conduit par une escorte imposante au palais du Luxembourg. Il y reçut sa famille éplorée. Les heures s'écoulèrent dans des scènes déchirantes; la reine et ses enfants poussaient des cris de désespoir, et le couvraient de larmes et d'embrassements. Mais lui, avec la vigueur de son caractère, surmonta toutes ces douleurs, reçut leurs adieux, les embrassa mille fois, et affectant une extrême fatigue et le besoin de repos, il se sépara d'eux et demeura, vers dix heures du soir, seul dans le salon qui avait été destiné à cette dernière nuit de sa captivité et de sa vie.

La fatigue avait tellement dompté ses sens, qu'il ne put résister au sommeil, et quelques instants après le départ de sa famille, il se jeta dans un fauteuil, et s'endormit profondément.

Une heure s'était à peine écoulée, lorsque le bruit d'une porte qui s'ouvrait l'éveilla en sursaut; il se leva rapidement de son fauteuil, et vit en face de lui, à la clarté affaiblie d'une bougie, un homme seul, vêtu d'une redingote grise, la tête couverte de ce chapeau si connu... c'était Napoléon qui se tenait en silence à quelques pas, et les bras croisés.

A cette vue, le sang de Murat tourbillonna et roula dix fois, tour à tour ardent et glacé, dans ses veines; les sentiments les plus violents l'agitaient, mais l'inattendu de cette apparition et l'incertitude de ce qui allait se passer le tinrent comme pétrifié et sans voix.

L'empereur avait suivi toutes ces convulsions de la pensée de Murat. Il s'avança de quelques pas et lui dit avec un accent d'affection :

— « Mon frère, c'est moi qui viens à vous. »

A ce nom de frère, Murat trembla et baissa la tête. Toute l'énergie de sa haine avait tombé devant ce mot prononcé dans ce lieu ; ses jambes fléchirent, et ce que n'aurait pu faire l'aspect des plus affreux supplices, il sentit son cœur ému, et retombant dans son fauteuil, il couvrit de ses deux mains sa figure abaissée.

Cette scène avait décidé de son sort.

Napoléon, vivement ému lui-même, s'approcha, lui prit la main avec chaleur et lui répéta d'une voix attendrie : — « Mon frère ! Murat ! que veux-tu qu'il te soit fait ? que demandes-tu ?

— « La mort ! s'écria Murat avec amertume, la mort ! et une mort prompte surtout, car depuis un instant, je sens qu'elle sera infâme, moi qui l'envisageais si noble et si fière.

— « Il faut que mon frère, que l'époux de ma sœur, que le père de mes neveux vive ! » dit Napoléon.

— « Eh bien ! dit Murat avec exaltation, puisque votre majesté... »

— « Tu parles à ton frère et non pas à l'empereur, » dit Napoléon en lui serrant la main.

— « Eh bien! Napoléon, s'écria-t-il, je vivrai, mais dans ta garde, simple grenadier, comme je l'étais il y a trente ans, afin de reconquérir avec mon sabre et mon sang ton amitié et mon pardon.

— « Tu as raison! tu es le premier soldat du monde, lui dit l'empereur; la politique te sied mal, Murat, tu as trop de cœur pour elle : c'est la gloire qu'il te faut. Eh bien! tu resteras soldat entre les rois et moi, et tu seras plus qu'eux; mon lieutenant en Europe, et, si Dieu le veut, dans le monde.

— « Oh! » dit Murat, et fondant en larmes, il se jetait à ses genoux, mais Napoléon ne lui en laissa pas le temps; ils s'embrassèrent étroitement, leurs larmes se confondirent. Jamais peut-être plus de joie n'avait gonflé les cœurs de ces deux hommes, et de plus douces larmes n'avaient coulé sur de plus nobles têtes.

— « Écoute, dit Napoléon, ton fils ira s'asseoir sur ce trône qui t'éloignait trop de moi, et tu joindras au titre de roi celui de lieutenant de l'empire. »

Murat ne pouvait répondre, tant son cœur était plein de reconnaissance et de bonheur.

— « Mais nous ne pouvons rester ici, ajouta l'empereur, suis-moi. »

Ils sortirent et traversèrent les rangs des gardes, qui restaient stupéfaits sur leur passage.

De retour aux Tuileries, la reine de Suède et ses enfants, l'impératrice et la famille impériale furent aussitôt appelés, et un délire de joie succéda au délire de la douleur.

Le lendemain, on proclama de tous côtés à son de trompe la magnanime décision de l'empereur; et il n'y eut que douze hommes qui se troublèrent à cette nouvelle, les douze rois qui, pendant cette nuit de miséricorde, n'avaient pu dormir.

CHAPITRE XLVII.

EUROPE.

—

Napoléon en avait fini avec cette vieille Europe qui l'avait si long-temps *ennuyé*, comme il le disait. Le niveau avait passé sur les rois, rehaussant les faibles, abaissant les puissants, et lui, à une hauteur inaccessible, planant sur ce peuple de rois.

Un seul avait voulu lever la tête au delà de ce niveau, et cette tête était presque tombée.

Les autres avaient dû prendre part au jugement, pour qu'ils comprissent mieux qu'il ne fallait plus sortir de la classe des rois quand on y était rangé.

Les nations de l'Europe ne pensaient plus à elles-mêmes; elles regardaient leurs rois comme des préfets, et l'empereur comme un dieu. Dans leur enthousiasme elles ne savaient plus ce que c'était que la liberté, ayant assez de ces deux choses, l'égalité de tous, et la haute puissance d'un seul.

Le peuple français, cependant, marchait toujours à la tête de ces nations, il semblait leur commander, comme Napoléon aux rois : c'était le peuple patricien ; plus près de Napoléon, il s'arrogeait plus particulièrement le droit d'être à lui, car il était dans le sanctuaire, et les autres nations étaient placées plus bas.

Napoléon, après avoir ainsi fait pour les rois et les peuples, voulut aussi faire quelque chose pour l'Europe elle-même; et il l'agrandit.

Et certes cette pensée était neuve.

Car s'il y a quelque chose de sacré dans l'histoire de la terre, c'est cette division mystérieuse et immémoriale du vieux monde en trois parties, l'Europe, l'Asie et l'Afrique ; il semble que ce soit là comme un partage fait par Dieu lui-même. Le monde a vu les empires changer cent fois et de noms et d'étendue, naître, vivre et mourir, enfouissant les peuples qui s'écroulaient avec leur souvenir dans un muet passé, et toujours à travers ces révolutions subsistaient, sans avoir été déplacés, ni dépouillés de leur nom, le grain de sable où vient finir l'Europe et commencer l'Asie, le flot où vient expirer le nom d'Asie et où commence à se murmurer celui de l'Afrique.

On ne sait si ce fut la pensée jalouse de l'empereur de rompre cette division sacrée, et de faire joûter ainsi une volonté du moment contre une tradition éternelle, ou bien si plutôt, voulant agréger ses conquêtes d'Afrique à l'empire d'Europe, il avait décidé de ne plus laisser des colonies importantes aussi près de la métropole. Il semblait que son avide puissance ne fût pas encore satisfaite des conquêtes de Constantinople et des côtes occidentales de l'Archipel. Il voulut encore s'assurer tout le littoral de l'Asie qui est en regard, afin que cette mer de l'Archipel avec ses cent îles lui appartînt tout entière, et fut enserrée de toutes parts dans ses états; il enleva donc sans autre explication des provinces de la Turquie d'Asie au sultan, déjà chassé de l'Europe, et qui ne sut comment protester contre un pareil envahissement. Une partie de l'Anatolie, depuis l'extrémité orientale de la mer de Marmara jusqu'à Rhodes, avec Mitylène, Rhodes et Smyrne, appartint à l'Europe impériale, et le détroit des Dardanelles ne dut plus baigner deux parties du monde, comme si lui-même, en les séparant jusque-là, n'eût appartenu à aucune.

Le décret suivant exprime les causes et les effets de cette volonté.

« Napoléon, empereur des Français, souverain de l'Europe,

« Voulant compléter le système politique de l'Europe et le mettre en harmonie avec nos conquêtes d'Afrique;

« Vu également la nécessité d'enclaver l'Archipel et ses côtes dans la souveraineté européenne.

« Avons décrété ce qui suit :

« Art. 1. Sont réunis à l'Europe :

« § 1. La partie septentrionale de l'Afrique appellée Barbarie, depuis le mont Atlas jusqu'à l'Egypte;

« § 2. La partie occidentale de l'Anatolie depuis l'île de Rhodes jusqu'à l'extrémité orientale de la mer de Marmara.

« Art. 2. Ces états et pays sont agrégés à l'empire français, et ont cessé d'appartenir à l'Afrique et à l'Asie pour prendre la dénomination de provinces européennes.

« A Fontainebleau, ce 22 juillet 1820.

« Napoléon. »

Ayant ainsi rompu le vieil ordre du monde, Napoléon se reposa.

CHAPITRE XLVIII.

SYLLA.

Je l'ai déjà dit : en écrivant cette histoire de Napoléon, je n'ai voulu m'imposer aucune règle, prenant des faits ce qui m'en plaisait, et laissant facilement à l'écart des choses importantes. Conduit par ce même caprice lorsque des faits d'un intérêt moindre arriveront à mon esprit, il se pourra que je les recueille, ne craignant pas de tomber ainsi du sommet au seuil de l'édifice, car je ne me suis pas tracé de marche, et je laisse au hasard le soin de m'apporter des souvenirs.

Jusqu'ici, en effet, je n'ai guère parlé que de ces événements incroyables qui appartiennent à l'empereur seul ; j'ai été comme forcé de le suivre dans ces hauteurs historiques où la pensée s'égare, et maintenant je profiterai du repos du grand homme, en racontant dans ce chapitre un événement d'un ordre inférieur.

C'est une conquête aussi, et qui même ne laissa pas de produire une assez grande sensation, quoique son théâtre n'eût pas dépassé les dimensions d'un médiocre in-folio.

Un des plus célèbres conservateurs de la bibliothèque impériale du Vatican, M. Angelo Maio, avait, au travers de vieux palimpsestes, retrouvé et recueilli de nombreux fragments de quelques auteurs anciens; les poëmes d'Ennius, les histoires philippiques de Trogue Pompée, la République de Cicéron, reparurent ainsi avec d'autres œuvres d'une moindre importance ; aucun ouvrage politique ne se rencontrait dans ces précieuses recherches, si ce n'est un long fragment des ouvrages de l'empereur Julien, car la République de Cicéron, assez médiocre ouvrage d'un écrivain très élégant, mais fort mauvais politique, avait peu éclairé cette matière dans l'antiquité.

Mais une découverte d'un immense intérêt suivit celles dont nous venons de parler; M. A. Maio, intrépide feuilleteur de vieux livres, retrouva dans un manuscrit in-folio qui lui parut remonter au VIIIe siècle les commentaires ou mémoires de Sylla écrits en grec. Ils étaient à la suite d'un commentaire latin de Jornandès sur la *Cité* de saint Augustin, et ces deux ouvrages, écrits vers la même époque, avaient été, grâce à la rare intelligence de quelque moine relieur, réunis dans un seul tome, et, comme cela devait être, le premier feuillet ainsi que le titre mis au dos annonçait en grosses lettres *Jornandis commentaria*, sans qu'il fût question du reste.

Heureusement Jornandès avait été court, et Sylla régnait sur les quatre cinquièmes de l'épaisseur du volume.

Ce fut une merveilleuse découverte. L'histoire romaine, si façonnée dans Tite-Live, si incomplète dans les autres historiens, apparaissait dans ce livre, toute nouvelle, toute nue, toute vivante; on sut dès lors ce que c'était que Rome et les Romains. Ces vingt-deux livres de commentaires commencés par Sylla dès son plus jeune âge et auxquels il mettait, selon Plutarque, la dernière main deux jours encore avant sa mort, révélaient à la fois, avec l'âpreté d'âme et de style de l'auteur, et le mépris des hommes et des convenances qui le caractérisait, cette orageuse ville de Rome avec sa guerre chronique des patriciens, du peuple et des chevaliers, la lutte furieuse de Sylla et de Marius, enfin l'histoire de Sylla lui-même dans les guerres d'Afrique, d'Asie et de Grèce, lorsqu'il enchaînait Jugurtha, abattait Mithridate, et ensanglantait Athènes.

Mais ce qui donnait surtout à la découverte de ces mémoires un intérêt extraordinaire, c'était l'impudeur même avec laquelle le dictateur y avait joint tous ses actes comme *pièces justificatives*. La moitié de l'ouvrage était réservée à ces étranges matériaux. Les proclamations, les listes de proscription, des sénatus-consultes, le décret singulier de Sylla dans lequel il se fait dictateur de son chef, s'y rencontraient. On y vit pour la première fois ces formules des actes de la république qui dévoilaient nettement les secrets de la politique romaine, ces arcanes historiques sur lesquels s'exerçait si plaisamment parfois la science des temps modernes; on apprit comment le sénat se formait et se recrutait, comment l'éducation publique et privée existait à Rome et dans l'Italie; on sut, chose curieuse, quelles étaient les finances de Rome, l'état du trésor et enfin le budget de la république. On y trouva des détails tout nouveaux sur la religion, sur les mœurs, sur l'administration et la police des villes, mystères qui jusque-là avaient produit ce double mal d'irriter une curiosité sans cesse déjouée et d'exercer sans remords l'absurdité et l'ignorance des explicateurs.

Les livres IV et VII, dédiés plaisamment par Sylla à Vénus et à Silène, contiennent une chronique des plus libres parfois et des détails d'une nouveauté bizarre. On sait que Sylla aimait la table et les jeux de mots, et qu'à soixante ans ses cheveux blancs ne le garantissaient pas des agaceries de Valéria, sœur du célèbre orateur Hortensius. Aussi, dans ces deux livres, donne-t-il un libre cours à sa gaîté insolente et à ses propos licencieux. Au livre VII, se lit une chanson commençant par ces mots :

Amica si Bacchum et te,

que Sylla donne comme étant de lui, et qui, avec les anecdotes outrageantes et curieuses qui la suivent, complète une des faces singulières du portrait de cet homme, né d'une des plus grandes maisons de Rome, ayant passé sa jeunesse dans l'opprobre, au milieu de plaisirs hideux, mêlant depuis le crime au vice, poursuivant sa carrière dans le sang, où il ne glissa pas; maître enfin du monde romain, qu'il lâcha quand il lui plut ; à la figure repoussante et au regard terrible; joyeux convive et bourreau au même instant ; ayant dans lui du Sardanapale et du Cromwell, et fondant le tout dans une âme romaine, lui le seul Romain de son époque.

L'édition grecque in-4° de ces *Commentaires* a été donnée par M. Crapelet ; elle est justement préférée à l'édition in-8°, en deux volumes, imprimée à Parme par Bodoni.

Le savant auteur de l'histoire romaine, M. Michelet, en a donné, en 1824, une excellente traduction.

CHAPITRE XLIX.

DETTE PUBLIQUE.

—

Au milieu des conquêtes, l'empereur avait toujours présente à ses yeux cette plaie hideuse et continuellement saignante des dettes publiques de l'Europe. La dette de la France, en y comprenant celle de Hollande et d'Italie, s'élevait à cinq milliards environ, mais elle semblait peu de chose auprès de cette énorme dette de vingt-cinq milliards qui oppressait l'Angleterre.

Il songea profondément à guérir ce mal : car, après l'idée d'envahissement et de conquête, suivait bientôt dans son âme la pensée d'ordre et de réparation.

C'était en vain qu'à cette époque, je ne sais par quel absurde paradoxe, des écrivains politiques avaient essayé de justifier ce mal et de soutenir que la dette publique était une nécessité heureuse du corps social. Napoléon voyait plus simplement dans ces hautes questions, et par cela même il les contemplait avec plus de grandeur. Il avait recueilli de l'abbé Raynal, maître qu'il avait tant admiré jadis, et si bien renié depuis, cette maxime, que, si le crédit est la vie des fortunes privées, il tue celle des états.

L'amortissement était de beaucoup insuffisant. Tout ingénieuse que fût cette machine, son action était trop faible pour pomper et dessécher cette sentine des misères publiques. La banqueroute! il en avait horreur. Les citoyens avaient donné cet argent à l'état : l'état devait le leur conserver ou le restituer avec loyauté, car l'état est un être qui a sa grandeur et sa loyauté, sa bassesse et sa honte.

Il savait aussi qu'en France l'argent est une chose sérieuse; que les Français sont peu changés depuis les Gaulois de César, lorsqu'ils s'assouplissaient aux victoires et au despotisme du Napoléon de Rome, et qu'ils se révoltaient avec fureur quand celui-ci voulait les surcharger de l'impôt du cinquantième de leurs revenus. Il savait qu'il pouvait leur demander sans mesure leur vie et leur sang, mais qu'il devait mettre la plus grande réserve à leur demander leur or.

Napoléon était couvert d'applaudissements quand il disait aux corps législatifs : « Cette année, j'ai eu besoin de cent mille hommes, et j'ai réduit les charges du pays de 50,000,000. »

Vers la même époque, une singulière théorie de législation vint saisir son esprit. On a dit qu'il l'avait trouvée en Allemagne, et que, s'étant développée dans sa pensée, elle vint bientôt à l'état de volonté et par conséquent de loi.

Cette théorie concernait le droit existant alors en Europe sur les testaments. Pour l'empereur, ce privilége était absurde. Né seulement à Rome, et perpétué jusqu'à nos jours, il n'en était pas moins pour lui une intolérable offense au bon sens et au bien public. Comment se pouvait-il, en effet, que l'homme après sa mort, lorsque tout lui était échappé, son souffle, son corps, sa pensée, sa vie, s'arrogeât encore un droit posthume sur des biens qu'il ne pouvait plus posséder ; qu'il conservât une propriété nouvelle lorsqu'il n'existait plus, et le droit exorbitant de disposer des choses qui ne pouvaient plus rester dans son domaine. Cette abstraction consacrée par le temps lui parut trop choquante ; elle était, d'ailleurs, la source de honteuses misères et de cette lâche et mensongère vénération dont trop souvent on entoure la vieillesse riche. Il était arrivé même que le progrès social avait déjà comme mis en partie à exécution cette pensée qui existait cachée au fond des bons esprits. Le principe des substitutions, ou le testament prolongé au-delà de plusieurs générations, avait succombé dans la grande révolution de 1789, et cette destruction politique d'un abus avait été bien accueillie.

Une loi nouvelle fut promulguée par l'empereur. Dès lors, tout propriétaire dut voir finir son droit avec sa vie, et mourir intestat, tout en conservant jusque-là le droit d'user et d'abuser de la chose, ce qui constitue la propriété.

La législation ne reconnut plus que la succession légitime descendante, exempte de toute entrave, purgée de tous droits fiscaux.

L'empereur crut devoir cependant conserver les successions collatérales, en France, pour les deux premiers degrés, ceux de frère à frère, d'oncle à neveu ; les autres furent abolies.

L'Angleterre ne conserva plus dans son droit aucune sorte de succession collatérale, la seule succession directe descendante lui resta.

Et toutes ces successions des ascendants et des collatéraux qu'il annulait dans les familles, furent déclarées vacantes, acquises à l'état et nécessairement appliquées à l'extinction de la dette publique.

L'exception relative à l'Angleterre était en rapport avec la plus grande énormité de sa dette nationale.

La loi basée sur ces principes composa ainsi un immense amortissement de toutes ces fortunes que l'état recueillait, et la diminution des dettes publiques de l'empire fut rapide.

Quelque nouvelles que dussent paraître ces théories et cette constitution impériale, elles ne soulevèrent pas les esprits; avec la dette publique, les impôts qui la servent diminuèrent. Les successions directes, jusque-là grevées de droits énormes, en furent entièrement affranchies. La propriété elle-même, libre de droits et plus libre d'impôts, vit sa valeur augmenter. Rien n'avait été atteint, si ce n'est l'expectative incertaine de succession dans l'avenir. Enfin, les peuples tremblaient, et ils s'accommodèrent des théories et des lois de l'empereur.

Ce qu'il y a de bizarre, c'est qu'on assure que les conseils d'une femme ne furent pas étrangers à quelques-unes de ces déterminations politiques de Napoléon.

NAPOLÉON
ET
LA CONQUÊTE DU MONDE.
1812 a 1832.

HISTOIRE
DE LA MONARCHIE UNIVERSELLE.

CHAPITRE PREMIER.
DISCOURS AU CORPS LÉGISLATIF.

A travers ces grandes révolutions, l'empereur avait cru devoir conserver le sénat et le corps législatif, non pas qu'il n'eût atteint depuis long-temps le moment où il lui était tout-à-fait loisible de se passer d'eux, pour donner à la France et à l'empire des lois impériales sans le contrôle d'aucun autre pouvoir; mais peut être le souvenir même de cette lutte entre le souverain et le peuple, dont le corps législatif était le symbole, l'avait-il fait le conserver, ou pour respecter ce souvenir, ou pour montrer mieux que le peuple n'était plus aujourd'hui que l'ombre de cette réalité immense, *Napoléon*.

D'un autre côté, dans la machine administrative de l'empereur, ces deux corps de l'état avaient certaines fonctions de finances et de législation qui n'étaient pas sans utilité; il eût fallu pour les remplacer dans cette action créer d'autres conseils provenant plus directement de l'empereur, mais cela était devenu sans besoin, car il y avait dans l'obéissance de ces deux réunions d'hommes choisis quelque chose d'éclairé, et dans leur servitude même comme un reflet de la noblesse du souverain.

Enfin, l'empereur, en ne retirant pas aux peuples de l'empire la libre nomination de leurs députés au corps législatif, trouvait dans ces choix, libres d'esprit de parti, et ordinairement pleins de sagesse, la révélation d'hommes de mérite qu'il ne connaissait pas encore; c'était comme un supplément à la rapidité de son coup d'œil dans sa recherche des hautes capacités. Et il ne trouvait pas d'inconvénient à appeler ses peuples à l'aider dans cette investigation.

Le sénat, augmenté en même temps que l'empire', comptait alors cinq cents sénateurs à vie, ayant chacun 40,000 fr. de traitement; l'empereur avait retranché et détruit les anciennes sénatoreries, dont l'institution lui avait paru inutile et pouvait, sans besoin, donner au sénateur *local* une importance peut-être dangereuse.

Ce sénat était devenu la magnifique retraite de toutes les grandeurs militaires, scientifiques, littéraires et administratives. Choisi avec la plus lumineuse sévérité par Napoléon lui-même, ce premier corps de l'état formait un faisceau de toutes les gloires françaises et imposait au pays la plus grande vénération.

Mais ni l'un ni l'autre de ces deux corps n'était politique.

Aussi l'empereur, en ouvrant chaque année par un décret leurs sessions, se bornait-il à cet acte, et avait-il comme oublié, depuis 1813, de paraître lui-même à la séance d'ouverture qui pendant sept années n'avait été solennisée que par un discours de l'archichancelier pour l'empereur.

Un décret des derniers jours de novembre 1820 apprit que Napoléon en personne ouvrirait le 5 janvier 1821 la session des deux corps législatifs; le Panthéon était désigné comme le lieu de la séance.

Les rois de l'Europe étaient alors réunis au Louvre, dans ce conseil annuel des rois dont nous avons parlé ; ils furent invités de rester à Paris jusqu'au 5 janvier.

Ce jour, vers midi, au bruit de mille coups de canon qui depuis le matin se faisaient entendre de Montmartre, Vincennes, Saint-Denis et des Invalides, au son des cloches et aux acclamations d'un million de spectateurs, l'empereur et son cortége se rendirent au Panthéon. On n'avait jamais vu un pareil spectacle. Au milieu de la magnificence du cortége, c'était à peine si l'on distinguait les vingt voitures des rois; mais ce qui attirait tous les regards, c'était la voiture impériale, dans laquelle Napoléon simplement vêtu était seul avec Josephine : les deux plus belles choses du monde, la grandeur et la bonté.

La place du Panthéon était devenue une tente énorme où se pressait la foule du peuple, et pour qu'elle pût mieux assister aux scènes intérieures de l'édifice, le portail avait été mis à jour et les murs abattus pour cette journée, de sorte que derrière les colonnes de la façade, il n'y eut plus qu'une porte immense qui permettait aux yeux d'atteindre aux dernières profondeurs de l'édifice.

Dans cette profondeur circulaire, avait été construite une tribune fort élevée où les vingt rois s'assirent sur leurs trônes ; le pape Clément XV apparaissait au milieu d'eux, revêtu de ses habits pontificaux.

En avant de ce demi-cercle de rois, sur une élevation très-considérable, étaient placés deux trônes : Napoléon y prit place avec Joséphine.

Dans les deux bas-côtés étaient sur des siéges, à droite de l'empereur, le sénat ; à gauche, le corps législatif. Deux étages de tribune et le reste du temple contenaient les reines, les grands dignitaires, les maréchaux, les hauts fonctionnaires de l'état. Le peuple et l'armée se partageaient la tente dressée sur la place et une grande partie de l'intérieur de l'édifice.

Il n'est pas besoin de parler du soleil de cette belle journée, il était devenu proverbial de dire *les soleils de Napoléon*.

A une heure, il se leva de son trône, et prononça le discours suivant :

«Sénateurs et députés au corps législatif,

« Vous savez ce que j'ai fait.

«Depuis sept années que je n'ai pu me trouver au milieu de vous, je m'occupais sans cesse des soins de ma gloire et de la grandeur de l'empire.

« Aujourd'hui, je vous ai rassemblés pour vous rappeler ce que j'ai accompli, et vous apprendre ainsi qu'à mon armée et à mes peuples ce que je veux faire.

« Depuis ces sept années, j'ai triomphé de ceux qui étaient mes ennemis, dans le nord de l'Europe.

« J'ai conquis l'Angleterre. Je n'ai qu'à me féliciter d'avoir réuni cette grande nation à mon empire ; mes nouveaux sujets se sont montrés dignes de mes sujets de France.

« J'ai placé Londres au troisième rang parmi les villes de l'empire, après Paris et Rome ; Amsterdam a dû prendre la quatrième place.

« Après cette conquête, l'Europe impuissante et irréfléchie a voulu encore se soulever, je l'ai comprimée en peu de jours et pour jamais.

« Mais ce dernier soupir qu'exhalait la vieille Europe m'a fait connaître qu'il fallait organiser ce corps désormais dissous et sans vie.

« Je l'ai reconstituée et j'y ai établi un ordre nouveau ; mes décrets de 1817 vous ont appris ma volonté politique lorsque je m'en suis déclaré le souverain suprême.

« C'est alors que j'ai fait replier leurs tentes aux fils barbares de Mahomet ; ils ont abandonné l'Europe aujourd'hui toute chrétienne.

Constantinople était une capitale qui complétait mon empire, elle en est devenue la cinquième ville.

« Je n'ai qu'à me louer des rois mes feudataires.

« J'ai fait nettoyer les côtes de l'Afrique ; les brigands ont repassé l'Atlas. J'ai aussi créé là une France africaine, qui commence à l'Océan et finit à l'Égypte ; mais pour peu de temps : j'ai d'autres desseins sur l'Égypte.

« Après avoir tant fait pour l'empire et l'Europe, j'ai pu faire quelque chose pour moi ; j'ai retrouvé ma bonne Joséphine. »

En disant ces mots, l'empereur parut ému, et son attendrissement fut partagé par la foule. Mais l'enthousiasme fut au comble, lorsqu'à ce moment Joséphine s'étant jetée aux pieds de Napoléon, l'empereur la releva et la pressa dans ses bras. On n'entendait que des acclamations et des cris de joie. Il continua :

« Mon bonheur est complet comme ma gloire !

« J'ai voulu que mes peuples prissent part à ce bonheur comme ils ont pris part à la gloire.

« Depuis mes dernières victoires et trois années de paix, mes trésors, malgré les immenses améliorations dont j'ai doté mon empire, se sont accumulés.

« Loin donc de vous demander, messieurs, de fixer le revenu de l'état pour cette année, je déclare que je puis m'en passer.

« Je remets à mon peuple tous les impôts ; pendant un an il ne sera rien perçu sous aucun prétexte. »

A l'annonce de cette libéralité inouie, qui accordait près de deux milliards aux peuples de l'empire, l'enthousiasme fut tel qu'il semblait que les voûtes du Panthéon allaient s'écrouler.

Quand le calme fut rétabli, Napoléon se retournant vers les rois leur dit :

« Rois de l'Europe, faites aussi connaître à vos sujets que le souverain de l'Europe ne les oublie pas dans sa munificence ; je leur remets les tributs de cette année.

« Messieurs, continua-t-il en s'adressant aux sénateurs et aux députés, voilà ce que j'ai fait ; je puis vous parler de l'avenir.

« Je vais m'emparer de l'Égypte et conquérir l'Asie.

« Je ne dois pas approfondir devant vous cette volonté, ma politique garde son secret ;

mais j'ai voulu que mes peuples fussent avertis... je ne crains pas que l'Asie le soit. »

L'empereur termina là son discours, et d'un geste il congédia l'assemblée.

Cette nouvelle de la guerre d'Asie était inattendue, et pénétra la foule d'admiration. Les acclamations et les applaudissements succédèrent à ces paroles extraordinaires, et elles accompagnèrent jusqu'à son palais l'empereur, qui, avec son cortége, reprit le chemin des Tuileries.

CHAPITRE II.

ÉGYPTE.

Ce qu'on a dit des femmes, que leurs projets sont le plus souvent exécutés avant d'être conçus, on aurait pu le dire également de l'empereur, tant la rapidité de sa pensée s'alliait à la rapidité de son action.

Aussi, l'expédition d'Égypte, à peine annoncée au Panthéon, était-elle déjà toute prête dans les ports de la Méditerranée et de l'Adriatique. Nous parlons de l'expédition maritime d'Égypte, car l'expédition par terre, dirigée contre l'Asie, se préparait dans l'ancienne Turquie, où depuis quelque temps une grande armée était réunie dans les environs de Constantinople et sur la frontière de l'ancienne Asie, de l'autre côté du Bosphore.

Napoléon aimait à recommencer cette expédition d'Égypte à laquelle il avait autrefois donné le titre de grande expédition, lorsqu'il l'avait faite avec peu de soldats, peu de victoires, et en définitive avec quelques défaites et une évacuation forcée, et cependant cette expédition première gardait à juste titre ce nom célèbre dans l'esprit des nations, parce que le Bonaparte d'alors l'avait agrandie d'un éclat insolite en faisant balancer par le triomphe plus sûr de la science les succès moins certains de la gloire politique.

Aujourd'hui il recommençait avec joie cette campagne, aujourd'hui qu'il avait l'Europe entière à ses ordres, et que l'Angleterre, qu'il avait retrouvée jadis comme ennemie sur les côtes du Delta, n'était plus qu'un utile et soumis auxiliaire.

Il confia le commandement de l'expédition maritime au comte Sidney Smith.

— « Si Nelson vivait, dit-il, il aurait commandé la flotte, et je l'aurais fait débarquer dans la baie d'Aboukir. »

C'est ainsi qu'il ne craignait pas de rappeler les plus tristes souvenirs de la première guerre, et d'appeler sur les lieux mêmes de leurs victoires des généraux autrefois ses ennemis, tant il regardait actuellement comme fondues et éteintes dans la France européenne les anciennes individualités nationales.

Les flottes, composées d'une assez petite quantité de bâtiments de guerre, et d'un nombre immense de bâtiments de transport, partirent à des époques fixées des différents ports de la Méditerranée, où elles étaient échelonnées, et elles se trouvèrent réunies vers la fin de février 1821 dans les eaux du Nil.

Le débarquement général s'opéra le 2 et le 3 mars 1821. Cent dix mille hommes d'infanterie, trente-deux mille hommes de cavalerie et une artillerie considérable, telle était l'armée qui fut ainsi transportée en Égypte.

Vers la même époque, la grande armée de terre, forte de plus de deux cent cinquante mille hommes, se réunissait tout entière dans les environs de Smyrne, et, selon les prévisions de l'empereur, la jonction générale des deux armées devait s'opérer vers les premiers jours d'avril dans les plaines d'Alep en Syrie.

Pour lui, Napoléon, son visage rayonnait de joie, lorsqu'il reposa son pied sur la terre d'Égypte. Tout ce qu'il s'était promis dans sa pensée, lorsque, vingt ans auparavant, il l'abandonnait, était réalisé, au-delà même de ses prévisions peut-être, et maintenant qu'il y reparaissait avec sa toute-puissance, les rêves revinrent encore, et il lui sembla que les destinées du monde allaient s'accomplir en Orient, et qu'il en était déjà le maître.

Il fit diriger l'armée vers la Syrie, et, ne gardant que dix mille hommes, il s'avança à leur tête dans la haute Égypte ; c'était comme une promenade militaire dans laquelle il venait, avec de vieux compagnons d'armes, reconnaître les champs de bataille où naguère ils avaient combattu.

Ce ne fut en effet qu'une promenade, et non pas une conquête. L'Égypte, qui tremblait à son souvenir et à la seule pensée de sa venue, tomba à genoux et silencieuse quand il fut arrivé, pareille à ces divinités agenouillées de granit qui furent, pendant trois mille ans, ses dieux.

Il entra au Caire, où le pacha d'Égypte vint se soumettre. Le lendemain, il mena ses dix mille hommes aux pyramides. Les vieux soldats, qui dans la première guerre s'étaient reposés à leur ombre, les montraient avec orgueil à leurs nouveaux frères d'armes, et l'armée attendait avec anxiété que Napoléon leur fît entendre quelques paroles sublimes comme celles qu'il avait prononcées autrefois devant ces constructions colossales.

Mais lui était rêveur devant elles, ou plutôt il n'y pensait pas, elles lui paraissaient à présent plus petites, et il ne dit pas une parole.

Il ne poussa pas plus loin sa marche; un fait était assez constaté, la soumission silencieuse de l'Égypte. Là d'ailleurs n'étaient pas ses desseins; l'Égypte est comme une terre neutre placé entre l'Afrique et l'Asie, tenant peu de l'une et de l'autre; contrée de passage, qui par elle-même offrirait peu d'intérêt à la conquête si la conquête devait s'arrêter chez elle : pour Napoléon elle était plutôt un moyen qu'un but.

Il quitta bientôt le Caire, n'y laissant qu'une assez faible garnison, un gouverneur français et un drapeau tricolore, et avec le reste de ses dix mille hommes il alla rejoindre son armée en Syrie.

Avant d'atteindre l'isthme de Suez il reconnut avec émotion les fortifications de Salahieh et de Belbeys, que dans la première guerre il avait fait élever par les soins du chef de bataillon du génie *M. A. Geoffroy*. Ces ouvrages existaient encore. Napoléon se rappela cet officier qu'il aimait et qui depuis était mort si jeune à Austerlitz; son cœur se serra à cette vue, le souvenir de ce brave et savant militaire lui revint, mêlé de regrets. « *Si Geoffroy était là,* » dit-il.

Et il passa rapidement, et quelques instants s'étaient écoulés que la pensée de la gloire n'avait pas encore entièrement chassé de son esprit la mémoire du compagnon d'armes qui n'était plus.

CHAPITRE III.

SAINT-JEAN-D'ACRE.

L'islamisme subsistait toujours, et n'était pas si affaibli qu'il ne fût encore d'un poids immense dans la politique de la terre.

Lorsque Napoléon l'avait si facilement chassé d'Europe, il avait replié silencieusement ses tentes, et il s'était retiré; car il savait que là n'était pas sa force. Mais cette retraite n'était point un anéantissement; après avoir passé le détroit, il était venu prendre terre dans l'Asie mineure, la Syrie et l'Arabie, où il se trouvait dans toute sa puissance.

L'Europe s'était méprise peut-être en ne faisant pas assez attention à cette retraite; elle avait cru y voir un signe de destruction, mais ce signe était trompeur.

L'empereur n'avait pas pensé ainsi ; s'il avait été lui-même étonné de cette fuite silencieuse il n'ignorait pas cependant que, placé à la garde et à la porte de l'Asie, l'islamisme lui apparaîtrait, quand le temps serait venu, terrible d'énergie et de fanatisme, et qu'en Syrie serait la grande lutte qui déciderait de la conquête de l'Orient et de la religion de Mahomet ; aussi avait-il préparé de grandes forces pour faire face à des ennemis qu'il était loin de mépriser.

A la nouvelle de l'arrivée des troupes européennes en Asie, le sultan Mahmoud avait solennellement déployé l'étendard du prophète, et avait appelé au nom de Dieu et de Mahomet tous les musulmans à la défense du pays et de la religion. Dans toutes les villes les mosquées retentissaient des voix des prêtres, les places publiques des cris de guerre ; jamais le fanatisme ne s'était exalté plus vif et plus enflammé ; tous les cœurs étaient soulevés, et la nation de Mahomet se trouva tout-à-coup prête à recevoir l'ennemi.

Cependant, parmi les pachas, quelques-uns, gouverneurs des provinces rapprochées de la Perse, hésitaient encore à venir se joindre à l'armée du sultan, qui cependant, et sans eux, forte de plus de trois cent mille hommes, se réunissait sous les murs de Saint-Jean-d'Acre.

Mahmoud, sans se méprendre à la lâche incertitude de ces gouverneurs, ne parut pas s'occuper de leur retard; son armée lui semblait à leur défaut assez puissante pour combattre quand l'heure aurait sonné.

Pendant ces préparatifs des Turcs, la grande armée française, sous les ordres du roi d'Espagne, était entrée en Asie. N'ayant pas trouvé d'obstacles elle s'était avancée jusqu'en Syrie. Le sultan avait en effet retiré ses troupes de la Turquie d'Asie pour les réunir tout entières, comme nous l'avons dit, près de Saint-Jean-d'Acre, et placées là elles empêchaient la jonction des deux armées européennes.

Napoléon venait, après sa courte expédition d'Égypte, de regagner son armée au midi de la Syrie; confiant dans sa gloire, il conçut le projet d'anéantir d'un seul coup et par une surprise l'armée mahométane. Il résolut donc de ne pas attendre l'arrivée du roi d'Espagne, et suivant le bord de la mer afin d'être soutenu et ravitaillé par sa flotte, il s'avança à grandes journées vers Saint-Jean-d'Acre. Il avait avec lui plus de cent trente mille hommes; il était accoutumé d'ailleurs à vaincre avec des forces moindres que celles des vaincus; il comptait sur le courage de son armée, sur la surprise de son arrivée, sur sa fortune enfin, et le 7 juin il se trouvait sur le territoire de Saint-Jean-d'Acre.

L'armée mahométane occupait en partie la ville, place très-fortifiée, et l'autre partie était campée dans la plaine et appuyée aux fortifications.

Ce fut au midi de cette plaine que l'empereur développa son armée. Arrivé en vue de la ville, il la regarda avec colère. Saint-Jean-d'Acre était pour lui un nom de douleur. C'était là que, vingt-cinq ans auparavant, il avait perdu l'Égypte ; mais, en revanche, c'était là qu'il allait gagner l'Asie.

Il le croyait du moins. Il était si accoutumé à la victoire !

La journée du 8 juin se passa dans les deux armées en dispositions d'attaque et de défense, et dans l'occupation des positions les plus favorables.

Dès le matin du 9, l'armée de l'empereur se déploya au midi de la ville, brillante, reposée et avide de gloire.

Les troupes du sultan se tenaient en face, adossées aux murailles de Saint-Jean-d'Acre, dont les portes ouvertes vomissaient à chaque instant d'énormes bataillons. Elles attendaient avec impatience le signal du combat : leur exaltation religieuse s'était enflammée au plus haut point devant la bataille. Il semblait, à voir l'agitation de cette foule armée, qu'elle trépignait pour ainsi dire comme un seul corps, d'où s'échappait le cri continuel : Allah et Mahomet. C'est qu'en effet un grand esprit animait cette masse d'hommes, que l'idée vivante de Dieu et de la religion reliait toute en une seule pensée et une seule force.

L'armée française avait aussi sa foi, la gloire! Mais ce sentiment, plus froid que celui de la religion, et se manifestait par aucun cri. L'armée était silencieuse.

A dix heures, la bataille commença : le choc fut terrible. Jamais, on le sait, de tradition humaine, pareille lutte ne s'était engagée. Les Turcs se précipitèrent confusément et avec tant de violence sur les lignes françaises, que l'armée en fut ébranlée, et qu'inaccoutumées à un semblable désordre, les manœuvres européennes furent rompues dès cette première attaque : les rangs ne purent désormais se rallier. Alors la mêlée devint furieuse, terrible : une lutte d'homme à homme, bataille d'acharnement et d'assassinat. On voyait les Turcs, frappés à mort, se traîner encore sous les pas de l'ennemi qui les écrasait, pour le percer de leurs poignards, et mourir eux-mêmes après ce dernier épuisement de vie et de vengeance. Il y avait pour les Français comme une double armée à combattre : celle qui se battait debout, et celle qu'on avait laissée derrière sur le champ de bataille, après l'avoir mortellement frappée.

D'un autre côté, la cavalerie turque se précipita innombrable et de tous côtés sur les lignes françaises en désordre : elle en fit un carnage affreux ; l'infanterie, dont la force est dans la masse, désunie et rompue de toutes parts, ne pouvait se défendre et était accablée.

Cependant, Napoléon, désespéré, parvint, vers deux heures de l'après-midi, à force d'énergie et d'habileté, à rallier, à quelque distance du champ de bataille, l'aile gauche de son armée, à la tête de laquelle venait d'être blessé à mort le maréchal Berthier. Cette partie de l'armée avait moins souffert ; Napoléon, en ayant pris le commandement, la ramena en ordre sur le champ de bataille. Le centre, commandé par le maréchal Belliard, se rallia aussi, et l'aile droite, qui avait le plus perdu dans le commencement de la bataille, à la vue de cette réunion de troupes reparaissant comme une seconde armée, reprit à son tour une nouvelle énergie, serra ses rangs éclaircis, et il sembla que la bataille, après ce premier étonnement de l'irruption des Turcs, allait recommencer, et que la discipline européenne retrouvait sa supériorité.

Lorsque tout-à-coup un bruit se répandit de rang en rang. L'empereur était blessé, disait-on.

Cela était vrai.

A cette nouvelle, l'armée s'arrêta dans la stupeur, et ne songeant plus à se défendre; il semblait qu'elle fût frappée au cœur dans la personne de son chef.

On vit bientôt Napoléon, pâle et maîtrisant un cheval fougueux, parcourir les lignes au galop; mais sa présence même, au lieu de rendre aux troupes leurs forces morales, ne fit que les confirmer dans leur désespoir, car on voyait le sang couler de sa cuisse, qu'une balle avait atteinte.

C'en était fait de cette journée! Les Turcs, baignés dans le sang de leurs frères et de leurs ennemis, mais non rassasiés de carnage, poursuivirent les débris des troupes françaises, qui se retirèrent en désordre après avoir fait des pertes énormes.

Vers trois heures, l'armée française, pour la première fois depuis vingt ans, se retira d'un champ de bataille en y laissant un ennemi vainqueur.

L'empereur, sans s'occuper de sa blessure, réunit à une lieue de Saint-Jean-d'Acre les restes de l'armée, et il effectua sa retraite dans la direction de Jérusalem. Sa marche, au milieu d'ennemis enhardis encore par la victoire, fut considérée comme une des plus admirables dont l'histoire militaire du monde ait conservé le souvenir : pas un seul homme ne périt. Les corps mêmes des blessés qui expirèrent dans la marche ne furent pas abandonnés par l'armée vaincue.

Il faut avouer cependant que l'armée du sultan, enivrée de son triomphe, s'était peu occupée de poursuivre les Français dans leur retraite. Pour elle, c'était chose si grande et si glorieuse que cette victoire, que le sultan aima mieux demeurer sur les plaines où il avait vaincu, et jouir entièrement de son triomphe, que d'en poursuivre activement les conséquences.

A dix heures du soir, l'armée française, épuisée de fatigue, fit halte à quatre lieues environ de Saint-Jean-d'Acre, près le village d'El'mayr, dont l'empereur s'empara sur-le-champ. Il fit reposer ses troupes; et lui-même, retiré dans une maison du pays, y demeura inaccessible à qui que ce fût pendant toute la nuit : nuit de douleur et d'angoisses pour ce grand homme, si inhabitué à de pareilles catastrophes !

On dit que, vers une heure du matin, le maréchal Molitor, alors fort avant dans l'amitié de Napoléon, ayant voulu lui apporter des consolations, avait essayé, malgré les défenses, de parvenir jusqu'à lui, mais qu'arrivé près de la porte de la chambre où couchait l'empereur, il avait entendu des sanglots et des gémissements, et il s'était retiré dans le désespoir.

Quoi qu'il en soit, le lendemain matin à cinq heures, Napoléon convoqua ses généraux; il les réunit en conseil, et là, d'un air grave mais non accablé, il leur dit :

— « Nous avons été battus, messieurs.... »
Et, après avoir poussé un soupir et jeté des regards animés sur ceux qui étaient présents, il ajouta :

— « Mais personne ici n'a désespéré de notre gloire et de la conquête ! »

Comme ils se taisaient, il se leva plus animé : « Non ! personne n'a désespéré ! J'en ai pour gage ma pensée et ma fortune. Rappelez-vous, messieurs, qu'il y a vingt-cinq ans un premier échec devant cette ville fatale fut suivi de la conquête de l'Europe. Cet autre désastre de Saint-Jean-d'Acre m'annonce la conquête du monde. »

En leur adressant ces paroles, il les regardait avec attention. Et comme ils lui demandaient des détails sur sa blessure, il leur montra sa jambe, dont la lésion légère n'offrait aucun caractère inquiétant.

Les généraux à cette vue et à ces paroles reprirent espérance.

Il fit sur-le-champ rassembler les troupes qu'il passa quelques instants après en revue. Il traversa tous les rangs, et ses paroles consolatrices vinrent les tirer de leur affliction, et ils se rassurèrent en voyant l'empereur calme et insouciant de sa blessure.

On sut dans cette journée quels étaient les résultats de ce grand désastre : le prince de Neuchatel, major-général de l'armée, les maréchaux duc de Trévise et duc Gouvion Saint-Cyr, et douze généraux de division ou de brigade étaient morts et étaient restés sur le champ de bataille avec plus de trente-cinq mille hommes, tous morts aussi ; car, dans leur barbare fanatisme, les Turcs n'avaient pas voulu faire un seul prisonnier.

Toute l'artillerie était tombée en la possession des Turcs. De cent trente mille hommes, il ne restait à El'mayr que quatre-vingt mille soldats : le reste avait été détruit ou dissipé.

On estima que l'armée du sultan avait dû perdre plus de vingt mille hommes dans cette journée sanglante; mais ce deuil ne vint pas troubler un seul instant les actions de grâce que les prêtres du dieu de Mahomet firent éclater le lendemain de la bataille, et auxquelles se joignirent les chants frénétiques des soldats et des habitants de la ville.

C'était en effet une immense et magnifique victoire.

Lorsqu'ils en eurent connaissance, les pachas de Bagdad et d'Erzeroum, qui jusque-là avaient attendu dans une cauteleuse inaction les premiers résultats de cette guerre, arrivèrent, amenant leurs troupes au sultan, qui se trouva ainsi à la tête d'une armée plus puissante qu'avant la bataille.

C'était la seconde fois que le nom de Saint-Jean-d'Acre était fatal aux armées françaises commandées par Napoléon.

CHAPITRE IV.

DAMAS.

La grande armée européenne, commandée par le roi d'Espagne, était arrivée aux environs d'Alep, quand elle apprit cette catastrophe.

Le roi Joseph reçut du souverain de l'Europe, en même temps que cette nouvelle, l'ordre de s'avancer à marches forcées sur Damas, où l'empereur dirigeait lui-même ses troupes, en continuant son admirable retraite. Il y arriva dans les derniers jours de juin, et ce fut enfin sous les murs de cette ville que s'opéra la jonction des forces immenses du roi d'Espagne avec les formidables débris de l'armée d'Égypte. Napoléon, sans avouer le désastre de Saint-Jean-d'Acre, sans même y faire allusion, prit aussitôt le commandement général des troupes, et sa présence et l'énergie des ordres du jour qu'il fit publier relevèrent la constance du soldat abattu par ce revers.

Toujours concentrée dans la province de Saint-Jean-d'Acre, l'armée du sultan avait imprudemment laissé fuir l'occasion d'empêcher la réunion des armées françaises. L'ivresse de la victoire avait été si longue et si fascinante, qu'il leur avait semblé que tout était fini, et que l'Europe avec Napoléon avait été anéantie dans la journée de Saint-Jean-d'Acre. Aussi, n'envoyèrent-ils dédaigneusement que des forces inférieures pour inquiéter Napoléon dans sa retraite vers Damas : heureux dans une première grande bataille, ils ne pensaient plus que la victoire pût être une autre fois infidèle à l'étendard du prophète.

Cependant, plusieurs combats dans lesquels l'armée vaincue avait dans sa marche obtenu des avantages signalés auraient pu réveiller chez eux le doute, et leurs tentatives impuissantes ne purent entraver les opérations militaires de Napoléon et sa jonction avec les forces du roi d'Espagne.

Deux jours après avoir pris le commandement, l'empereur réunit un conseil de guerre où s'agitèrent de hautes questions. Toutes les voix semblèrent se réunir pour faire le siége de

Damas, et s'emparer de cette ville, véritable clé de l'Asie ; le roi Joseph surtout appuyait vivement cette opinion. « Damas, quoique très-forte, disait-il, était en ce moment occupée par des troupes turques assez peu nombreuses. On s'en emparerait facilement, et la grande armée française, avec d'immenses ressources, y devait trouver encore une position inappréciable qui la rendrait maîtresse de cette partie de la Syrie, si favorablement placée entre l'Europe et l'expédition d'Orient. »

Tous étaient frappés des avantages de cette proposition, et l'on n'attendait plus que l'assentiment de l'empereur. Jusque-là il était demeuré silencieux et comme retenu dans sa pensée ; mais, se levant tout-à-coup, il dit :

— « Rester devant Damas serait une faute. Il faut que l'armée marche à Jérusalem. Je ne suis pas d'humeur à épuiser, comme Alexandre, mon temps et ma fortune devant une nouvelle Tyr. Il faut que le temps probable de ce siége ne se soit pas écoulé que l'Asie soit déjà conquise, et pour cela nous marcherons à Jérusalem. »

Et comme, à ce nom de Jérusalem, tous restaient dans la stupeur, et ne pouvaient comprendre une décision qui faisait marcher l'armée en arrière, et l'éloignait de l'Asie, il s'écria:

— « Oui, Jérusalem ! Croyez-vous donc, messieurs, qu'il suffise de vos bras et de ma puissance pour conquérir le monde? Est-ce dans cette contrée sainte que nous oublierions la Providence et le Dieu des armées? Nous allons quitter Damas, et marcher à Jérusalem. »

L'étonnement du conseil avait crû au plus haut degré. Ils se regardaient en silence ; ils ne comprenaient pas ces paroles si inattendues et dont l'empereur seul savait la portée.

La défaite de Saint-Jean-d'Acre avait révélé à son esprit une pensée nouvelle. Il avait vu sa fatalité et sa gloire céder devant l'enthousiasme religieux des Turcs, et cette armée, animée par une foi immense, vaincre la sienne. Il considérait que l'Asie, pour les batailles, ne ressemblait plus à l'Europe ; que ses marches savantes, ses tactiques habiles, son génie militaire, ne retrouvaient plus les mêmes ennemis, et que les échos de l'Orient ne retentissaient pas aussi effrayés au bruit de ce nom qui seul, dans la froide Europe, gagnait des batailles.

Mais, dans cette terre mystérieuse d'Asie, une force nouvelle lui apparaissait : la foi religieuse, le fanatisme, force incalculable, parce qu'elle est au-delà de l'humanité, et à laquelle il faut plus que de la tactique et de la gloire à opposer. Aussi, devant ce monde nouveau, eut-il une pensée nouvelle.

Après sept journées de marche, la grande armée ayant quitté Damas et suivi le Jourdain, traversa le fleuve au sud du lac Tibériade, et se dirigea vers Jérusalem.

Napoléon fit remonter le Cédron vers le nord, et après ce mouvement, l'armée se déploya en face du Calvaire, qui lui dérobait encore la vue de la ville sainte ; car on sait que Jérusalem, entourée par le Cédron comme d'une ceinture, semble se reposer couchée entre ces deux monts célèbres, le mont Calvaire à l'occident, et la montagne des Oliviers à l'orient de la cité sainte.

Alors, devant cette ville sacrée, dont le nom prononcé de bouche en bouche remuait dans les cœurs de ces quatre cent mille guerriers des vieux sentiments qui y dormaient engourdis, Napoléon fit proclamer dans chaque corps cet ordre du jour, si nouveau dans les habitudes guerrières de l'époque.

« Soldats de la grande armée européenne !

« Quand, après avoir conquis l'Europe, je vous ai promis la conquête de l'Asie ; quand je vous faisais traverser rapidement l'Égypte pour vous amener dans cette vieille et sainte terre de la Palestine, je n'avais pas entièrement révélé ma pensée, j'attendais ce jour pour le faire.

« Ce but que le moyen-âge n'a pu toucher avec deux cents années de combats, de sang versé et de revers, c'est à vous qu'il est réservé de l'atteindre.

« Soldats, cette croisade de la France sera la dernière des croisades de l'Occident; Jérusalem sera délivrée et le saint sépulcre purgé à jamais des infidèles et des profanations.

« Soldats de l'Europe, soldats chrétiens, cette terre où sont venus s'enfouir pendant tant de siècles les ossements insultés de vos pères, va devenir désormais une terre française, une terre chrétienne, et le Turc anéanti ne sera pas même esclave dans ces lieux où il fut trop long-temps le maître.

« Au nom de Dieu et de la croix, braves soldats de mon armée, que la chrétienté en ait fini bientôt avec ces fils fanatiques de Mahomet.

« Demain l'armée entrera dans Jérusalem. »

CHAPITRE V.

BATAILLE DE JÉRUSALEM.

—

A l'approche de cette armée formidable, les Turcs qui occupaient Jérusalem n'essayèrent d'opposer aucune résistance, et évacuèrent la ville en se retirant vers Bethléem.

Ainsi qu'il l'avait annoncé, Napoléon entra le lendemain dans Jérusalem, se dirigea tout d'abord vers l'église du Saint-Sépulcre, dont les ruines n'avaient point été relevées depuis l'incendie de 1811, ne s'y arrêta pas, et étant entré dans le couvent qui renferme le sépulcre lui-même, il s'y fit conduire, et se courba quelques instants, comme absorbé dans une profonde et religieuse contemplation; puis, étant remonté au couvent, il adressa la parole aux religieux gardiens du sépulcre, et leur annonça son intention de relever l'église détruite, et d'en faire le plus magnifique des monuments du monde. D'autres ordres et d'autres dispositions firent encore éclater l'enthousiasme religieux dont son cœur et sa politique avaient été si subitement saisis ; il voulut également que l'armée défilât tout entière devant le saint sépulcre, et traversât la ville sur tous les points que la tradition chrétienne regardait comme des plus sanctifiés. Et lui-même, étant monté vers la fin du jour sur le mont des Oliviers, il contempla son armée serpentant de toutes parts dans les rues régulières mais étroites de la ville, les remplissant toutes, et animant d'une vie inaccoutumée cette Jérusalem qui semblait morte elle-même depuis qu'un Dieu y avait succombé.

Quand cette première incertitude des soldats et des officiers, qui hésitaient devant le sentiment depuis si long-temps oublié de la religion, eut cédé à une réelle et profonde impression, il arriva que l'armée européenne se crut véritablement, au milieu de Jérusalem, une mission divine. Cette croisade subite, venue peut-être pour un tout autre but, se trouva chrétienne. L'exaltation religieuse les eut bientôt enflammés tous ; elle circula dans l'armée entière comme dans un seul corps, et ce corps, en effet, venait de gagner une âme.

Pendant les huit jours qui suivirent, l'empereur eut soin de soutenir et d'exalter cet enthousiasme. Des prédications à la fois guerrières et religieuses excitaient les esprits si disposés à ce sentiment au milieu du théâtre de leurs croyances et sous le ciel de Jérusalem. C'était une merveille étrange que cette nation militaire transportée dans l'Orient et transformée tout-à-coup en lévites du Christ. La piété, une piété soudaine, avait inondé ces âmes desséchées, et cette armée européenne se nommait elle-même avec orgueil l'armée chrétienne.

Napoléon se félicitait de ces dispositions, et ne tarda pas à les mettre à profit. A peine ces huit premières journées s'étaient-elles écoulées, qu'il parla de retourner vers Saint-Jean-d'Acre pour y venger sa défaite, et y jouer une seconde fois la conquête de l'Asie. Déjà les préparatifs de départ commençaient, et l'armée, dans l'enthousiasme, demandait à grands cris d'être conduite contre les ennemis de la croix, lorsqu'on apprit que le sultan Mahmoud s'avançait lui-même avec toutes les forces de l'islamisme vers la cité sainte des chrétiens, comme pour abîmer dans une seule destruction Jérusalem et l'armée européenne avec son chef et le christianisme. Telles étaient au moins les promesses que le sultan avait solennellement faites à ses troupes, et il les assurait qu'il les tiendrait sous les murs de Jérusalem.

L'empereur apprit avec joie ces nouvelles, et se garda bien, malgré l'exaltation de ses soldats, de prévenir l'arrivée des Turcs, et d'aller lui-même à leur rencontre. Il lui convenait mieux d'attendre au milieu du repos une armée immense, fatiguée d'une longue marche, abandonnant une province où sa force s'agrandissait du souvenir du triomphe, et venant d'elle-même offrir la bataille sous les murs d'une ville dont la vue seule enflammait tous ces cœurs devenus chrétiens dans la Palestine.

Le 20 juillet 1821 fut le jour si ardemment désiré par les chrétiens et les Turcs. Ces deux armées innombrables, comme deux grands peuples transplantés soudainement dans les déserts de la Palestine, se déployèrent dans une plaine située au-delà du Cédron, au nord de Jérusalem. C'était la seconde fois que ces ennemis se retrouvaient en face : les Turcs avec le même enthousiasme rehaussé par leur victoire, et plus sûrs de la fatalité ; les chrétiens ayant de plus qu'à Saint-Jean-d'Acre la vengeance et la foi, deux forces qui, dans leurs cœurs, se confondaient avec le courage, et les disposaient aux miracles de la bataille. Les cloches des couvents et des églises de la ville, muettes depuis si longtemps, faisaient entendre leurs continuelles volées. Les chants des prêtres étaient répétés en chœur par les Européens. Au milieu des rangs, de nouveaux étendards, au signe de la croix, se dressaient à côté des drapeaux tricolores. Tout avait pris un aspect religieux dans cette solennelle journée où, pour la dernière fois, les armées du Christ et de Mahomet se trouvaient en présence, et allaient décider enfin du sort et de la religion du monde, comme jadis, au temps de Charles Martel, dans les champs de Tours et de Poitiers.

Mais Dieu était avec la vérité dans les rangs des Européens, et Napoléon était le général qu'il leur avait donné.

Cette victoire extraordinaire est si connue qu'il serait superflu de la décrire dans ses détails. Ce ne fut pas une bataille, mais un massacre. Les mahométans furent en un instant enveloppés de tous côtés, et écrasés par l'armée européenne, supérieure en nombre. L'enthousiasme religieux paraissait égal, mais plus ardent et plus nouveau chez les Français ; la mêlée fut horrible et courte. Dès les premiers moments, le sulan Mahmoud fut tué, et presque aussitôt l'étendard du prophète pris par les chrétiens. A peine ces deux pertes immenses pour les croyances et le fatalisme des Turcs leur furent-elles connues, qu'ils devinrent comme frappés de délire. Dans leur vertige, ils jetaient leurs armes à terre, et se précipitaient d'eux-mêmes dans les rangs des Français. Ceux-ci ne leur faisaient aucun quartier ; leur furie guerrière était enflammée au plus haut degré. Ils se souvenaient des cruautés exercées par les vainqueurs après Saint-Jean-d'Acre, et à leur tour ils s'étaient promis une vengeance barbare; ils avaient juré de ne pas faire de prisonnier, et de n'épargner aucun ennemi. Cette journée ne fut qu'une journée d'égorgement et un long meurtre. L'armée mahométane fut entièrement massacrée, car pas un ne voulait fuir ; dans leur désespoir, ils tendaient leur poitrine au fer qui les perçait, et les chrétiens, insatiables de vengeance et de meurtre, ne se reposèrent pas tant qu'un seul Turc resta vivant sur le champ d'extermination.

Napoléon les laissa faire.

Sa vengeance muette était aussi terrible que cette vengeance animée et sanglante. Sa défaite était lavée et sa politique satisfaite. L'islamisme, ce despote effrayant de l'Asie, était anéanti.

Trois cent mille guerriers turcs étaient morts dans cette bataille de Jérusalem, et la Turquie avait cessé d'exister avec eux. Du côté des Français, c'est à peine si quinze cents hommes avaient été mis hors de combat. Au milieu de la vapeur du sang et comme pour s'en enivrer encore, l'armée s'exalta en actions de grâce ; ils s'écriaient que la main de Dieu les avait assistés : Napoléon le crut peut-être aussi lui-même. L'Asie occidentale fut frappée de la même pensée à cette nouvelle ; elle vit que le règne de Mahomet était fini, et que le nouveau prophète *Buonaberdi*, comme elle l'appelait, était venu de l'occident.

CHAPITRE VI.

DESTRUCTION DU MAHOMÉTISME.

Le soir même de la bataille, avant que l'armée eût pris du repos, l'empereur entra avec une grande pompe triomphale dans Jérusalem ; il était à la tête des rois et des généraux de son armée, un cortége immense l'accompagnait, dans lequel se confondaient, au milieu des militaires, le peuple, les prêtres et les religieux des couvents; la ville, soudainement illuminée, retentissait des clameurs de victoire, des chants religieux, des cris de vengeance assouvie, des sons continuels et redoublés des cloches; des feux étaient allumés sur les montagnes environnantes. Au milieu de ces témoignages et des acclamations Napoléon s'avança vers le saint sépulcre, où le clergé du couvent le reçut en chantant un *Te Deum* en action de grâces. Après l'avoir entendu, il fit quelques pas dans l'église, et arrivé en face du sépulcre il fit apporter un brasier ardent, et ayant lui-même rompu et déchiré l'étendard de Mahomet, il le jeta en débris au milieu des flammes. Les prêtres, qui n'étaient pas avertis de cette solennité subite, s'y mêlèrent avec enthousiasme ; les chants des psaumes, et les parfums des encensoirs accompagnèrent cet holocauste vengeur; et quand tout fut consumé, Napoléon se retira au milieu des mêmes acclamations, et l'armée et le peuple s'écrièrent à la vue de ce sacrifice symbolique que la religion mahométane avait cessé d'exister sur la terre.

Elle avait en effet vécu, et sa fin ne surprit pas ses fils. La tradition mahométane annonçait depuis longues années l'arrivée d'un autre messie qui la frapperait à mort. Car les musulmans, malgré leur fanatisme, ne voyaient leur religion que comme une religion viagère et qui devait finir; ils ne pouvaient douter de sa future disparition, et cette double et inexplicable conviction de sa vérité et de sa chute ne paraît pas la marque la moins certaine de leur aveuglement, et de leur fanatisme irréfléchi. Les événements qui venaient de les écraser leur apprirent que le temps était arrivé, et pour eux la grande victoire de Jérusalem était la destruction de leur croyance et l'accomplissement des prophéties.

Le lendemain, Napoléon retourna de grand matin sur le champ de la victoire ; d'une éminence voisine, il contempla silencieusement cette montagne de trois cent mille corps des vaincus, qui semblait un seul cadavre ; il fut ému, ce spectacle parut absorber son âme dans de profondes et singulières pensées. Devant ces débris du mahométisme il gémit presque sur la destruction de cette croyance à laquelle il venait de porter le dernier coup ; il n'avait pas de haine contre elle, c'était un sacrifice fait plutôt à sa politique qu'à son opinion. On croit même que cette religion avec son fanatisme, ses couleurs orientales, son enthousiasme, son énergie et son entière soumission au chef, plaisait à son esprit. Vingt années auparavant, il avait songé à ceindre le turban et à rejeter la France qui l'exilait dans ses conquêtes ; il hésitait alors si, à défaut d'elle, il ne se ferait pas une monarchie dans l'Orient. L'histoire a fait connaître avec quelle vénération à cette époque il avait protégé les croyances musulmanes, et avec quelle égalité, qui depuis lui a été si reprochée, il mêlait en Égypte les noms du Christ et de Mahomet, lorsque son génie balançait entre l'empire et le dieu de la France, et l'empire et le dieu de l'Asie.

Mais le monde avait éprouvé de grandes révolutions depuis la première campagne d'Egypte, et le dernier regret que Napoléon laissait tomber sur la fin de cette fausse croyance fit bientôt place à de plus hautes pensées. Cependant l'étrangeté de ce sentiment méritait d'être recueillie par l'histoire.

Pour rendre plus facile l'enlèvement de cette multitude de cadavres, l'empereur permit aux soldats de les dépouiller, en les enlevant du champ de bataille, des richesses incalculables dont ils étaient comme revêtus. Peu de jours n'étaient pas écoulés que tous ces corps avaient été transportés dans une autre plaine plus au nord de Jérusalem, où ils furent ensevelis ou brûlés. Ce fut un nouveau service rendu à la ville sainte qui commençait à redouter ce voisinage funeste, car la peste n'eût pas tardé à se lever du milieu de ces montagnes de morts.

Maître ainsi de toute la Syrie, l'empereur distribua ses troupes dans les diverses villes de la province. Le roi d'Espagne remonta vers Damas, qui ouvrit ses portes. Napoléon lui-même entra enfin dans Saint-Jean-d'Acre qui ne pouvait plus fermer les siennes. Le corps d'armée sous le commandement du roi de Westphalie fut dirigé vers Alep; et, pendant quelque temps, l'armée se reposa ainsi dans ces provinces, occupées désormais sans obstacle.

Cependant le roi d'Italie, qui était demeuré à Jérusalem avec cinquante mille hommes, reçut bientôt l'ordre d'entrer en Arabie et de marcher directement sur Médine et la Mecque.

Dans ces villes étaient encore deux foyers de mahométisme que Napoléon résolut d'éteindre sans retard. Les plus grands pouvoirs furent attribués au roi Eugène. L'approbation de tous ses actes et de ceux de son armée lui était assurée d'avance, et ce n'était rien moins que permettre la barbarie et la destruction, deux moyens nécessaires en Orient, et qui sont comme le droit public du pays.

Le roi d'Italie emmena seulement avec lui 25,000 hommes de troupes choisies de son armée; il entra en Arabie et arriva à marches forcées devant Médine. A son approche, quelques troupes musulmanes, restées fidèles dans ce sanctuaire de leur foi, essayèrent une vaine résistance; elles furent exterminées. L'armée française entra sur-le-champ dans la ville, drapeaux tricolores et étendards au signe de la croix déployés, et ne fit halte que devant la mosquée célèbre où sont les trois tombeaux de Mahomet, d'Omar et d'Abubeker. Le roi les fit immédiatement détruire sous ses yeux ; le marbre blanc du tombeau du prophète fut pulvérisé, et ces débris, ainsi que quelques restes informes trouvés dans les tombeaux, furent profanés et jetés dans le temple avec les ornements du culte déchirés et détruits. Après l'accomplissement de ces saintes profanations, le roi d'Italie fit fermer les portes de l'édifice, et malgré les cris des habitants, y fit mettre de toutes parts l'incendie, qui, protégé par les troupes, fut cependant cinq jours à consumer cette mosquée immense. Le roi dédaigna de conserver quelques-unes des richesses innombrables qui s'y trouvaient ; il voulut que tout fut anéanti par les flammes, et quelques insensés, qui, dans un désespoir fanatique, voulaient encore s'opposer à ce qu'ils appelaient un sacrilége, furent eux-mêmes précipités au milieu du feu, pour y périr avec leur foi, leur temple et le tombeau de leur prophète.

Le roi Eugène, après l'épuisement de l'incendie, fit déblayer par ses troupes les ruines calcinées, et fit apporter une énorme quantité de terre qu'on répandit sur la place même où avait été la mosquée. Il ordonna que ce terrain nouveau fut labouré par la charrue et que du maïs y fût semé, afin de faire disparaître les vestiges mêmes du lieu où avait été le tombeau de Mahomet.

Quand cela fut achevé, il quitta Médine et s'avança vers la Mecque. Ce berceau du prophète eut encore plus à souffrir de la conquête que sa ville funéraire. La Mecque, cette *mère des villes*, comme la nomment les mahométans, cette métropole de leur foi, située au milieu d'une terre ingrate et de montagnes stériles, ne vivait, pour ainsi dire, que d'une vie factice et comme religieuse. La fécondité des autres pays était apportée dans son sein par les caravanes et les pèlerinages, et renverser la superbe mosquée *El Hamran*, était détruire ces sources de son existence et anéantir la cité elle-même.

Cette pensée, loin d'arrêter le roi d'Italie, l'excitait encore ; la sienne était la destruction des infidèles et de leur religion. La patrie de Mahomet lui semblait une ville immonde ; car les émotions religieuses de Jérusalem avaient exalté dans son esprit un fanatisme implacable, et l'empereur le savait lorsqu'il le choisissait pour cette expédition.

Le roi Eugène fit saccager et piller le temple,

il ne respecta pas même cette antique *kâaba* qu'on dit avoir été bâtie par Abraham. Il enleva de l'encadrement d'argent dans lequel elle était enchaînée depuis tant de siècles, la fameuse *pierre noire*, que Mahomet lui-même avait respectée, et que la tradition des Arabes, entre autres fables qu'elle lui rattachait, révérait comme tombée du ciel dès le temps d'Adam. Ce fut le seul trophée qu'il conserva au milieu de cette destruction, et il l'adressa au Musée impérial de Paris, où on le voit encore; puis il fit à la fois mettre le feu et la mine à cette magnifique mosquée, qui s'écroula et disparut dans ce double incendie extérieur et souterrain.

Plus puissante et plus irritée que Médine, parce que cette destruction était pour elle un arrêt de mort, la ville de La Mecque opposa des soulèvements et une assez énergique résistance aux troupes françaises; mais cette manifestation lui fut aussi plus fatale. L'incendie ne se borna pas au temple; le roi d'Italie, pour la châtier, laissa les flammes s'étendre et se propager. Bientôt elles inondèrent de tous côtés cette ville qui, après avoir donné la vie à Mahomet, semblait alors rendre son dernier soupir.

Durant un mois, les flammes, qui n'éprouvaient plus d'obstacle, formèrent comme un océan de feu, dans lequel se fondait de plus en plus la grande ville ; mais cette destruction flamboyante qui satisfaisait la pieuse vengeance du roi d'Italie était plus terrible qu'utile. Privée de sa mosquée et de ses pèlerinages, ville découronnée de sa religion et de son prophète, au milieu de ce pays inculte et désert, La Mecque eût péri plus lentement peut-être, mais sans retour. Cependant cette destruction plus rapide anéantissait cette religion qui ne sut plus désormais où retrouver le lieu de la naissance et la place du tombeau de son prophète.

Ainsi fut porté le dernier coup au mahométisme, et il ne se releva plus.

Après une campagne de trois mois dans laquelle il eut à combattre quelques tribus de Wahabites qui bientôt vinrent faire leur soumission, le roi Eugène ramena ses forces en Syrie. Il apprit que l'empereur venait de quitter cette province, et il le rejoignit sur les bords de l'Euphrate. L'empereur l'accueillit lui et son armée avec de grands éloges, et les détails de cette expédition furent solennellement proclamés au milieu des troupes françaises.

Si j'ai consacré de longues pages à cette destruction de la religion de Mahomet, c'est que cet événement fut le plus considérable dans les expéditions et les conquêtes de l'empereur ; le mahométisme était la seule force qui pût lutter au monde contre la sienne : elle brisée, Napoléon était bientôt le maître de la terre.

CHAPITRE VII.

RUINES DE PALMYRE.

Ce n'est qu'en Orient que l'on peut travailler en grand, disait souvent Napoléon. Cette vieille mère des peuples, l'Asie, est toujours la reine du monde. Tout a été ou est grand chez elle : sa population, son étendue, ses monuments, ses catastrophes. Le souverain de l'Europe lui-même ne venait imposer sa monarchie de conquérant qu'après les monarchies des Assyriens, des Perses et des Romains, qu'après les conquêtes d'Alexandre, de Gengiskan et de Tamerlan ; mais il venait à son tour clore cette série de conquêtes en faisant déborder sur l'Asie la monarchie française et napoléonienne, plus puissante que toutes les autres, et il est utile, avant de le suivre plus loin, d'arrêter quelques instants les regards sur ce qu'était alors la puissance de Napoléon en Asie.

Conquérant de l'Arabie et de l'Asie mineure, suzerain de la Russie d'Asie et de la Sibérie, maître, par la réunion des colonies anglaises et hollandaises, de l'Hindoustan, il ne se trouvait plus en dehors de sa domination que la moitié de ce continent, la Perse, l'empire chinois, la Tartarie et l'Inde au-delà du Gange.

Tous ces états furent conquis successivement, et, on peut le dire, sans de grands travaux. Deux années écoulées depuis la bataille de Jérusalem suffirent à compléter l'entier succès de l'expédition. Des volumes d'histoire suffiraient à peine à décrire les merveilles de ces deux années ; pour moi, je déclare que je n'aspire pas à reproduire ici tant de détails. Il était plus facile à l'empereur de vaincre qu'il ne l'est à son historien d'écrire, et ce rude meneur laissait bientôt et loin derrière lui l'histoire, qui, accablée de fatigue, ne pouvait le suivre.

Et, comme Plutarque l'a dit dans sa biographie d'Alexandre de Macédoine, ce Napoléon du vieil âge :

« Je prierai mes lecteurs de ne pas me faire un crime si, au lieu de raconter en détail toutes ces actions célèbres, je me contente d'en rapporter en abrégé la plus grande partie... Qu'il me soit plutôt permis de pénétrer jusqu'aux signes de l'âme, afin d'y saisir les traits les plus marqués du caractère, et de peindre d'après ces signes la vie de ce grand homme, en laissant à d'autres le détail des combats et des actions éclatantes. »

Je suis de l'avis du bon Plutarque, et disposé à l'imiter.

On remarqua le soin que prit l'empereur de détourner son armée des lieux les plus illustrés par les victoires d'Alexandre ; il semblait les éviter au contraire ; les champs de bataille d'Issus et d'Arbelles (ou plutôt de Gangamelle) furent laissés loin de sa route, et la curiosité de ses généraux ne put être satisfaite.

La réunion de savants qui suivait son expédition le supplia de traverser les ruines de Palmyre et de Balbek. Il consentit avec d'autant plus de facilité à cette demande, que sa propre pensée était de diriger la marche de l'armée sur les côtes de la mer, afin de retrouver et d'accompagner la flotte européenne, qui avait reçu des ordres à cet égard.

On assure que cette mystérieuse solitude de Palmyre frappa son esprit d'étonnement ; il fut surpris en contemplant cette forêt de colonnes s'élevant tout-à-coup dans le désert, ces palais magnifiques encore reconnaissables, et ces débris gigantesques dans un lieu où ne respirait pas même un débris de peuple ; il vit que les ruines durent plus que les nations, et que les traditions s'écroulent quelquefois avant les pierres.

On sait à peine l'histoire de Palmyre. Placée pendant quelque temps dans le désert comme une halte de commerce entre le golfe Persique et la Méditerranée, tant que les négociants y avaient consenti, elle avait vécu une des villes les plus florissantes du monde, avec ses temples, ses portiques, ses avenues de colonnades sans terme, ses héros, sa reine et ses philosophes ; et quand le commerce, cette abstraction capricieuse sur la terre, l'eut abandonnée avec mépris, comme il a fait de Babylone, de Tyr, de Carthage et de Venise, il se trouva que Palmyre devint un cadavre sans mouvement et sans bruit, mais conservant encore l'attitude admirable de sa vie passée.

Les savants recueillirent avec avidité les dessins et des fragments de ses monuments. Ce fut encore un des fruits inestimables de cette conquête que la description des ruines de Palmyre et de Balbek, qui, publiée depuis à Paris et à Londres, diffère en quelques points de la première description publiée à Londres, en 1753, par Robert Wood.

Soit que Napoléon voulût donner du repos à son armée, soit qu'il voulût laisser grandir dans l'Asie, encore inconquise, les merveilleuses nouvelles de la bataille de Jérusalem et de la destruction du culte de Mahomet, il se plut à ralentir sa marche vers la Perse. On savait aussi que de grandes armées se réunissaient dans le nord de l'Hindoustan, et peut-être mesurait-il dans ses retards le temps déjà prévu où se combinerait la jonction de toutes ses forces militaires.

Ainsi, pendant que l'Inde portait vers ses frontières septentrionales des armées françaises, que les flottes de l'empire s'échelonnaient depuis le golfe Persique jusque dans la mer de Chine, que des armées feudataires russes s'approchaient de la Tartarie indépendante, et que l'Asie centrale respirait à peine en se voyant ainsi enveloppée de tous côtés, l'empereur, ayant traversé le désert et ses ruines, s'avança avec son armée vers Bagdad, qui se soumit, conquise même avant d'être aperçue, et, ayant gagné l'Euphrate, il descendit le fleuve jusqu'à la ville d'Hilla.

CHAPITRE VIII.

HILLA.

—

L'armée, vers la fin d'octobre 1821, occupa les différentes villes du pachalick de Bagdad, et y passa la saison d'hiver. L'empereur parcourut lui-même ces provinces dans tous les sens, y créant une administration nouvelle, distribuant une justice jusque-là inconnue, détruisant surtout les derniers débris du mahométisme qui s'y trouvaient encore. Il fit jeter aux vents les cendres d'Ali, et raser les murailles de la mosquée de Mesched-Ali, où elles étaient renfermées ; et, pendant les cinq mois qu'il demeura dans les contrées resserrées entre le Tigre et l'Euphrate, il se plut à rechercher avec curiosité les places douteuses où avaient existé jadis Ninive, Babylone et Séleucie, demeurant tantôt à Bagdad et le plus souvent à Hilla.

Hilla ou Hillé est une ville assez peu importante, située sur les bords de l'Euphrate, à vingt-cinq lieues au sud de Bagdad, médiocrement bâtie, sans commerce, sans monuments, et dépourvue de sites pittoresques. On ne comprenait guère comment Napoléon l'avait plus particulièrement choisi pour sa résidence passagère. Il y avait transporté, avec une partie de ses forces militaires, une armée de savants : Humboldt, Dolomieu, Niébühr, Champollion, Quatremère-Quincy, Prony, Malte-Brun, Monge, Millin et autres, qu'il avait choisis dans sa grande expédition scientifique, et emmenés avec lui dans cette campagne dont ils ne connaissaient pas le secret, quoiqu'ils soupçonnassent bien qu'ils allaient conquérir des ruines.

Il était reconnu, en effet, que les ruines de Babylone devaient exister aux environs d'Hilla, sans qu'on sût rien de positif sur leur véritable situation ; quelques-uns les indiquaient au nord de la ville, et les autres au midi, et toujours sur les bords du fleuve ; mais tous n'apportaient que leurs doutes, bien que l'empereur, arrivé près d'Hilla, leur eût dit : « Messieurs, nous voici près de Babylone, trouvez-moi Babylone. »

Mais il semblait que la prédiction de Jérémie

fût accomplie, et que cette cité, qui écrasait autrefois la plaine de sa masse immense, se fût entièrement dissipée comme une poignée de sable. Les savants hésitaient de plus en plus ; la moindre brique trouvée dans la terre leur révélait Babylone ; quelques-uns voulaient y voir la première Ninive, ou tout au moins la seconde ville du même nom, et ils s'épuisaient dans des recherches sans découvertes.

Napoléon, qui trouvait ce jeu digne de son repos, chercha aussi les traces de la grande ville, et, ayant remonté l'Euphrate à trois lieues d'Hilla, il s'appliqua à reconnaître une plaine immense, inculte, singulièrement bouleversée, à travers une multitude d'éminences et de petites vallées sablonneuses. Elle s'étendait dans un espace de quatre à cinq lieues carrées, et paraissait avoir été ébranlée par des volcans, ou par la civilisation, aussi puissante que les volcans pour soulever la terre, la dessécher sous des ruines, et frapper à mort sa fécondité. Cette plaine se trouvait partagée par l'Euphrate en deux parties égales. A l'occident, elle descendait en pente raide d'une montagne de forme singulière et conique qui s'élevait à plus d'une lieue du fleuve. La plaine, ainsi que la montagne, portait encore le nom de *Bel*; mais, comme cette dénomination de *Bel*, ou de *Bal*, ou de *Baal*, se retrouvait dans plus de vingt endroits placés également sur les bords de l'Euphrate et dans des positions différentes et éloignées, l'incertitude, loin d'être détruite, était augmentée au contraire par une tradition qui plaçait les ruines de Babylone bien plus au midi de la ville d'Hilla.

Napoléon ne fut pas long-temps à résoudre ces doutes en faveur de la plaine septentrionale dont nous venons de parler. Il se plaisait à monter sur le haut de la montagne de Bel, qui, recouverte de sa base à son sommet de vieux cèdres et d'arbres verts d'une vigueur et d'une hauteur prodigieuses, semblait plus pittoresque encore au milieu de ces champs de désolation et de stérilité ; et là, se reposant au sommet de la colline, il faisait dessiner des plans des sinuosités et des lieux où sa pensée reconstruisait la plus grande ville de l'antiquité, ou bien lui-même parcourait à cheval les alentours de la colline et ces terres désordonnées. On le voyait à la fois animé et silencieux, et l'on surprenait dans le feu de ses regards l'énergie du défi que son esprit portait à la terre qui recélait le secret dans ses entrailles.

Le 2 décembre 1821, car cette date a été conservée à cause de la singularité du fait qu'elle rappelle, l'empereur partit de grand matin d'Hilla, emmenant avec lui le vieux Dolomieu, Prony et Champollion.

Le jour commençait à poindre, lorsqu'ils arrivèrent sur les bords de l'Euphrate, dans la plaine de Bel.

—« Messieurs, leur dit Napoléon en montant avec eux sur une éminence sablonneuse qui dominait une grande partie de la plaine, et se trouvait en face de la colline de Bel; messieurs, cette plaine immense, c'est Babylone.

—« Votre majesté fait comme Alexandre, lui dit le jeune Champollion; elle tranche le nœud gordien.

— « Que je n'ai pu délier, n'est-ce pas? » reprit en souriant Napoléon, et lui pinçant l'oreille avec familiarité, il ajouta : « Voilà de mes savants jaloux qui ne veulent pas pardonner aux profanes la moindre conquête d'érudition! Et vous, Prony?

—« Cela se peut, sire, dit le grand ingénieur; mais je n'en sais rien. De compte fait, voilà plus de dix Babylone que nous découvrons depuis deux mois.

— « Et vous, monsieur Dolomieu, avez-vous plus de foi dans mes paroles?

— « Bien moins encore, sire, » dit le vieux géologue, qui conservait, comme un privilége de ses cheveux blancs, toute sa franchise devant le souverain ; « votre majesté est dans l'erreur : Malte-Brun a décidément trouvé ces ruines près de Kéfit; appelez cette plaine Ninive, si vous voulez, ou Ctésiphon ; ma Babylone est celle de mon ami. »

A cette époque, Dolomieu avait pris dans la plus vive amitié le savant géographe Malte-Brun, en reconnaissance de son dévoûment lors du retour d'Egypte et de la grave maladie dont le géologue avait failli mourir en 1801.

— « Ainsi, dit Napoléon, vous me laissez sans appui, et le révélateur et les croyants se confondent dans ma seule personne. Il faudra donc vous convaincre; mais jusque-là, messieurs les rebelles, rappelez-vous que je vous annonce d'avance les découvertes que je ferai faire. »

Et les conduisant sur les lieux mêmes il leur indiquait les places où, selon lui, se cachaient ces grandes merveilles; les monticules qui recélaient les plus grand temples, les deux palais des rives opposées de l'Euphrate. Il précisa les deux endroits où devaient se retrouver les entrées du *tunnel* qui existait sous le fleuve et réunissait ainsi les deux palais par une voûte souterraine ; construction prodigieuse oubliée depuis trois mille ans et qu'on venait de renouveler à Londres sous la Tamise et à Bordeaux sous la Garonne. Il leur désigna la place où se découvrirait le temple de Bel ; il leur nommait pour ainsi dire les édifices. Dans une vallée immense à l'orient avait existé, selon lui, le lac creusé par Sémiramis, plus près étaient les canaux construits par elle, ici les murailles, là les portes de la ville ; et tandis qu'ils ne voyaient qu'un océan de sable et de pierre, il semblait que Babylone renaissait entière sous la description pittoresque de l'empereur.

Après une course et des détours qui avaient duré plus de cinq heures, les trois savants, qui protestaient par leur silence contre ce que leur conscience appelait sans doute le roman impérial, furent ramenées par Napoléon devant la montage de Bel, et ayant réclamé d'eux une grande attention :

— « Et ceci, leur dit-il, que pensez-vous que ce soit ?

— « Une montagne élevée de quatre à cinq cents mètres, dit M. de Prony.

— « Je l'ai mesurée moi-même, dit Napoléon, elle a mille six cent cinquante pieds de hauteur ; remarquez comme elle est conique et régulière. »

Ils l'examinèrent avec attention et furent en effet surpris de cette forme géométrique.

— « Que croyez-vous donc que recèle cette montagne, Dolomieu?

— « Je ne sais, dit le géologue; mais cette forme conique ferait croire qu'un énorme rocher de granit en est le noyau, et qu'elle est ici le dernier chaînon des montagnes qui s'élèvent à l'occident.

— « Et vous, messieurs? » dit Napoléon.

Mais ils ne répondirent rien.

— « Il faut donc encore vous l'apprendre; » et comme ils écoutaient avec une grande attention :

— « C'est la *tour de Babel*, » dt-il à haute voix.

Ils restèrent stupéfaits, et un silence de quelques minutes fut rompu par un éclat de rire de Champollion.

— « Heim ! » ajouta plus gravement M. de Prony.

Pour Dolomieu, relevant ses lunettes sur son front pour mieux voir, non plus la montagne, mais Napoléon, il s'approcha de l'empereur et le regarda quelque temps avec un étonnement inexprimable.

— « Oui, messieurs, leur dit sérieusement

l'empereur, cette montagne et ses forêts recèlent les ruines de l'ancienne *tour de Babel*; nous retrouverons dans ses flancs les vieux titres du monde. Depuis deux mois que j'explore ce pays, ma pensée s'est fixée; ce n'est plus un doute que j'expose au hasard; c'est une prophétie dont j'encours la responsabilité, mais dont j'aurai la gloire. Maintenant, ajouta-t-il en souriant, nous pouvons quitter Babylone. »

Il ramena les trois savants à Hilla, et dans la route il leur fit connaître l'intention où il était de faire exécuter des fouilles immenses dans la plaine et dans la montagne, et il soutint avec tant de feu sa prétention de découverte, que tous trois arrivèrent à la ville, ébranlés, sinon convaincus.

CHAPITRE IX.

BABYLONE.

—

A peine de retour de cette exploration, l'empereur frappa d'une contribution nouvelle l'Asie mineure et l'Arabie; mais ce ne furent plus des trésors qu'il réclamait en maître, il en était surchargé, ce furent des hommes, des travailleurs. A ses ordres arrivèrent bientôt et successivement des pays voisins des foules innombrables d'ouvriers ; les soldats de l'expédition étaient aussi employés aux mêmes travaux, et ainsi réunis, il se trouva qu'en peu de temps cette armée immense de travailleurs s'éleva au moins à deux millions d'hommes. C'est avec ce nombre que Sémiramis, selon Diodore, avait bâti ou du moins agrandi Babylone : il ne fallait pas une multitude moins grande à Napoléon pour ressusciter cette ville et reconstruire ses ruines.

Les travaux commencèrent immédiatement. Deux cent mille hommes furent exclusivement occupés à découvrir les flancs de la montagne de Bel, et le reste fut dispersé sur la plaine où, selon Napoléon, reposait le gigantesque cadavre de la ville. Lui-même était partout, animant de ses ordres et de ses gestes, dirigeant les fouilles et les opérations, et révélant avec un admirable discernement les places où gisaient les monuments qui, bientôt découverts, venaient confirmer ses révélations.

Les ingénieurs européens et asiatiques unirent leurs communs efforts, et créèrent bientôt de merveilleuses machines animées par les eaux du fleuve et des rivières affluentes, par la vapeur, et par la mécanique; tous les chameaux de l'Arabie et les bêtes de somme de l'Asie furent également employés; et toutes ces forces confondues triplaient encore l'action déjà si puissante de ce peuple d'ouvriers.

La rapidité de l'exécution ne fut pas moins extraordinaire que la conception même du projet et la réunion de tant de moyens. Deux mois s'étaient à peine écoulés, et déjà d'immenses montagnes de sable et de terre s'élevaient aux extrémités de la plaine. Babylone, dégagée de ces masses qui la recouvraient depuis trente siècles, reparaissait à l'air ; elle sentait ses entrailles ouvertes et respirer, ses rues frappées de nouveau des rayons du soleil, et sa vallée renaître enfin au monde. Il semblait, à la voir se relever de jour en jour, qu'elle n'avait rien perdu, tant l'indestructible construction de ses murailles avait, dans ce climat conservateur, gardé leurs formes sous des profondeurs de deux cents pieds de sable et de terre; et à peine revenue à la vie, elle en avait déjà tout le tumulte et l'agitation, comme si elle eût retrouvé sa population d'autrefois dans les millions d'hommes qui la repeuplaient en la ressuscitant.

Inspiré par Hérodote, et son livre à la main, Napoléon rendait leurs noms à tous ces débris. Les quais furent reconnus presque tout entiers; quelques-unes des cent portes d'airain furent retrouvées, de ces portes dont le Seigneur avait dit en parlant à Cyrus, selon le témoignage d'Isaïe : « Je marcherai devant vous et je romprai les portes d'airain. » Un autre Cyrus venait en découvrir les débris. On suivit les traces des murs d'enceinte : ce grand carré régulier dont l'antiquité parle reparut, ainsi que les quarante tours s'élevant encore au dessus des murailles; car ce mélange éternel de briques et de bitume les avait conservées comme aux premiers temps. De ces cent portes partaient en tous sens cinquante rues principales d'une longueur et d'une largeur incroyables, et se coupant à angles droits avec une admirable régularité, et ces rues reparurent aussi avec leurs maisons dont les étages supérieurs avaient presque partout été détruits.

Une seule construction avait disparu, c'était ce pont merveilleux dont l'histoire a donné de si étranges descriptions; il n'existait plus, mais on retrouva sous les flots les piliers de ses arches, et il fut facile de reconnaître les pierres énormes dont elles étaient formées, liées encore par des chaînes de fer et du plomb fondu.

Les aquéducs furent retrouvés presque intacts, et ils auraient pu recevoir les eaux des montagnes qu'ils allaient rejoindre à de grandes distances, mais l'empereur ne fit point pousser le déblaiement au-delà de l'étendue de la ville.

Au milieu de ces découvertes, une surtout parut frapper d'admiration l'Europe et l'Asie ; ce fut lorsque le chemin voûté que Sémiramis avait fait construire sous l'Euphrate, et qui faisait communiquer ensemble les deux palais élevés par elle sur les rives opposées du fleuve, fut enfin retrouvé, après les recherches les plus opiniâtres. Depuis trente siècles les eaux de l'Euphrate, qu'il avait fallu détourner d'abord pour construire ce pont souterrain, avaient roulé sur lui sans le détruire, sans même l'altérer. Quand les approches en furent décidément reconnues, Napoléon, sans attendre un entier déblaiement, y entra lui-même le premier, et le parcourut hardiment à travers toute la largeur du fleuve. Il traînait à ses côtés ces mêmes savants dont nous parlions dans le précédent chapitre, et qui le suivaient avec une admiration égale à leur terreur. Le grand homme, dans ces doubles profondeurs de la terre et des eaux, les plaisantait encore sur leur incrédulité; et, parvenu au milieu du souterrain, il leur dit en souriant : « Eh bien ! messieurs, sommes-nous à Babylone ? »

Mais ils ne répondaient pas, tant ils étaient dans la stupeur.

L'empereur sortit également le premier de ces voûtes, et montant un long escalier tournant qui s'élevait jusqu'à l'autre bord, il entra dans le palais de Sémiramis dont les ruines offrirent peu d'intérêt.

Si quelque chose, cependant, pouvait surpasser ces prodiges, ce furent sans doute les travaux exécutés sur la montagne de Bel. Napoléon, qui y avait placé son plus grand espoir de découvertes, les surveillait lui-même avec une constante attention, et les dirigeait avec une activité extraordinaire. Une semaine ne s'était pas écoulée que la montagne conique, dépouillée des forêts qui la recouvraient de toutes parts, apparut comme une grande pyramide chauve dont les formes semblaient plus régulières encore. Alors les fouilles furent poussées plus profondément, et surtout vers le milieu de la hauteur: bientôt après ces grands travaux se développa à nu une route large, pavée de briques et de bitume, et qui paraissait monter et circuler autour de la montagne. Cette découverte guida les travaux; on poursuivit les traces de la route jusqu'au sommet et en redescendant jusqu'à la base. Cette spirale immense étreignait, en diminuant de plus en plus ses replis jusqu'au faîte, l'édifice gigantesque qui reparut à mesure qu'on enlevait les terres sous lesquelles il était enseveli; à chaque instant on voyait renaître et comme se dessiner de nouvelles arcades et des voûtes sans fin, superposées les unes sur les autres à des hauteurs incroyables; des formes architecturales dont on n'avait pas eu l'idée jusque-là étaient révélées aux artistes confondus. Des salles sans nombre se succédaient dans ses flancs et furent ouvertes et explorées ; elles présentaient à chaque pas des antiquités et des fragments de toute nature qui appartenaient à des époques dont les hommes n'avaient même pas conservé les traditions.

Une suite de tables de pierre chargées de sculptures et d'hiéroglyphes furent découvertes dans ce monument prodigieux ; elles paraissaient remonter jusqu'aux premiers temps depuis le déluge, et Champollion, qui les étudia long-temps, finit par en découvrir les précieux mystères. Il lut sur ces pages symboliques des écritures et traditions anté-diluviennes, qui apprirent enfin d'une manière certaine l'histoire des premiers temps du monde, ruinèrent bien des systèmes, et confirmèrent, en les complétant, les narrations des livres sacrés.

Ainsi reparut, depuis quarante siècles qu'elle était enfouie dans une double enveloppe de terre et de forêts, la tour de Babel ; des livres et des atlas ont recueilli et publié les détails de sa découverte, nous nous contenterons de dire que le diamètre de sa base était de cinq stades ou un quart de lieue, et que sa hauteur était de plus de six stades. L'empereur, qui y monta le premier à cheval, en suivant la route spirale extérieure, fut plus de neuf heures avant d'en atteindre le sommet, et là, sur une plate-forme large de cent vingt pieds environ, il appela encore auprès de lui Prony, Dolomieu et Champollion, et leur dit d'une voix moqueuse :

— « Eh bien ! messieurs, ne sommes-nous pas en ce moment au sommet de la tour de Babel ? »

Ils ne savaient plus qu'admirer, et le vieux Dolomieu, dans une sorte de délire, à cette place, dans ce pays et devant ce prodige, se prosterna comme en adoration devant Napoléon ; mais celui-ci le releva en souriant, et le plaisanta de nouveau sur son noyau de granit.

CHAPITRE X.

MORT DU GÉNÉRAL RAPP.

Au printemps de l'année suivante, Napoléon entra avec son armée en Perse, et il en acheva la conquête en moins de deux mois; il serait presque aussi juste de dire en un jour, car la Perse, affaiblie de toutes parts par les envahissements des Tartares, des Russes et des Afghans, ne pouvait opposer une sérieuse résistance. Ses forces s'étaient concentrées près de Téhéran, et une seule journée suffit à Napoléon pour détruire cette armée, s'emparer de la capitale, et conquérir cet empire.

Il fit le sophi prisonnier, ordonna qu'il fût transporté en Europe avec ses enfants, et divisa la Perse en deux gouvernements militaires.

La conquête de l'Afghanistan fut plus difficile,

et retint Napoléon dans ces contrées jusqu'à l'hiver. Cette nation, nouvellement constituée et assez peu connue encore, était cependant très-puissante. Avec l'énergie d'un peuple jeune et libre, et jusque-là victorieux, ses soldats occupaient un territoire favorable à la défense, hérissé de toutes parts de montagnes, et s'adossant en outre comme à une frontière inexpugnable aux monts les plus élevés du globe, la chaîne de l'Himalaya. Peuple de montagnes, ils en avaient le courage et l'opiniâtreté, et l'empereur, certain de les réduire, fut pourtant assez long-temps à le faire, et ne put y parvenir qu'après des victoires répétées. Mais, s'étant enfin rendu maître des provinces méridionales, et plus tard de Caboul et de Candahar, le reste ne sut plus résister, et fut forcé de se soumettre.

Napoléon, comme l'acte le plus significatif de sa conquête, continuait à détruire dans les pays vaincus le mahométisme. La secte protestante d'Ali n'avait pas trouvé plus de grâce devant lui en Perse ; il l'avait anéantie sans retour avec ses mosquées et ses prêtres.

Ces conquêtes, ainsi que celle du royaume de Cachemire, ne forment véritablement qu'une seule campagne, celle de 1822, et ne présentèrent rien de remarquable. L'Asie, frappée à mort à Jérusalem, se débattait encore comme dans les dernières convulsions de son agonie; mais elle ne pouvait plus se relever.

Une seule catastrophe signala cette campagne. Le général Rapp périt victime d'une infâme trahison, qui ne tarda pas à être vengée d'une manière terrible. Le général Rapp avait été chargé d'envahir et d'occuper avec sa division la province la plus septentrionale de l'Afghanistan, celle de Balkh, qui est l'ancienne Bactriane. La soumission de ce pays paraissait complète, et le général, avec quinze cents hommes, était lui-même à Balkh. Il avait été accueilli en maître, et, il le croyait, en ami dans cette ville perfide; chaque jour amenait de nouvelles fêtes, où les habitants déployaient leur luxe d'Orient pour mieux célébrer les conquêtes des Français.

Le 22 juillet, la plus magnifique de ces fêtes fut annoncée, dès le matin, à son de trompe. Sur les bords délicieux du Dehaz, au milieu des plaines enchantées qui entourent la ville, un banquet immense avait été préparé pour les troupes françaises; les vins les plus exquis de la Perse coulaient en abondance; les jeunes femmes du sérail, que, dans leur effervescence religieuse, les soldats français affranchissaient tout d'abord lorsqu'ils détruisaient le culte de Mahomet dans les villes, se mêlaient aux vainqueurs, et excitaient encore, par leurs regards et leurs chants, les joies de cette bouillante jeunesse.

Cependant, de leur côté, les habitants de la ville s'étaient rendus en grand nombre dans la plaine ; ils se tenaient à quelque distance des vainqueurs, et se livraient entre eux à de secrets entretiens ; une fureur cachée, et qu'on eût dit satisfaite, rompait par intervalle la gravité sinistre de leurs traits. C'est qu'une nouvelle inattendue venait en effet de se répandre dans la ville de Balkh ; on s'apprenait à l'oreille que Napoléon avait été assassiné à Caboul, et que son armée fuyait en désordre vers l'Hindoustan.

Les habitants de Balkh ne voulurent pas rester en arrière dans cette marche du crime. Ces vins exquis recélaient le poison le plus subtil ; ces femmes, qui étaient elles-mêmes dans le secret, fascinaient les soldats, et leur versaient avec abondance ces liqueurs dont, sous un prétexte religieux, elles persistaient à s'abstenir ; et lorsque, sur la fin du banquet, quinze cents voix, d'un commun accord, portèrent un toast à la gloire de l'empereur et de la grande armée, les barbares l'accueillirent dans un silence profond et avec une volupté barbare.

Mais quelques instants s'étaient à peine écoulés, et déjà des cris de douleur avaient succédé à ces cris de joie; les malheureux soldats ne pouvaient se soulever de leurs siéges, et étaient frappés comme d'une mort foudroyante. Ce fut un spectacle affreux, et le général Rapp, qui le premier devina le crime, tira son épée, et, d'une voix mourante, s'écria : « Aux armes! »

Mais il n'était plus temps, car, au même moment, des milliers de sabres et de poignards brillèrent tout-à-coup dans les mains des habitants de Balkh ; ils envahirent le banquet, et se précipitèrent avec des hurlements affreux sur ces infortunés que le poison tuait avant le poignard. Leur rage ne connut point de bornes : ils frappaient avec furie, et quelques heures ne s'étaient point écoulées, qu'ils avaient égorgé sans exception ceux qui avaient pu se débattre contre l'agonie.

Ils tranchèrent la tête du général Rapp, et, l'ayant placée au haut d'une pique, ils l'exposèrent sur le plus élevé de leurs minarets, et ils jetèrent les corps des autres Français dans la plaine, sans sépulcre et souillés des plus abominables profanations.

Cette ivresse du crime eut un prompt réveil. La nouvelle de la mort de l'empereur était fausse ; Napoléon lui-même était avec un corps d'armée plus près de Balkh que ces barbares ne l'avaient cru. Lorsqu'il eut connaissance de cet attentat, il arriva à marches forcées sur la ville, il la fit cerner par ses troupes et refusa d'y entrer. En vain des députations arrivaient à lui, versant des larmes et couvertes d'habits de deuil ; en vain les vieillards venaient-ils se jeter à ses pieds, demandant grâce pour leur ville, que la tradition nommait la plus ancienne du monde. — « Son temps est donc fini ! » s'écriait l'empereur ; et il livrait aux supplices quelques-uns de ces députés, et après avoir fait mutiler les autres, il les renvoyait avec les corps des suppliciés pour apprendre à cette ville qu'il n'y avait ni espoir ni pardon.

La colère de Napoléon n'éclata pas avec violence ; c'était la furie de la vengeance concentrée. On lui avait assassiné lâchement ses braves soldats et son ami Rapp, et il n'hésitait que devant le choix du plus terrible châtiment.

Et quand il l'eut arrêté dans sa pensée, il ordonna que les portes de la ville fussent murées, afin qu'aucun habitant ne pût s'en échapper ;

et ayant fait venir son artillerie, il fit mettre le feu en mille endroits de la vieille cité. Des bombes, des fusées à la Congrève, la mitraille, des artifices et des matières incendiaires y furent lancés de toutes parts. En vain, pendant deux jours, des cris de douleur parvenaient-ils à s'échapper au milieu du retentissement de l'incendie et du bruit sourd des flammes, il ne voulut pas les entendre : il fallait que tout fût consumé, la ville et ses habitants, et les ruines elles-mêmes; tout, sauf le souvenir du crime. L'action du feu dura quinze journées dans toute sa violence, et ne laissa plus qu'une montagne de cendres chaudes. Alors, Napoléon parut satisfait dans sa vengeance; il ordonna de recueillir les restes de ses soldats, que les barbares avaient abandonnés dans la plaine, et ayant fait construire une haute pyramide avec les débris calcinés de la ville et sur son emplacement, il y fit inscrire ces mots :

ICI REPOSENT
LE GÉNÉRAL RAPP
ET SES BRAVES SOLDATS FRANÇAIS,
ET LES RESTES INFAMES
DE LA VILLE
QUI LES AVAIT ASSASSINÉS.

CHAPITRE XI.

LA CHASSE AU LION.

Napoléon fut lui-même, dans cette campagne, exposé à un très-grand danger, lorsque, dans les premiers jours de septembre 1822, étant à Caboul, il voulut prendre part à la chasse au lion, qui est plus commune à cette époque.

A l'orient de Caboul s'étend une plaine large, entrecoupée de bois et de taillis. Ce fut là qu'un lion ayant été signalé, l'empereur, accompagné de quelques aides-de-camp et d'une troupe considérable de chasseurs afghans, commença à le poursuivre.

Napoléon, accablé de si grands travaux, avait peu de loisir pour se livrer à la chasse, mais quand il le pouvait, il le faisait avec une activité tenant de l'enthousiasme; c'était là son jeu favori, et la pensée de chasser le roi des animaux relevait ce plaisir et lui donnait quelque chose de plus neuf et de plus grand.

A trois lieues de la ville, des rugissements terribles apprirent que les chiens étaient sur les traces du lion. Aussitôt, les chasseurs, qui jusque-là avaient battu la plaine avec précaution, se portèrent en avant; mais l'empereur, entraîné par son ardeur, se précipita au plus grand galop de son cheval, et laissant derrière lui ses compagnons qui ne pouvaient le suivre, entra dans la forêt, où il fut bientôt seul, et perdu de vue par les siens.

Cependant le lion furieux traversait à bonds énormes la plaine et les bosquets dont elle était coupée; les coups de carabine et de fusil qui ne l'atteignaient pas ne faisaient qu'irriter sa rage; il avait déchiré les chiens qui s'étaient le plus pressés sur ses traces, et ayant fait d'immenses détours, il avait mis les autres en défaut, et n'entendant plus leurs aboiements ni les coups de feu, il s'était embusqué dans une partie éloignée des bois, où, près d'une masse de rochers, il se reposait haletant, la crinière soulevée, les yeux et la gueule en sang.

Tout-à-coup le retentissement des pas d'un cheval se fait entendre, un cavalier entre rapidement dans le bois et se dirige vers le rocher.

C'était Napoléon.

Aussi près du lion, seul et dans cet extrême péril, l'empereur saisit le moment où d'un bond il se précipitait sur lui, et l'ajustant avec le plus grand sang-froid, il lui tira son coup de fusil; mais la balle traversa la crinière sans blesser l'animal, qui, furieux, se jeta en deux autres bonds sur le cheval de l'empereur, et lui enfonçant ses ongles dans la poitrine, le renversa déchiré et mourant. L'empereur avait aussi été renversé, mais, se dégageant promptement, et conservant le calme de son esprit dans cette position dangereuse, il se retira, en marchant à reculons, vers les mêmes rochers d'où le lion était parti, afin de s'y adosser lui-même et l'attendre.

Pendant cette manœuvre, le lion assouvissait sa furie sur le malheureux cheval; il lui avait ouvert la poitrine, lui déchirait les flancs avec ses griffes, et baignait sa langue de feu dans le sang brûlant de la victime. Et cependant, sans l'abandonner, il suivait de l'œil la marche lente et assurée de Napoléon, qui se retirait et examinait de son côté avec la plus grande attention les moindres mouvements de son terrible adversaire.

Il venait d'atteindre le rocher et de s'y appuyer, lorsque le lion quitta le cheval qui venait d'expirer, se releva, dressant la tête, hérissant la crinière, poussa un seul mais effroyable rugissement, et s'élança à pleins bonds vers Napoléon, qui tira son épée de chasse pour le recevoir.

Cette arme était inutile, sans aucun doute, et l'empereur l'ayant aussitôt compris, la jeta loin de lui, au moment même où quelques pas le séparaient à peine du lion.

Mais au lieu d'une épée, il le frappa de son regard, il asséna sur ses yeux toute l'énergie et la fixité de sa vue; leurs deux regards s'enfoncèrent, pour ainsi dire, l'un dans l'autre, sans se quitter, et sans que de ces quatre paupières aucune se baissa.

A ce regard de fer le lion bondit surpris, il se dressa sur lui-même, et rugit affreusement. Cependant, comme si sa marche était paralysée, et qu'une puissance inattendue vînt tout-à-coup lui commander, il s'arrêta, écumant de rage et de confusion, devant Napoléon, qui l'oppressait de cette singulière force, l'abattant de cette vue dont il n'avait jusqu'ici abattu que des hommes.

Napoléon vit que le charme avait réussi, et que le lion reconnaissait le pouvoir; alors il s'appliqua à donner à ses yeux la fascination et la douceur séduisante qu'il savait si bien y faire succéder.

Le lion, toujours pendant à ce regard, y répondit par un mugissement plus sourd ; il avait baissé sa tête qu'il appuyait sur ses pattes, et s'étant couché comme en arrêt devant l'empereur, il épiait sans doute le moment où ses yeux se détourneraient pour dévorer sa victime.

Mais Napoléon n'était pas homme à céder dans cette lutte. Il ne voulut pas se contenter de ce premier succès, mais le poursuivre jusqu'au bout. Tour à tour maîtrisé et adouci par ses regards, le lion parut de plus en plus se calmer et s'affaiblir. Sa crinière s'affaissait sur son cou, le sang disparaissait de ses yeux, sa langue, amollie, se balançait comme celle d'un chien haletant, et rafraîchissait les feux de ses lèvres, et se penchant de plus en plus, il se coucha tout entier à terre, et appuya sa tête énorme sur ses pattes, dont il ne faisait plus apparaître les griffes redoutables.

Alors Napoléon crut le moment venu ; il s'avança d'un pas ferme vers le lion, qui releva vivement la tête; mais les yeux de l'empereur, incessamment fixés sur les siens, devinrent caressants et comme voluptueux : l'animal tressaillait de plaisir sous ces regards, et l'empereur n'était plus qu'à quelques pas, lorsqu'il vint à lui, agitant sa queue en signe de joie, et balançant ses flancs avec tendresse, puis, étant enfin parvenu jusqu'à ses pieds, il s'enroula autour de lui, se coucha sur le dos, étendit ses pattes énormes en l'air, se jouant avec l'une des mains de Napoléon, qui trempait l'autre dans les rudes tresses de sa crinière.

Ils restèrent ainsi pendant quelque temps, comme deux anciens amis. Napoléon, ne se fiant pas trop à cette affection subite, n'en était pas moins embarrassé et ne savait comment se retirer et terminer cette scène; mais le noble lion semblait avoir tout oublié; son œil, devenu jaune et humide, se fermait à moitié et regardait doucement l'empereur; il jouait comme un jeune chat avec son compagnon, et ses pattes veloutées et sans griffes se raidissaient et s'étendaient sur lui avec amour.

C'eût été un merveilleux spectacle à contempler que cette union et ces jeux si étranges.

Enfin, Napoléon, après quelques instants, se crut assez maître de l'animal pour se lever et l'appeler à lui. Le lion le suivit tranquillement et la tête basse, comme un chien fidèle, et tous deux sortirent du bois où cette scène s'était passée.

Tout n'était pas fini cependant, et l'empereur craignait avec raison de rencontrer sur son chemin les chasseurs dont le bruit et le tumulte eussent réveillé la fureur de l'animal.

Le hasard permit que la première personne qui s'offrit à ses regards fut un domestique qui, désarçonné par un écart de son cheval, cherchait à pied l'empereur. Napoléon, lui montrant le lion, lui fit signe d'approcher sans manifester de crainte. Cet homme, stupéfait, obéit, et le lion, l'ayant regardé un instant, détourna la tête, et ne parut plus s'en occuper.

Le domestique annonça que les chasseurs s'étaient réunis à quelque distance, attendant l'empereur et très-inquiets de sa disparition. Napoléon le renvoya en lui disant de leur apprendre que le lion s'était soudainement apprivoisé, et en ordonnant à tous de quitter leurs chevaux et de le rejoindre à pied et en silence.

Peu de temps après, les chasseurs et les Asiatiques, obéissant à ses ordres, arrivèrent sans bruit. Le lion, toujours caressé par l'empereur, le pressait de sa tête, et ne s'effrayait pas de ces nouveau-venus, tant il avait mis sa confiance dans son ami. Il marchait donc au milieu de tous; mais, comme on venait d'atteindre la sommité d'une petite colline qui masquait un village, à la vue des habitations, aux cris des enfants et au tumulte qui s'y faisait entendre, le lion releva sa tête avec fierté. Sa crinière se souleva de nouveau, et, se détachant rudement de la main qui le caressait encore, d'un seul bond il renversa deux Asiatiques, et, en quelques secondes, il avait disparu à l'horizon, sans avoir fait de mal et sans avoir été poursuivi, car Napoléon avait protégé par sa défense la retraite de son noble ami.

On revint à Caboul, et tous restèrent stupéfaits quand Napoléon raconta cette scène merveilleuse, et les Asiatiques, qui commençaient à croire que Napoléon était un dieu, se demandaient entre eux : « Est-ce donc à un homme que les lions obéissent! »

CHAPITRE XII.

SUITE DE L'EXPÉDITION D'ASIE.

—

Pendant cette campagne si longue, l'empereur répandit sur ses troupes assez de faveurs et d'avantages pour ne pas leur laisser le temps de regretter la patrie. Quoiqu'il se souciât peu d'imiter Alexandre dans ses grandes actions, il avait cependant étudié profondément son histoire, et surtout ses fautes ; mais il voulait par dessus tout être soi, original, Napoléon enfin, et non le reflet ou la copie d'un autre. Les sots louangeurs, qui s'avisaient de le comparer à d'autres grands hommes, étaient fort heureux quand ils en étaient quittes pour le mépris ou le sarcasme, et le roi d'Anam se trouva fort mal, comme on le verra plus bas, de son allusion historique. Napoléon ne voulait donc rappeler Alexandre que pour faire contraster sa haute sagesse avec l'imprudence du Macédonien. Les soldats européens avaient acquis, dans leurs campagnes, un immense butin ; il ne voulut pas qu'ils en restassent chargés dans leur marche, ou qu'il pût être forcé plus tard de faire brûler ces richesses, comme le fit Alexandre, lorsqu'il s'attirait ainsi l'animadversion de ses troupes. Napoléon avait ordonné, dans les villes où passait son armée, l'organisation de grands dépôts militaires ; les soldats y venaient apporter leurs richesses, et des administrateurs impériaux leur donnaient en échange des lettres de reconnaissance que chacun d'eux conservait sans en être chargé. Les choses déposées étaient, d'ailleurs, conservées religieusement, enregistrées avec soin, et devenaient la propriété des familles, en cas de mort des militaires. Sûres ainsi de la conservation de leur fortune, les troupes n'avaient plus qu'un désir : c'était de marcher en avant pour l'augmenter, et de tirer encore sur les conquêtes futures ces singulières lettres de change de la victoire.

Pendant la conquête de l'Afghanistan et à la même époque, le roi d'Espagne soumettait sans difficulté le Beloutchistan. Quoique courageux et énergiques, les habitants de ces contrées n'étaient cependant pas jaloux de leur indépendance, et ils s'accommodèrent facilement d'une conquête qui, sans blesser leur intérêt, les plaçait sous la domination de celui que la renommée leur peignait presque comme un dieu, avant que la victoire ne le leur donnât pour maître. Ces événements se passaient en juillet 1822.

Au mois de novembre suivant, Napoléon, avec vingt-cinq mille hommes, traversa les montagnes de la Perse et se porta vers la Tartarie; il appelait cette expédition *une invasion chez les barbares.* C'était de ce pays qu'au Ve siècle étaient venus les Huns, les Alains et d'autres nations barbares qui avaient envahi l'Europe, et des rêveurs politiques assuraient que dans ces mêmes pays peu connus sourdait encore une immense population, *un séminaire de peuple,* comme on les appelait, tout prêt à déborder sur la civilisation européenne. L'empereur avait peu foi à ces prévisions, et il avait dit : « Le seul moyen de prévenir l'invasion, c'est de la faire. » Une seule bataille importante signala cette expédition; le 23 décembre, l'armée nombreuse mais indisciplinée des Tartares fut anéantie sous les murs de Buckara. L'empereur s'empara de cette ville, traversa le désert jusqu'aux rives de la mer d'Aral, et trois mois après il était de retour à Samarcande où il demeura quelques jours. Il trouva en ruines cette capitale de l'immense empire de Tamerlan : elle était presque inhabitée. Il en était de même de la Tartarie entière ; ce pays, épuisé par ses émigrations du Ve siècle, n'avait pu reproduire sa population d'autrefois. Quelques millions d'hommes misérables étaient épars dans ces contrées étendues ; ils furent soumis après quelques combats, et l'empereur fit de la Tartarie un gouvernement militaire dont il plaça la capitale à Buckara.

En sortant de la Tartarie, l'empereur traversa les monts Belour, soumit en passant le petit Thibet, mais sans remonter vers le grand Thibet ; il entra dans l'Indoustan, qui à cette époque était entièrement une possession française ; il suivit la ligne des monts Himalaya au midi, traversa le Bengale, et se trouvait au mois de septembre 1823 dans l'Inde, au delà du Gange. Quelques mois suffirent, c'était le temps de la marche, pour conquérir les royaumes de cette péninsule : les Birmans firent seuls une courte et vaine résistance ; les royaumes de la Cochinchine, de Siam et d'Anam, allèrent au devant de la conquête, et la presqu'île de Malaga fut occupée sans coup-férir par le maréchal Gérard.

Dans tous ces pays, l'empereur persistait dans le même système de conquête politique et religieuse; il anéantissait la trace de l'ancienne domination en faisant enlever et transporter en Europe les rois et les familles royales entières, et partout aussi, sur la crête des pagodes et des forteresses, il plantait la croix avec son drapeau tricolore.

Au moment d'être ainsi transporté sur un vaisseau français, le roi d'Anam fit demander une audience au conquérant. « Que me voulez-vous? » lui dit Napoléon en entrant dans la salle de l'entrevue. Le roi d'Anam, sans se servir d'un interprète, se dressa avec fierté, et lui dit en mauvais français : « Que vous me traitiez en roi. » — « Vous avez lu l'histoire, » lui répondit l'empereur avec un sourire railleur; et lui tournant le dos, il s'adressa à ses généraux et dit : « Cet imbécille croit que j'ai fait trois mille lieues pour jouer une parodie! » Et il sortit sans parler davantage au malheureux prince, qui fut en effet traité comme le reste des rois vaincus, traîné à bord d'un vaisseau et conduit en Europe.

Napoléon étant à Ummerapoura, des Birmans lui amenèrent deux licornes vivantes; cet animal extrêmement rare avait même été jusque-là considéré comme fabuleux. Les naturalistes l'étudièrent avec soin; on reconnut qu'il n'était autre qu'une espèce d'antilope de la plus haute stature, et dont les deux cornes, très-droites, se contournaient ensemble, et, soudées en spirale, se dressaient au milieu du front et ne présentaient en effet qu'une seule corne apparente. Elles furent transportées en France dont le climat parut parfaitement convenir à la vie de ces quadrupèdes. Ils produisirent sur notre sol où la race s'en multiplia rapidement. Leurs mœurs sont douces, ils sont faciles à apprivoiser, et déjà l'on a vu appliquer à l'industrie et au luxe la force de cet animal gracieux, dont les proportions élégantes et élevées se rapprochent de celles du cheval, auquel, sous quelques rapports même, il est préférable.

Si nous reportons nos regards sur cette histoire, nous voyons qu'au commencement de l'année 1824 toute l'Asie était conquise, à l'exception de la Chine et des îles du Japon. Et à cette époque, l'empire de Napoléon dépassait en étendue et en puissance les célèbres et passagers empires de Tamerlan et de Gengis-Kan.

CHAPITRE XIII.

DÉCRET SUR LA MENDICITÉ.

—

Des extrémités de l'Asie, l'empereur n'oubliait pas l'Europe et surtout la France. L'administration de l'empire était partout où il était lui-même; ses décrets étaient datés de Téhéran, de Samarcande, de Delhi ou de Calcutta. C'était une chose bizarre pour celui qui obtenait la concession de construire une usine sur quelque rivière de France ou d'Italie, de voir cette permission impériale arriver d'une ville de Tartarie ou de l'Indoustan. C'est surtout à Siam, où Napoléon s'arrêta le plus long-temps, qu'un grand nombre de ces décrets furent rendus, et entre autres le décret célèbre et si connu concernant la destruction de la mendicité, dont nous analyserons les dispositions principales.

Tout individu qui se reconnaissait *pauvre*,

ou qui, étant trouvé mendiant, était déclaré tel par les tribunaux, était aussitôt inscrit sur *le registre des pauvres*, et dès lors était mis à la disposition du gouvernement, qui pouvait le transporter à son gré sur tous les divers points de l'empire et même dans les colonies. L'état, le plus souvent, les répartissait dans les diverses communes de l'empire français, où ils étaient, avec leurs familles, entretenus, dans un rapport fixé, aux frais de l'état et de la commune. Chaque ville ou village était, selon ses revenus, chargé d'un nombre proportionnel de pauvres, et obligé de les loger, vêtir et nourrir. Mais, d'un autre côté, les pauvres, ainsi sauvés de la misère et de la faim, demeuraient sous la surveillance de l'administration; ils restaient à sa disposition, ne pouvaient s'éloigner, sans permission et sous des peines sévères, de cette résidence; ils étaient enfin, dans certain cas, obligés à divers travaux d'utilité publique, et principalement à l'entretien des routes, des canaux et des propriétés de l'état ou des communes.

Une pareille organisation des pauvres, qui les jetait dans une classe aussi inférieure tout en pourvoyant à leurs besoins et à leur existence, détruisit peu à peu la mendicité, en excitant au travail. La honte d'être reconnu *pauvre* s'augmenta à ce point qu'il fallait être descendu aux derniers degrés de la misère pour solliciter son inscription sur le registre. La paresse, qui s'accommodait si bien de l'aumône, recula devant cette position nouvelle, car, si, dans cet ordre de choses, on trouvait les ressources de la vie, on y perdait la liberté. Le travail et l'exil du pays natal y devenaient obligatoires, au gré de l'administration; les familles, si souvent insouciantes des misères de leurs membres, redoutaient cet ilotisme dont l'opprobre eût rejailli sur elles, et s'empressaient de venir à leur secours. Bientôt, les choses en vinrent à ce point que la mendicité fut presque entièrement éteinte sur la surface de l'empire, et que le nombre des pauvres, qui, dans le premier recensement fait par le gouvernement, s'élevait à neuf millions cinq cent mille, était, au bout de deux années, diminué de plus de moitié.

L'empereur déclara ce décret souverain et réglémentaire, ce qui étendait son application à tous les états de l'Europe. Il usait peu de ces décrets généraux ; mais il n'hésita pas dans cette occasion, parce qu'il voulait détruire la mendicité, ou du moins amoindrir le nombre des pauvres dans l'Europe entière.

CHAPITRE XIV.

DESTRUCTION DE L'ÉGYPTE.

Un autre décret, non moins extraordinaire, fut daté également de Siam.

La vieille Égypte, si calme autrefois, semblait, depuis quelques années, être en proie à des agitations continuelles. Des séditions s'étaient élevées au Caire et dans les villes qui bordent le Nil. Quelques-unes de ces révoltes avaient été graves, et des garnisons françaises, impuissantes par leur petit nombre à les réprimer, avaient été massacrées ; enfin, dans une dernière convulsion, les Égyptiens avaient maudit le nom et le pouvoir de Napoléon, et proclamé leur indépendance. La fausse nouvelle de la mort de Napoléon, répandue dans l'Orient et qui avait occasioné, comme nous l'avons vu, les massacres de Balkh en Tartarie, avait, à ce qu'il paraît, décidé cette insurrection insensée.

Et, cependant, à cette époque, l'empereur songeait à vivifier l'Égypte par d'immenses travaux ; deux chemins de fer allaient être construits dans l'isthme de Suez, avec un embranchement qui devait rejoindre le Caire. Les deux navigations de la Méditerranée et de la mer Rouge allaient s'enchaîner par ces deux grands passages de commerce, et ces contrées qui eussent entouré de leur voisinage le chemin nouveau de l'Inde et de l'Europe allaient retrouver une vie nouvelle et refleurir entre toutes les nations. Mais, en apprenant la nouvelle de la sédition de ce pays, l'empereur ressentit la plus vive indignation ; il lui jura une haine à mort. « Ingrate Égypte! s'écriait-il, terre sans foi et sans patrie, qui ne valait pas même la peine d'être conquise, et qui devait périr après une pareille trahison. »

Ce fut alors qu'il accomplit cet étrange châtiment d'une nation condamnée à mort sans retour, et qui allait être effacée de la surface de la terre.

Il ordonna que le Nil fût détourné au-dessus de Thèbes, et que, refoulé dans un lit nouveau, il vint se jeter désormais à travers le désert dans la mer Rouge. Ainsi détourné, le fleuve, depuis Thèbes jusqu'à la Méditerranée, abandonna son vieux lit desséché et pestilentiel; bientôt les vents de l'ouest y amenèrent leurs tourbillons de sable, et rétablirent dans ces plaines, qui depuis la création leur étaient arrachées, le droit du désert et de la mort; il n'y eut plus de vie et de fleurs dans ces contrées naguère si florissantes, et devenues désolées et brûlantes. Et tandis qu'une nouvelle Égypte se créait sur les nouveaux bords du grand fleuve depuis Thèbes jusqu'à la mer Rouge, l'ancienne, disparaissait de plus en plus, s'abîmant dans des flots de sable et de stérilité sous lesquels au bout de quelques années elle fut entièrement engloutie.

Après quoi Napoléon fit couper l'isthme de Suez; il rappela ces nations d'ouvriers qu'il avait employées à la découverte de Babylone, et sous une pareille force ces travaux immenses furent bientôt achevés. En 1825 le détroit de Suez avait remplacé l'isthme de Suez; sa largeur était considérable, Napoléon ayant voulu creuser une mer et non un canal avec ses écluses comme on le lui conseillait : en vain lui disait-on que les élévations des eaux des deux mers étaient inégales, il dit qu'il les aplanirait. Et en effet, lorsque les dernières barrières furent enlevées, et que les deux mers mugissantes se précipitèrent l'une contre l'autre, leur furie fut courte; mariant leurs ondes, elles se firent un niveau, et avec les vagues arrivèrent bientôt les flottes de l'Inde et de l'Europe qui traversèrent à voiles déployées, et avec leur proues superbes, le nouveau détroit Napoléonien.

L'Afrique se trouva être la plus grande île du monde.

CHAPITRE XV.

LA CHINE ET LE JAPON.

Tout est singulier dans la Chine, il semble que ce soit un monde à part jeté dans un autre monde; tout y est particulier, étrange, original. La terre, avec une fécondité inouie, a ses productions, son histoire naturelle, ses mines et ses rivières ne ressemblant à rien dans le reste du globe. Dieu fit pour cette nation une création d'hommes à part dont on ne retrouve en nul autre lieu ni l'organisation physique, ni la couleur cuivrée; eux-mêmes se sont donné une langue dont les formes n'existent que là, et une écriture encore plus extraordinaire, puisque l'hiéroglyphe de chaque mot y est un signe nouveau. Leur religion, théisme confus et noyé dans une morale vague et étalée, ne tient à aucune autre;

enfin, leur organisation politique, remarquable, d'ailleurs, est entièrement dissemblable des autres politiques de la terre ; et pour que tout fût plus extraordinaire dans ses mœurs, cette nation innombrable, à frontières si étendues, et qui livre des millions d'hommes au commerce de l'Asie et de l'Afrique, dont ils occupent les bords, en y introduisant partout leur habileté et leurs comptoirs, demeure jalouse de son intérieur ; elle en ferme les portes et en éloigne l'étranger ; elle ne veut avec le reste de ce monde dont elle diffère tant, que ce commerce excentrique qui vient expirer à ses rivages ou à sa grande muraille. Cependant, avec cette susceptibilité nationale, la Chine n'est nullement soucieuse de son indépendance ; elle ne sait ce que c'est que la liberté. Destinée à être conquise, comme la Rome ancienne quand elle se livrait à l'encan du premier acheteur, elle s'abandonne sans défense et presque sans regret au premier venu qui veut en être le maître. Depuis quarante siècles, son histoire n'est que la chronologie de ses défaites et de ses tranquilles soumissions, car elle était sûre de retrouver dans sa civilisation avancée une victoire plus lente mais non moins certaine sur ses conquérants, qui se fondaient immanquablement dans sa nationalité supérieure, et qui, arrivés barbares, après quelques années devenaient Chinois.

La renommée leur avait apporté le bruit de Napoléon, et ce n'était plus un doute pour eux que sa pensée était de conquérir l'Asie entière : la Chine n'y mit donc pas d'obstacle. Trois armées jetées par les flottes européennes au midi, au centre et au nord de cette contrée, près de Canton, sur les rives du fleuve Bleu, et au fond de la mer Jaune, à quelque distance de Pékin, s'emparèrent presque sans coup férir des villes principales et étendirent la domination napoléonienne successivement sur les différentes provinces et bientôt dans tout l'empire. Les Tartares Mantchoux, leurs derniers maîtres, après une seule et dérisoire résistance, furent détruits et disparurent, et la conquête de ce grand empire se trouva être une des plus faciles et des plus rapides.

Mais les Chinois s'étaient trompés, quand, dans leur mépris de la liberté, ils laissaient venir à eux le souverain de l'Europe, et lui ouvraient sans crainte les portes de leurs villes. Pour eux, Napoléon n'était qu'une vingt-deuxième dynastie à enregistrer dans leurs annales à la suite des autres. Mais Napoléon était cet homme qui ne voulait être à la suite de rien ; s'il eût pu détruire l'histoire et le passé, il l'aurait fait, et eût mené là aussi ses victoires. Il leur fit donc connaître pour la première fois ce que c'est qu'une *révolution*. Ils surent que cet homme de l'occident ne savait pas se plier aux religions, aux mœurs et aux lois des peuples ses vaincus, mais qu'il n'arrivait que pour les briser, les assouplir et s'en rendre maître, et que sa volonté inflexible avait décidé de réduire toutes les nations, quelles qu'elles fussent, sous le niveau de sa politique générale.

L'empire de la Chine expira dans cette dernière domination. Ce ne fut plus désormais qu'une province de l'Asie, et une fraction ordinaire du monde, dans lequel la main de fer du maître la fit violemment rentrer.

Les îles du Japon, restées seules aux extrémités de l'Asie et de la grande conquête, comprirent quelle était la destinée du monde : elles furent occupées sur divers points et presque sans résistance par les nombreux corps d'armée des généraux Bertrand, Bachelu, Decaux, Dode, Contamine, Michaux, Delcambre, Ambert et Jamin. Parvenue à ce dernier terme, l'expédition d'Asie fut achevée. — Elle avait duré quatre ans.

CHAPITRE XVI.

UNE PRÉTENDUE HISTOIRE.

—

On voit et l'on sait le but où va cette histoire, *la Monarchie universelle*. C'est là où Napoléon l'a menée à travers d'innombrable victoires, des actions si éclatantes et des choses si merveilleuses que l'histoire s'égare et se trouble en essayant de les envisager pour les reproduire.

Pour ma part, je suis las de ces conquêtes, et malgré une assez grande sobriété de victoires que le lecteur aura pu remarquer dans ces pages, je suis cependant comme écrasé sous le poids de cette histoire glorieuse et véridique; mais au moins puis-je me rendre ce témoignage, du milieu de mon entreprise, que j'ai toujours songé à l'honneur de mon pays et à la gloire de l'empereur, et que je n'ai rien omis de ce qui les rehaussait l'un et l'autre; pour cela je n'ai eu qu'à me retourner vers le passé, à voir, et à écrire, et il s'est trouvé que j'écrivais une narration monumentale.

Après s'être rendu le témoignage d'avoir été vrai dans ce qu'il avait raconté de ces grandeurs, l'écrivain ne peut-il point exprimer son indignation pour le romancier coupable qui aurait pris à tâche d'insulter à un grand homme, et d'avilir sa patrie, en façonnant pour la postérité je ne sais quelle ignoble et détestable invention dont la honte doit retomber sur son auteur.

On m'a deviné, et l'on sent que je veux parler de cette fabuleuse histoire de France depuis la prise de Moscou jusqu'à nos jours, de cette histoire accueillie je ne sais par quel caprice, qu'on retrouve partout reproduite sous toutes les formes, et répandue à ce point que dans les siècles à venir la postérité doutera si ce roman n'est pas l'histoire.

Moi, il me prend au cœur de flageller cette odieuse fable; et suspendant ma grande histoire, entre l'Asie qui vient de tomber et le reste du monde qui va succomber à son tour, je vais vous raconter où l'auteur anonyme de ce mensonge a traîné son imagination.

Il a dit ce qui était de Napoléon et de l'Europe jusqu'en 1812, mais quand il en est venu à l'apparition des Français devant Moscou, voici ce qu'il invente.

Moscou brûle, et les Russes vont à Saint-Pétersbourg chanter un *Te Deum* parce que leur ville est prise et brûlée. Pour Napoléon, il ne trouve rien de mieux, lui, l'homme de l'activité et du génie, que de le faire s'arrêter trente-cinq jours entiers à pousser du pied les charbons de la ville embrasée; et comme si l'empereur n'avait fait tant de choses que pour assister à ce lointain feu de joie ou de détresse, il fait bientôt sa retraite vers la France; et quand il veut fuir de cette contrée, voici qu'une catastrophe affreuse abîme ses armées dans les glaces de la Bérésina, tandis que l'empereur, s'enveloppant dans sa pelisse, laisse là ses soldats glacés et mourants, part en poste avec le duc de Vicence, et rentre à Paris.

Alors commence l'année 1813, que l'anonyme a faite si fatale à l'empire et à l'empereur.

La Prusse trahit Napoléon et se joint aux Russes; l'Autriche, l'Autriche! qui lui donna sa fille, à qui il avait donné trois fois la vie, l'abandonne aussi et entre dans la coalition du nord. Et Napoléon, qui lutte en vain à Lutzen, qui est écrasé à Leipsick, laisse sur les champs d'Allemagne ses Français par milliers, ses braves généraux et son Poniatowski morts.

Cette triple alliance entraîne après elle l'Allemagne et le reste du nord; tous envahissent la frontière en 1814, et ils entrent en France!....

Horribles impostures!

Alors tout se dissout, dit-il; l'ennemi gagne de plus en plus du terrain, ses victoires comme ses défaites l'approchent sans cesse de Paris : Arcis-sur-Aube, Montmirail, La Ferté, Paris enfin, partout des combats, Paris enfin, et il y entre.

Oh! mon Dieu! mais tout ceci est aussi faux qu'absurde!

Puis, le sénat, qui tremblait et devenait pâle quand un huissier criait à sa porte: l'empereur! le sénat le traite comme un commissaire de police ferait d'un voleur, il le juge, il le chasse, il le brise. Et Napoléon, accoutumé sans doute à obéir à ce sénat, surtout quand il en est insulté, fait comme lui, il se chasse, il se brise, il abdique.

Alors tous les alliés, car toute l'Europe est

devenue alliée depuis ces choses, l'Angleterre, l'Espagne, la Hollande, la Suède, la Bavière, tous ont voulu en être ; alors, ils enlèvent Napoléon du milieu de la France et le jettent comme souverain dans une petite île, l'île d'Elbe, je crois, à une portée de télescope de l'Italie, à quelques lieues de la France, afin que tous ces grands politiques puissent s'endormir plus tranquillement, affranchis ainsi de leur prisonnier. Tous fondent sur la France et la dévorent; ils arrachent par lambeaux ce que cent conquêtes lui avaient apporté de richesses et de monuments ; ils refoulent cette lave, qui avait débordé sur eux, et placent pour gardien de ces restes une vieille race de rois qui avait depuis vingt ans quitté la France. Cela se nomme une restauration ; et une fois ce mot de restauration trouvé, l'auteur, à qui il plaît, sans doute, se met à l'appliquer à tous les royaumes voisins : Ferdinand a sa restauration à Madrid, et en chasse Joseph; un autre roi a la sienne à Naples dont il expulse Murat; le roi de Hollande a aussi la sienne, mais il n'y avait pas de roi à remplacer quand il revint, car l'empire allait jusque-là.

Cependant l'auteur, au milieu de ce coupable roman, s'avise d'une assez grande chose.

UNE PRÉTENDUE HISTOIRE. 343

Napoléon se lève au 1ᵉʳ mars 1815, et repoussant son île d'un pied, il pose l'autre en France, marche pendant vingt jours, au milieu des acclamations unanimes, entre à Paris, trouve le lit encore chaud du roi que sa venue chasse, s'y couche et se réveille au matin du 21 mars, encore empereur de France et des Français.

Mais comme si cette grande invention l'eût épuisé, l'auteur fléchit aussitôt et retombe au plus bas ; il ne sait plus que créer d'horribles désastres. Il invente je ne sais quel nom funeste de Waterloo, à qui il immole cent mille Français ; et ne pouvant rien imaginer de nouveau après cette infamie, il refait les mêmes calomnies, redit une autre invasion d'ennemis en France, raconte encore des restaurations, et répudie une dernière fois Napoléon qu'on va jeter sur une autre petite île de l'Océan, à deux mille lieues de l'Europe, où le grand homme meurt quelques années plus tard d'un squirre dans l'estomac.

Voilà ce que ce menteur a fait de Napoléon et de l'histoire, et malgré cette confusion inouie d'absurdité et de honte, je ne sais quel caprice l'a accueilli avec un intérêt dont on ne peut guère se rendre compte. On a rappelé ces choses avec complaisance dans les conversations et dans les livres, on en est venu à ce point d'y ajouter je ne sais quelle croyance vague qui leur a donné comme une apparence de réalité. Mais c'était un devoir pour un historien de cœur de répudier tous ces contes, et de dire haut au monde que cette histoire n'est pas l'histoire, que ce Napoléon n'est pas le vrai Napoléon.

CHAPITRE XVII.

LA NOUVELLE-HOLLANDE.

Je reprends ma véritable et grande histoire.

Napoléon, après avoir rassemblé une partie de sa flotte dans le golfe de la mer Jaune, mit à la voile le 1ᵉʳ janvier 1825. Grand et mémorable événement que ce départ du conquérant et de ses vaisseaux, laissant, après quatre années d'occupation, de succès et de conquêtes, l'Asie à laquelle il n'avait plus rien à demander ! A mesure que le vaisseau s'éloignait, Napoléon regardait sans cesse cet immense continent qui diminuait et s'effaçait dans les brouillards de l'horizon ; il semblait retenir encore du dernier de ses regards la dernière apparence de ces contrées devenues les siennes. Avec elles il avait gagné la moitié de l'univers, et il ne cachait déjà plus ses pensées, lorsque, perdant les côtes de vue, il s'écria : « Adieu donc, Asie ; avec toi j'ai accompli la moitié de mon œuvre. »

Il ne consentit pas à suivre l'avis des officiers de marine, qui avaient tracé la route à la flotte impériale dans la mer de Chine vers le détroit de Malaca, pour la faire rentrer dans la mer des Indes, et de là se diriger vers l'Europe. Sa volonté aventureuse se plut à braver les dangers en se frayant une route à travers les archipels et les rescifs de l'Océanie. Il fit marcher ses navires en avant, et de par lui, jusqu'au milieu de la mer des Moluques. Sa fortune et l'habileté de ses pilotes gardaient miraculeusement les vaisseaux à travers ces terres amphibies qui dardent du fond de l'Océan leurs flèches aiguës et douteuses, tandis que les courants les plus rapides les entourent en mugissant, et augmentent encore les dangers. Lui cependant touchait à Bornéo, abordait à Batavia, traversait les mers redoutables des Moluques, et allait faire reposer son pavillon et sa flotte dans le golfe de Carpentaria.

Quel étrange spectacle n'était-ce pas que cette apparition du Napoléon de l'Europe et de l'Asie sur les côtes sauvages de la Nouvelle-Hollande ! Mais il y avait là une énigme irritant la sagacité du souverain du vieux monde. Cette contrée vierge, dont on ne connaissait jusque-là que la ceinture toute brodée des noms illustres de navigateurs français, offrait un mystère étrange à l'histoire et à la géographie. Les côtes seules avaient été visitées, sans qu'on eût pu pousser les découvertes au-delà de quelques lieues dans l'intérieur. Il semblait que la nature eût interdit aux hommes l'accès de ce monde inconnu ; elle l'avait entouré d'obstacles, et à peu de distance des côtes élevé de toutes parts des chaînes continues de montagnes, murailles immenses et naturelles qui gardaient pour toujours ces contrées des découvertes.

Pour toujours ! jusqu'à ce que l'homme fût arrivé qui, après avoir vaincu les hommes, savait aussi dominer la nature. Cette barrière insurmontable fut à son tour surmontée quand Napoléon le voulut.

La flotte ayant pris terre à l'extrémité la plus méridionale et la plus profonde de la baie de Carpentaria, l'empereur fit débarquer deux mille hommes de troupes avec de grands approvisionnements, et, se portant directement vers le midi, il déclara qu'il voulait aussi faire ses découvertes.

A mesure qu'on avançait vers le centre de l'île, le sol s'élevait, et des montagnes ardues se dressaient à l'horizon, paraissant n'être que la continuation des chaînes circulaires dont une partie a reçu le nom de montagnes Bleues, près de Sidney et de la baie Botanique. Quoiqu'elles parussent impraticables, la nouveauté de l'entreprise inspira tant d'énergie à la petite armée, qu'elle les eut bientôt dépassées, et que, vers le mois de juin 1825, elle avait atteint les cols les plus élevés, et se trouvait sur les versants opposés et méridionaux.

Arrivés là, l'empereur et l'armée eurent le plus étrange des spectacles : au lieu des terres que l'on avait cru découvrir, se développa aux yeux une grande mer méditerranée, un océan nouveau, du milieu duquel, à de lointaines distances, s'élevaient des collines enflammées et des volcans sans nombre, dont l'éruption fut bientôt reconnue être continuelle.

Napoléon, frappé de surprise à cette vue, n'en fut que plus porté à continuer et à compléter sa découverte ; il fit construire sur les côtes encore vierges de cette mer nouvelle le premier bâtiment qui eût vogué sur ses flots. Il y posa le premier le pied, et s'embarqua sur cette onde inconnue.

Une petite flotte fut bientôt créée avec une célérité surprenante ; elle s'éparpilla sur cette mer, en reconnut les côtes et les sinuosités, et s'approcha des volcans et des îles, toutes inhabitées, mais dont quelques-unes étaient chargées d'une végétation admirable. Napoléon se plut à donner aux plus importantes les noms de ses généraux les plus chers, et quand on lui demanda de donner à son tour son nom à cette mer, il refusa, car c'était depuis long-temps une décision arrêtée dans sa pensée de garder son nom pour lui-même ou pour un monde peut-être, comme s'il eût dédaigné de le rétrécir aux étroites proportions d'une mer ou d'un continent.

Il donna à cette méditerranée le nom de *mer Neuve*.

Les géographes et les mathématiciens de l'expédition reconnurent et mesurèrent son étendue, qui est d'environ sept cents lieues de longueur dans sa plus grande dimension, sur cinq cents lieues de large. Aucun canal ne paraît la réunir à l'Océan ; elle occupe ainsi le centre de la Nouvelle-Hollande, qui l'entoure de ses terres comme d'un anneau, ou semblable à un vase immense qui renfermerait ses ondes.

Sur les versants intérieurs de ces montagnes aucun objet nouveau ne parut mériter l'attention des voyageurs. Çà et là se rencontraient quelques peuplades misérables et abruties des deux races malaise et nègre qui se partagent la Nouvelle-Hollande. L'histoire naturelle découvrit un assez petit nombre d'animaux nouveaux, offrant toujours ces types bizarres déjà signalés dans ces contrées, et elle eut à reconnaître dans les autres règnes quelques rares mais non moins extraordinaires caprices de la nature.

Cette grande question géographique désormais éclaircie, l'empereur poursuivit sa navigation sur la mer Neuve, aborda aux côtes du sud-est, franchit les montagnes Bleues, jusqu'alors infranchies, et entra, vers les premiers jours du mois de septembre de la même année, dans sa jeune et belle ville de Sidney, qui, nouvellement fondée, offrait déjà à cette extrémité du globe la civilisation avancée des premières villes de l'Europe.

La flotte laissée dans la baie de Carpentaria avait reçu l'ordre de rejoindre l'armée de découverte sur ces côtes; elle y avait devancé l'arrivée de Napoléon : il put donc s'embarquer aussitôt pour l'Europe. Mais, avant de lever l'ancre, et au moment de se séparer de la plus grande partie de ses vaisseaux, il les divisa en plusieurs escadres, et leur donna mission de se répandre dans les archipels de l'Océanie, afin de tout soumettre et de planter dans chaque île de la mer Pacifique ses aigles et ses étendards tricolores.

Lui-même, n'ayant conservé avec lui que cinq vaisseaux, quitta le port magnifique de Sidney, peu de jours après y être arrivé, et fit voile vers le cap de Bonne-Espérance pour retourner en Europe.

CHAPITRE XVIII.

ILE SAINTE-HÉLÈNE.

La traversée de Sidney au Cap ne fut remarquable que par sa rapidité. Napoléon, qui ressentait le plus vif désir de revoir sa France et son Europe, ne s'arrêta que fort peu de temps sur la terre d'Afrique, dont il avait cependant décidé la future conquête, mais par ses armées seules, sans que lui-même y prît part. Il avait je ne sais quelle horreur pour cette grande péninsule. C'était en Afrique qu'il avait connu pour la première fois dans sa carrière militaire ce que c'était que la défaite et la fuite; et aujourd'hui qu'il était arrivé au plus haut de sa puissance, il dédaignait d'y couvrir ses anciens malheurs par des victoires. Il savait d'ailleurs que ce continent était rempli de son nom et de sa renommée, que les profondeurs les moins abordées retentissaient de ses louanges, et que dans ces espaces les nations, comme entraînées par un instinct inexplicable, appelaient à elles le vainqueur de l'Asie, avec ses lois et sa foi religieuse. Napoléon savait donc qu'il n'avait qu'à faire traverser ces pays par une croix surmontée d'une de ses aigles pour que la noire Afrique vînt s'agenouiller et courber son front devant ce double signe du Dieu du ciel, et du roi de la terre.

Les nouvelles qu'il reçut au Cap de cette disposition des nations africaines réjouirent le grand empereur, mais ne purent le retenir davantage. Les armées auxquelles il avait réservé la mission de traverser l'Afrique dans tous les sens pour la lui soumettre n'étaient point encore arrivées d'Asie ; les flottes qui devaient les transporter parcouraient en ce moment les mers de l'Inde : il était inutile de les attendre, il était si sûr de ses soldats et de l'Afrique, des vainqueurs et des vaincus ! Cette conquête, selon lui, était plutôt un passage qu'une expédition, et il croyait d'ailleurs que dans ces contrées barbares le bruit de son nom aurait au moins autant de force que sa présence même.

Il quitta le cap de Bonne-Espérance, et, favorisé par les vents, il se trouva bientôt en vue de l'île Sainte-Hélène.

Nous devons nous arrêter ici pendant quelques instants, et parler de l'impression extraordinaire que l'aspect de cette petite île au milieu de l'Océan produisit sur l'âme de Napoléon. Au moment où, les matelots ayant signalé l'île, le général Bertrand vint apprendre que Sainte-Hélène apparaissait à l'horizon, l'empereur pâlit, une sueur froide parut tout-à-coup se répandre et briller sur son front; on eût dit qu'un danger inconnu, qu'une apparition effrayante étaient venus glacer son âme et son sang. « Sainte-Hélène! » dit-il d'une voix sombre, et il laissa tomber sa tête sur sa poitrine, comme oppressée d'une douleur poignante.

Les rois et les généraux le regardaient stupéfaits, ne pouvant comprendre cet effroi. Le temps était calme, la navigation rapide et heureuse, et l'approche de Sainte-Hélène, île de repos pour les navires dans ce grand voyage de l'Inde, était un autre bonheur pour les matelots et l'armée, qui allaient renouveler l'eau et les vivres, et toucher la terre.

L'amiral Duperré, commandant le vaisseau, vint prendre les ordres de l'empereur, et lui demanda quand il faudrait aborder.

ILE SAINTE-HÉLÈNE. 355

— « Jamais ! » répondit ou plutôt cria Napoléon.

Tous étaient pétrifiés d'étonnement et presque de terreur.

— « Que le vaisseau s'éloigne au plus tôt de l'île, sans y aborder. »

Il fut obéi. Le vaisseau, se dirigeant vers l'occident, traversa comme avec indignation la mer, et s'éloigna rapidement de l'île.

Cependant l'empereur parut dominer cette émotion incomprise. Monté sur le pont, et le télescope dirigé vers Sainte-Hélène, il la contemplait avec une sombre attention que personne n'avait encore osé interrompre, lorsque le vieux Dolomieu, qui, ne voyant partout que la science et ses effets, s'imaginait aussi que l'attention de l'empereur était toute minéralogique, dit :

— « Mais cette terre n'est véritablement que le produit de plus de vingt volcans qui s'y sont éteints.

— « Je les lui referai », dit l'empereur.

Dolomieu ne comprenait pas plus que les autres, et il allait naïvement demander à l'empereur ce qu'il voulait dire ; mais, voyant le calme profond où tous semblaient retenus, il se tut lui-même par une sorte d'instinct.

Lorsque le vaisseau, voguant vers le nord-ouest, eut perdu de vue l'île Sainte-Hélène, Napoléon parut soulagé ; il redevint calme comme s'il avait retrouvé la liberté de son esprit, et sembla même avoir oublié tout-à-fait cette émotion qui l'avait si vivement saisi.

Un an plus tard, on put comprendre le sens et le but de ces paroles, mais non pas leur motif, lorsque, à son retour en Europe, l'empereur, ayant envoyé une escadre à Sainte-Hélène, fit transporter à bord des vaisseaux tous les habitants et toutes leurs richesses. L'île, ainsi dépeuplée, fut minée dans tous les sens, remplie dans ses plus grandes profondeurs de volcans factices et puissants qui rassemblaient dans eux tout ce que la physique la plus nouvelle avait pu réunir de forces en gaz comprimés, en vapeurs terribles, en poudres destructives; et, quand tout eut été disposé, alors l'escadre s'éloigna en mer, à plus de cinquante lieues de cette île infernale. L'explosion de toutes ses mines éclata avec un retentissement épouvantable et tel qu'à cette distance les vaisseaux l'entendirent et en furent émus, et que la mer, soulevée par ces désordres immenses, prolongea jusqu'à eux un reste encore terrible d'agitation et de tempête.

Les vaisseaux retournèrent, aussitôt après l'explosion, sur les espaces où Sainte-Hélène avait existé; mais ce ne fut que pour assister aux derniers écroulements de quelques restes calcinés qui semblaient n'être demeurés jusque-là que pour constater leur agonie et leur mort à la face de leurs bourreaux. Enfin, ces fragments furent enlevés par la mer le 5 mai 1827. Tout fut consommé, et, l'Océan ayant labouré de ses vagues furieuses la place où l'île avait existé, il n'en resta plus aucun vestige, et les navires purent désormais traverser sans danger cet espace où, depuis la création, la terre avait jusqu'alors incessamment régné.

Quoi donc avait motivé cette condamnation à mort d'une île par un homme? Était-ce caprice, souvenir, horreur, crainte superstitieuse? Qui le sait?

CHAPITRE XIX.

APPARITION.

L'escadre impériale, en quittant Sainte-Hélène, arriva si rapidement en vue du cap Vert, et la navigation fut si heureuse, qu'on eût dit que c'était une marche triomphale sur l'Océan, et que les vagues silencieuses et obéissantes se regardaient aussi comme vaincues.

Mais, à la hauteur du cap Vert, la mer parut retrouver son indépendance; une tempête effroyable s'éleva, qui dura plusieurs jours. Les vaisseaux, dispersés par les vents à de grandes distances, espérèrent en vain de se réunir; des pluies incessantes, une obscurité continuelle rendaient la navigation aussi incertaine qu'elle était difficile; ce fut au point que les pilotes et les officiers de marine, au milieu de ces désordres de la nature, ne pouvaient plus reconnaître la route qu'ils devaient suivre ni leurs positions sur ces mers.

Quelques-uns pensaient que le navire impérial avait été repoussé vers le sud, et ne devait pas être éloigné de l'île de l'Ascension ; d'autres se croyaient plus près des côtes d'Afrique et de la Sénégambie ; quelques-uns encore soutenaient que la tempête avait chassé le vaisseau jusque dans les mers du Brésil.

L'empereur, aussi calme dans la bataille des éléments qu'au milieu des tempêtes guerrières qu'il avait si souvent soulevées sur la terre, contemplait avec je ne sais quelle émotion satisfaite ce grand tumulte de l'Océan, comme si cette agitation sublime se trouvait de mesure avec la grandeur de son âme.

Cependant, on continuait à ignorer la véritable position où se trouvait le vaisseau, les autres navires avaient disparu, et la plus grande incertitude mêlée de terreur régnait dans tous les esprits.

Tout-à-coup un matelot, placé en observation dans les huniers les plus élevés, cria qu'il apercevait une terre à l'horizon.

Aussitôt les officiers de marine dirigèrent leurs télescopes vers le point annoncé ; ils cherchaient avec sollicitude à reconnaître les côtes qui résoudraient le doute dans lequel ils étaient plongés.

Mais cette reconnaissance était inutile; cette terre lointaine n'offrait à leurs yeux aucun des aspects des côtes connues : c'était comme une île nouvelle au milieu de l'Océan, ou plutôt cette apparition ne ressemblait à rien de ce que la terre avait montré jusque-là à l'horizon des mers.

Bien plus, à mesure que le vaisseau avançait vers ce point, et que cette terre grandissait dans son éloignement, l'apparition devenait de plus en plus extraordinaire, elle les frappait tous de surprise et presque d'effroi, car ce n'était plus une terre qui s'élevait ainsi, mais un fantôme, un géant, Napoléon !

C'était lui! A chaque instant que les voiles gonflées du vaisseau l'entraînaient vers ce point, le géant grandissait toujours et développait de plus en plus avec ses formes prodigieuses une ressemblance incontestable avec l'empereur. C'était lui : sa tête historique se détachait au sommet de la montagne; il semblait avoir les bras croisés sur sa poitrine, et se reposer comme assis sur un rocher.

Cette apparition semblait encore éloignée de plus de trente lieues, lorsque déjà l'équipage avait reconnu dans son admiration l'image de Napoléon.

Quelques jeunes matelots plus craintifs et plus superstitieux s'approchaient de lui, et se demandaient si ce n'était pas le soleil levant qui s'arrêtait derrière le vaisseau pour projeter et fixer au firmament l'ombre immense de Napoléon.

L'empereur lui-même ne savait que penser, son cœur bondissait d'une joie surnaturelle ; il lui semblait sans doute qu'il y avait dans ceci quelque chose de plus que terrestre, qui pourrait bien être une transition de ce monde d'ici-bas, dont il avait déjà assez, vers ce monde d'au-delà, auquel il rêvait.

Le vaisseau avançait rapidement, et la statue-montagne se dressant jusqu'aux nuages, on reconnut qu'elle avait plus de dix mille pieds de hauteur, et que sa base se baignait dans la mer.

La ressemblance de ses formes avec celles de l'empereur était si remarquable, et tel était l'art avec lequel elle avait été construite, que depuis l'instant où, à plus de quarante lieues, le premier matelot avait crié en l'apercevant : « Napoléon ! » cette ressemblance avait sans cesse augmenté, et qu'arrivé à ses pieds, l'équipage, en levant la tête pour la revoir dans les cieux, s'écriait plus stupéfait encore : « Napoléon ! »

En abordant, et seulement alors, les officiers de marine reconnurent que cette terre était Ténériffe. La statue était le pic lui-même, dont les formes avaient été miraculeusement sculptées, afin qu'il sortît de cette montagne l'image colossale du souverain du vieux monde.

C'était le trophée de gloire préparé à Napoléon par l'Europe, comme s'il ne pouvait plus être fait d'arc triomphal pour une tête si haute. Depuis cinq années, les trésors, l'enthousiasme et les bras des Européens s'étaient acharnés à cette montagne, et l'avaient assouplie aux formes de l'empereur. Les plus illustres artistes, David à leur tête, avaient été convoqués pour cette merveilleuse entreprise, et, depuis cinq années, des armées de sculpteurs, employant plus souvent le canon et la mine que le ciseau, s'étaient constamment occupés de ce monument prodigieux qu'ils venaient de terminer.

L'empereur trouva dans l'île les rois de l'Europe, ses ministres et sa cour. Tous étaient venus jusque-là à la rencontre du souverain absent depuis six années, l'attendant à l'abri de sa statue.

Le secret le plus profond avait été gardé à

l'égard de l'empereur et des siens, et cette surprise augmentait son émotion. Aussi, témoignait-il hautement sa reconnaissance et son admiration pour un si singulier hommage.

Il resta dix jours dans l'île, se promenant souvent autour de son colosse, le contemplant avec orgueil et amour, en frère et en maître.

Les quatre vaisseaux égarés par la tempête avaient éprouvé de leur côté le même étonnement à la vue du pic de Ténériffe ainsi transformé ; ils s'étaient dirigés vers l'île, où ils retrouvèrent le vaisseau impérial.

Pour compléter ces merveilles, et comme si la nature avait voulu participer à ces hommages, le volcan eut sa furie et ses flammes pendant le séjour de l'empereur à Ténériffe. La nuit surtout faisait apparaître un sublime spectacle : la statue se détachait du ciel, découpée par la lumière de la lune ; le volcan dardait ses flammes au sommet, et couronnait comme d'un panache de feu la tête de Napoléon, tandis que la lave liquide et rouge circulait sur sa poitrine, et y dessinait, comme un large cordon, un fleuve de pourpre et de flammes.

Et, quand il se fut rassasié de cette gloire, il quitta l'île avec sa cour et ses vaisseaux, et se dirigea vers l'Europe.

CHAPITRE XX.

RETOUR.

Ce retour en Europe fut, comme le reste, une merveille.

Il revenait, le souverain de l'Europe, le vainqueur de l'Asie, le maître des mers, le dominateur du vieux monde, le grand homme, le héros, le demi-dieu, le dieu !

C'était ainsi qu'on le nommait, qu'on le célébrait, qu'on l'adorait.

Il revenait après six années d'absence et d'exploits inouis ; son Europe, veuve de lui depuis si long-temps, le redemandait avec enthousiasme, et la France, sa chère France, bondissait de joie à l'annonce de sa venue.

Je ne sais si l'on peut appeler une marche triomphale les douze journées qui s'écoulèrent depuis son débarquement à Marseille jusqu'à son arrivée à Paris. Comment nommer et exprimer ce délire, cette frénésie de joie, ces acclamations continuelles, cette exaltation enflammée, qui l'accueillaient, le pressaient, le traînaient pendant ces deux cents lieues de marche? Il y avait des millions d'hommes et de femmes sur les routes; et une multitude d'habitants de Paris et des villes du nord étaient venus jusqu'à Marseille, pour le revoir des premiers, l'accompagner et le suivre.

Les scènes les plus extraordinaires signalèrent cet enthousiasme ; nous en redirons quelques-unes.

A deux lieues d'Aix, un village de trois cents habitants, nommé Ormoy-les-Aix, dans les murs duquel l'empereur devait passer, incendia d'un commun accord les maisons étroites et ignobles qui le composaient ; et, les ruines étant déblayées en quelques instants, un chemin large, semé de fleurs et bordé d'arbres verts et de guirlandes, ouvrit soudainement une route nouvelle au souverain.

A Aix, une femme d'un haut rang fut saisie d'une si grande joie lorsqu'il apparut, qu'elle tomba morte en criant : « Vive l'empereur! »

Dans tout le Midi, des actes d'une admiration frénétique eurent lieu ; des hommes se précipitaient sous les roues de sa voiture et criaient aux hommes qui la traînaient : « Avancez donc! nous voulons mourir devant lui et pour lui! »

Car, depuis Marseille, le peuple ne souffrait pas qu'un cheval fût attelé à cette voiture sacrée, lui-même s'y attachait en foule, et il y avait des luttes ensanglantées pour obtenir cet honneur.

A Valence, Napoléon étant descendu pour prendre un moment de repos, la voiture fut enlevée, détruite, déchirée en mille morceaux; le bois, le cuivre, le fer lui-même se brisaient sous cet enthousiasme comme le verre le plus friable; les morceaux innombrables de cette grande relique étaient répandus parmi la foule, tandis qu'une voiture magnifique, envoyée en hommage par la ville de Lyon, était substituée à celle qu'on venait d'anéantir.

Mais à Lyon surtout, ce délire fut à son comble; il y avait des rues entières dont le pavé était recouvert des plus riches étoffes de soie, des velours les plus précieux. A mesure que la voiture avançait, les hommes jetaient sous les roues de l'or et de l'argent, les femmes se dépouillaient avec des cris de joie de leurs parures et de leurs écharpes et les répandaient à terre, et l'empereur, le cœur gonflé de bonheur, s'avançait ainsi sur un char traîné par un peuple sur ce fumier d'or et de soie.

Il est à remarquer comme un trait caractéristique de cet enthousiasme, qu'aucune de ces pièces d'or ou d'argent ne fut enlevée ou prise par qui que ce fût; mais, après le départ de l'empereur, elles furent recueillies avec respect et versées dans le trésor de la commune. Les étoffes de soie et de velours que le passage de la foule et les traces des roues avaient si vivement altérées, n'en furent que plus recherchées, et les femmes les plus brillantes s'en parèrent avec fierté. On les appelait des *étoffes au pavé.*

A Châlons-sur-Saône, un monument triomphal d'une forme nouvelle et gigantesque apparut de loin et long-temps avant que l'empereur ne fût arrivé aux portes de la ville. C'était un globe colossal sur lequel était dessinée la géographie de la terre; ses dimensions étaient extraordinaires, et un de ses pôles semblait enfoncé dans le sol.

Quand Napoléon fut près de ce singulier trophée, il y lut ces mots en lettres d'or : « *Au maître du monde.* »

— « Pas encore, » dit-il en souriant à ceux qui l'entouraient.

— « Mais bientôt! » lui répondit une voix inconnue que l'empereur rechercha au milieu de la foule, mais qu'on ne put retrouver.

L'empereur devint sérieux; il marcha vers le globe qui s'entr'ouvrit à son approche, il le traversa avec un sentiment d'admiration et de plaisir, car l'immense enceinte de cette sphère était resplendissante de lumières, de fleurs, de femmes merveilleusement parées, d'une musique délicieuse et d'enthousiasme.

A Auxerre, un jeune homme se précipita au milieu du peuple qui précédait la voiture de l'empereur; il était armé d'un pistolet dont il se brûla la cervelle.

Napoléon s'étant approché de ce malheureux qui vivait encore, lui demanda avec intérêt d'où venait cet acte de désespoir.

— « Je voulais que votre majesté prît garde à moi, » dit le jeune homme, et il expira.

CHAPITRE XXI.

AJACCIO.

L'entrée de l'empereur dans la capitale de l'Europe surpassa encore en pompe et en enthousiasme tout ce qu'on avait vu jusque-là, et il y aurait de la témérité à essayer de raconter ce que ceux qui en ont été témoins croient à peine eux-mêmes.

Parmi les hommages qui vinrent se verser à ses pieds, et que les peuples et les rois s'efforçaient de rendre plus dignes de lui, Napoléon distingua surtout celui des habitants de sa ville natale, de ses compatriotes, des Français d'Ajaccio.

Tous s'étaient réunis en une immense députation, tous sans qu'aucun eût manqué; les femmes, vêtues uniformément en blanc avec des ceintures tricolores, étaient précédées par les hommes, les enfants venaient ensuite, et sur des chars qui suivaient étaient les vieillards, les malades et ceux qui ne pouvaient marcher à côté de leurs concitoyens, afin que tous fussent présents à cette réunion.

Le jardin des Tuileries était rempli de cette population. L'empereur descendit du palais et les reçut sur les degrés du pavillon de l'Horloge, et le colonel Fesch, maire d'Ajaccio, et parent de Napoléon, s'étant avancé de quelques pas, se prosterna avec respect et prononça ce discours :

« Sire,

«Nous venons aussi apporter à votre majesté les hommages et le tribut de respect et d'enthousiasme des habitants de notre ville, de votre ville d'Ajaccio.

« Ajaccio, sire, était trop glorieuse d'avoir vu naître votre majesté dans son sein, pour qu'elle ne songeât pas à le manifester au monde par une grande décision.

« Sire, nous avons décidé que personne à l'avenir ne pourrait plus naître où vous avez vu le jour.

« Nous avons tous abandonné nos habitations et détruit notre ville ; en ce moment nos frères des autres villes de Corse élèvent ces ruines volontaires en une haute pyramide qui portera au ciel et aux temps à venir le témoignage de notre résolution.

« Au pied de cette pyramide on lira ces mots :

« Ajaccio *où naquit* Napoléon.

« Sire, il vous aurait fallu voir cette joie unanime avec laquelle nous quittâmes les maisons de nos pères! avec quel enthousiasme nous assistions à leur destruction! Il n'y avait qu'une pensée, la vôtre, qui absorbait toutes les autres en enthousiasme et en amour.

« Sire, pendant que nous sommes tous à Paris, nos frères de Corse nous rebâtissent une autre ville, auprès de celle que nous avons fièrement et librement sacrifiée, et nous demandons à votre majesté qu'elle accorde à cette cité nouvelle le nom de Napoléon. »

L'empereur ne répondit pas d'abord, mais une larme brilla dans ses yeux. Il embrassa avec effusion le colonel Fesch, et s'écria à haute voix : « Mes amis! mes compatriotes! je voudrais vous embrasser tous. »

En ce moment les rangs des habitants d'Ajaccio se rompirent, et ils se précipitaient aux pieds de l'empereur qui traversait cette foule avec un attendrissement qu'il ne pouvait plus maîtriser.

Il leur dit encore : « Vous m'avez donné une ville, je vous en donnerai une autre, et elle sera digne de vous et de mon nom, que je lui donne. »

A ses ordres rapidement exécutés, la nouvelle Ajaccio, nommée *Napoléon*, s'éleva comme par un prodige, et au bout de quelque temps tous ses habitants quittèrent la France, comblés de faveurs et de présents de l'empereur, et entrèrent dans cette ville que Napoléon avait fait construire à ses frais et avec la plus grande magnificence.

Depuis cette époque Napoléon parut réconcilié avec la Corse, qu'il avait semblé oublier ou méconnaître jusque-là; mais ce grand témoignage de l'amour de ses compatriotes réveilla en lui les sentiments les plus vifs, et la Corse fut désormais une de ses provinces qu'il chérissait le plus.

CHAPITRE XXII.

EXPÉDITION D'AFRIQUE.

—

Dès l'année 1824, et lorsque l'empereur venait de terminer en Chine et au Japon la conquête de l'Asie, il avait projeté la conquête de l'Afrique. Il savait que dans cette contrée la nature était son seul ennemi, car, depuis plusieurs années, travaillés et soulevés par les bruits de gloire que le nom de Napoléon avait répandus sur eux, les Africains, loin d'opposer des obstacles, n'attendaient, dans une sorte de fatalité calme, que sa venue pour se soumettre.

Cette expédition, qui n'est pas ce qu'il y a de moins extraordinaire dans la vie de Napoléon, est trop connue et trop admirablement racontée dans l'histoire qui en a été donnée au public sous les auspices du roi de Silésie, Louis Napoléon, pour que je m'y appesantisse dans ces pages; je ne veux donc en donner qu'un aperçu rapide, en y mêlant les faits que j'aurai plutôt choisis par hasard qu'à cause de leur véritable importance.

L'empereur, avant de commencer cette conquête, possédait déjà dans ce continent de nombreux états, et surtout la plus grande partie de sa ceinture. C'est ainsi que les états barbaresques, l'Égypte, la Nubie, les côtes du canal de Mozambique, le cap de Bonne-Espérance, une chaîne presque continue d'établissements sur les côtes de Guinée et de la Sénégambie, et enfin toutes les îles de cette partie du monde, appartenaient déjà à l'empire de Napoléon.

L'intérieur de l'Afrique restait seul inconnu et indépendant de sa puissance. Deux années suffirent à une exploration et à une conquête également complètes.

Cinq armées d'expédition abordèrent presque en même temps cinq parties différentes du littoral de l'Afrique. La première, l'expédition principale, commandée par le roi de Silésie, Louis Napoléon, général en chef des quatre autres armées, descendit sur les côtes du Sénégal; le maréchal Molitor occupa le Congo; parti du cap de Bonne-Espérance, le prince de Hohenlinden eut à soumettre l'extrémité méridionale de l'Afrique, en remontant dans le nord jusqu'au Monomotapa ; le duc de Bellune fut chargé de la conquête de la Cafrerie, et le maréchal Belliard dut s'emparer de l'Abyssinie et du Darfour.

Un même système liait et dominait ces cinq expéditions. Il était composé de ces deux pensées : Établissement du christianisme et conquête. Il était formulé par ces deux noms : le Christ et Napoléon. Il avait pour symbole la croix au haut d'un drapeau tricolore.

Cet envahissement simultané d'un continent avait été combiné avec tant d'art que deux années suffirent à son accomplissement, et virent le commencement et le terme de la conquête sur les cinq points différents où elle avait été portée.

Sur tous ces points, et dans tous les pays qu'elles traversèrent, les armées furent accueillies par les Africains aux cris de *Napoléon*. D'ailleurs, aucune lutte, aucune bataille, aucune résistance ; les troupes européennes s'avançaient sans crainte dans l'intérieur du pays, et partout, à leur approche, les rois à la tête de leurs peuples, les chefs précédant leurs tribus, venaient s'agenouiller devant la croix aux flammes tricolores. Tous disaient que les prédictions des temps passés étaient accomplies ; tous apportaient leurs idoles, dont la divinité était épuisée, disaient-ils ; ils les foulaient aux pieds avec délire, et les brûlaient eux-mêmes devant la croix victorieuse. Les sectes mahométanes rejetaient leur islamisme, et l'impulsion était si violente, que les nations venaient spontanément au-devant des Français, pour abjurer plus tôt leur culte et leur indépendance.

Tous demandaient Napoléon, et l'absence de la divinité agrandissait encore le mystère.

Les armées européennes admiraient cet accueil et cette soumission que leur faisait le nom seul de leur empereur. Partout elles étaient fêtées ; tout leur était apporté en abondance, et les rigueurs inaccoutumées de ces climats leur étaient amoindries, et les obstacles aplanis par les Africains qui les servaient avec un dévoûment exalté.

Les routes de l'Afrique, devenues chemins militaires sous les soldats de Napoléon, furent alors rendues libres aux découvertes. Cette grande et mystérieuse partie du globe fut désormais sillonnée et parcourue dans tous les sens ; les voiles qui la recouvraient tombaient à chaque pas ; ses fleuves, sans commencement ni fin, retrouvaient leur source et leur embouchure ; les lacs douteux, les mers inconnues, les villes incertaines ou ignorées apparaissaient enfin et donnaient leurs noms et leurs secrets aux vainqueurs, et, dans les deux années qui avaient suffi à ces cinq expéditions, l'Afrique fut aussi complètement explorée et connue que soumise.

Commencée au mois de juin 1825, cette conquête immense était totalement achevée au mois de mars 1827, et le 20 mai suivant, le roi de Silésie, ayant rassemblé dans Tombouctou, qu'il avait choisie pour sa résidence, tous les rois, chefs et princes souverains de toutes les contrées de l'Afrique, il leur fit solennellement prêter un serment de fidélité et de soumission à l'empereur Napoléon, nouveau souverain de l'Afrique.

Le roi de Silésie data bientôt de la même ville, au nom de l'empereur, des décrets qui divisaient l'Afrique en trente-deux cercles, ou provinces, au commandement desquels il nomma trente-deux généraux français des armées de l'expédition. Cela fait, une administration provisoire uniformément établie, les cultes mahométan et idolâtre détruits, la croix et le drapeau impérial dominant toutes les villes et les moindres villages, et le nom de l'empereur devenu sacré et partout répété, le roi Louis Napoléon rassembla dans le delta du Niger la partie des armées françaises qu'il ne voulut pas laisser en Afrique, et il s'embarqua au mois d'août 1827 pour l'Europe, après avoir gagné un continent à son frère.

CHAPITRE XXIII.

AFRIQUE.

—

Je ne m'appesantirai pas, comme je l'ai dit, sur les détails d'une conquête où les idées furent les seules armes, où un nom et une croix suffirent pour tout soumettre.

Au milieu des faits les plus bizarres, des renseignements les plus curieux, des circonstances les plus pleines d'intérêt, je choisirai quelques détails comme je le croirai à propos. Libre par dessus tout dans ma marche historique, je cueille ce qui me plaît, je prends ce qui convient le mieux à ma pensée.

La géographie eut d'importantes découvertes à enregistrer; on détermina la jonction des deux chaînes de montagnes de Kong et de la Lune; il fut reconnu qu'elles ne forment qu'une seule grande chaîne, véritable colonne vertébrale de l'Afrique, commençant à l'ouest près du Sénégal, traversant le continent qu'elle partage ainsi en deux plateaux inégaux d'étendue et de niveau, et allant se perdre sans discontinuité vers le détroit de Babel-Mandel. Ces divisions naturelles admises, on nomma l'une d'elles l'Afrique du nord, l'autre l'Afrique du sud.

Les trois grands fleuves de l'Afrique furent reconnus depuis leur source jusqu'à leur embouchure.

1° Le Nil, qui prend sa source dans le Donga, descend des montagnes de la Lune et se jette dans la Méditerranée.

2° Le Niger, qui voit sa source naître sur le versant septentrional des montagnes de Kong, dans la Sénégambie, remonte vers le nord, se divise en deux branches, dont l'une court au nord-ouest se grossir et se perdre, sous le nom de Sénégal, dans l'Océan au-dessus du cap Vert, tandis que le grand Niger, continuant son immense cours vers le nord-est, marche vers l'orient sous le nom de Quorra et Djoliba, traverse plusieurs lacs, notamment les lacs Dibbie et Soudan; et, après avoir baigné les murs de Tombouctou, retourne tout-à-coup vers le sud, franchit la chaîne des montagnes de Kong, qui, dans ce point, s'abaissent et lui ouvrent un passage, traverse majestueusement la Guinée, et vient jeter ses eaux immenses au cap Formose dans une multitude de branches et de fleuves formant en cet endroit un delta d'une étendue extraordinaire.

3° Enfin, le Zaire ou Congo et le Zambeze ne forment d'abord qu'un seul fleuve qui prend sa source au centre des versants méridionaux des montagnes de Kong et de la Lune, descend pendant trois cents lieues vers le sud, se divise à Houllah et étend ses deux grands bras en deux fleuves non moins considérables que le Niger, dont l'un vient jeter ses ondes dans l'Océan sur les côtes de Guinée en prenant le nom de Congo, tandis que l'autre, se dirigeant vers l'est, va sous le nom de Zambeze se verser dans le canal de Mozambique.

Ce sont les trois grands fleuves de l'Afrique désormais connus et sans mystères dans leur source, leur cours et leur fin.

On soupçonnait l'existence d'une mer intérieure dans ce continent, et déjà quelques voyageurs européens avaient reconnu les rivages du lac Tchad, mais ils n'avaient vu là qu'un lac considérable. Les observations nouvelles lui assignèrent une telle étendue, qu'elle dépassait de beaucoup celle de la mer Noire, et cette masse intérieure d'eaux reçut le nom de mer Tchad.

Mais ce qui excita au plus haut degré l'admiration et la surprise, ce fut la connaissance de cette ville mystérieuse de Tombut ou Tombouctou, dont les uns récitaient tant de merveilles, tandis que d'autres en avaient à plaisir diminué la grandeur et affaibli l'importance. Tombouctou, occupée par l'armée française, sous le commandement du roi de Silésie, fut enfin connue et comptée parmi les plus grandes villes du globe. Sa population s'élevait à plus de cinq cent mille âmes; plusieurs quartiers sont bien bâtis et l'on y remarque quelques édifices d'une architecture bizarre et colossale. Son beau port sur le Niger est le plus fréquenté de l'Afrique. Elle est le centre du commerce de ce continent; des canaux nombreux qui circulent dans la ville augmentent encore l'importance de ce port, et dans les magasins et les marchés qui bordent ces canaux intérieurs les soldats européens voyaient avec autant de surprise que de joie toutes les marchandises de leurs villes d'Europe.

Une scène des plus touchantes émut l'armée entière, lorsque les autorités de Tombouctou amenèrent en triomphe au roi Louis Napoléon deux prisonniers blancs détenus dans cette ville.

On reconnut avec joie dans eux deux voyageurs célèbres qui avaient désespéré de revoir jamais leurs compatriotes et leur patrie ; c'étaient le chirurgien Dickson, ami de Clapperton, et le major Laing, dont on avait annoncé la mort en Europe.

Le bruit se répandit aussi que Mungo-Park vivait encore à Boussa, dans le royaume de Bergou ; le roi de Silésie envoya au plus tôt vers cette ville un détachement pour recueillir des renseignements sur ce malheureux voyageur. On arriva bien à temps, car Mungo-Park vivait encore, mais sa tête était affaiblie, ses facultés intellectuelles l'abandonnaient comme ses facultés physiques ; une vieillesse douloureuse, que les chagrins et les souffrances avaient avancée, le retenait sur un lit d'agonie. Cependant la vue des blancs et le son des langues européennes lui firent éprouver une sensation convulsive de joie ; mais cette secousse même fut trop violente. Il reprit l'usage complet de ses sens pendant quelques instants, montra quelques manuscrits et quelques restes de ses collections qu'il avait pu arracher à ses ennemis, et il expira le même jour où ses yeux avaient revu ses compatriotes.

Ces manuscrits furent d'un grand secours dans

la reconnaissance du pays situé entre Tombouctou et Boussa.

L'intérieur de l'Afrique révéla les faits les plus nouveaux et les plus curieux en histoire naturelle. Pline avait eu raison de le dire : *Africa semper aliquid novi offert.* A chaque pas la nature déployait toutes les magnificences inconnues de ses règnes, des plantes bizarres, des minéraux dont on ne soupçonnait pas l'existence, des animaux d'espèces et de familles toutes nouvelles.

Et l'industrie qui suit la conquête mettait à profit ces merveilles.

Enfin, l'histoire, elle-même, fut pour ainsi dire retrouvée en Afrique; des peuplades ignorées du monde, qu'elles ignoraient pareillement, en gardaient les trésors : les oasis semées dans le désert avaient conservé, comme des Herculanum intellectuelles, les vieilles traditions des temps passés. Peut-être reparlerons-nous plus tard de l'oasis de Boulma, trouvée dans le *Donga*, mais on ne peut oublier la découverte de l'oasis de *Theot*, dans les déserts de la Lybie, où fut retrouvée une colonie de prêtres égyptiens dont l'origine remontait aux premiers Pharaons, et qui, pour échapper à la persécution et à la mort, avaient traversé le désert et avaient enfin abordé à cette île de verdure, au milieu des flots de sable. Réfugiée là, oubliée depuis plus de trois mille ans, cette colonie sacrée avait vécu, conservant les traditions de la langue, de la religion et de l'histoire égyptiennes; étrangers au mouvement du monde extérieur qui n'existait pas pour eux, ils avaient conservé pure et sans l'augmenter leur civilisation d'autrefois : ils rendirent avec fidélité le dépôt du passé; ils livrèrent le vieux secret des hiéroglyphes et des autres langues égyptiennes, et les voiles mystérieux tombèrent avec cette découverte.

CHAPITRE XXIV.

DEUX ROIS.

—

La nouvelle de la conquête de l'Afrique n'arriva en France que plus d'une année après le retour de l'empereur.

Depuis ce retour Napoléon avait repris l'immense gouvernement de l'Europe, auquel il venait de joindre encore ceux de l'Asie et de l'Océanie. Des ministères nouveaux, des fonctions et des administrations nouvelles, avaient été créés; ces institutions, toutefois, n'avaient pas ce caractère décisif et fondamental que Napoléon avait l'habitude d'imprimer à tous ses actes; on croyait y trouver quelque chose de provisoire et de passager qui n'était pas dans sa manière. Ceux qui faisaient ces remarques ne jugeaient pas cependant l'empereur, ils attendaient au contraire, certains qu'ils étaient que tout avait sa cause et sa raison dans sa profonde volonté.

Pendant la conquête de l'Asie, Napoléon avait placé le prince de Talleyrand à la tête du gouvernement civil et politique de l'Europe, et le maréchal duc de Dalmatie avait été chargé du gouvernement militaire.

En revenant en Europe et en ressaisissant le pouvoir, l'empereur avait été si plein de satisfaction à la vue de cette Europe florissante et heureuse que le prince de Bénévent lui rendait après cinq années d'absence ; il avait été également si satisfait des relations continuelles que le duc de Dalmatie avait, avec tant d'habileté, établies avec l'armée victorieuse d'Asie, toujours aidée dans ses marches et ses conquêtes par les prévisions et les envois du maréchal, qu'il résolut de leur manifester hautement le contentement qu'il avait ressenti de leurs services.

Vers cette époque, au mois de septembre 1826, le duc de Parme, prince Cambacérès, archichancelier de France, mourut, laissant vacante une des plus grandes dignités de l'empire. Cette position si élevée devint le but de toutes les ambitions ; les personnages les plus illustres, les plus hauts fonctionnaires de l'état et de l'Europe, la recherchaient avec la plus vive ardeur. On assure même que le roi de Sardaigne, en sollicitant cette dignité de l'empereur, avait offert de résigner en échange sa majesté royale.

Le *Moniteur* du 2 octobre 1826 leva tous les doutes ; il contenait le décret suivant :

« Napoléon, empereur des Français, souverain d'Europe, souverain d'Asie, souverain des îles de l'Océanie ;

« Voulant témoigner au prince de Bénévent et au maréchal duc de Dalmatie la haute satisfaction que nous avons ressentie de leurs éminents services pendant notre expédition d'Asie ;

« Nous décrétons ce qui suit :

« Art. 1er. Le prince de Bénévent est nommé *roi* ;

« Il prendra rang parmi les rois de l'Europe, et participera aux délibérations du conseil des rois.

« Art. 2. Le maréchal duc de Dalmatie est nommé *roi* ;

« Il prendra rang parmi les rois de l'Europe, et participera aux délibérations du conseil des rois.

« Art. 3. M. Dupin aîné, avocat, membre du corps législatif, est nommé archichancelier de l'empire, en remplacement du prince duc de Parme, décédé.

« Donné au palais impérial de Fontainebleau, ce 1ᵉʳ octobre 1826.

« NAPOLÉON.

« Par l'empereur,

« Le duc de BASSANO. »

Ainsi, Napoléon augmentait le nombre des rois en affaiblissant leur caractère ; ils ne formaient plus véritablement que le premier des quatre corps de l'état, qu'on pouvait désormais ranger dans cet ordre :

Les rois ;
Le conseil d'état ;
Le sénat ;
Le corps législatif.

La nomination de M. Dupin étonna beaucoup la cour, mais ne surprit pas la nation.

CHAPITRE XXV.

SÉANCE DE L'ACADÉMIE DES SCIENCES.

Le lundi 23 octobre 1826, l'académie des sciences était assemblée en l'une de ses séances ordinaires. Geoffroy Saint-Hilaire était président; le comte Humphrey-Davy vice-président, et Cuvier et Delambre, secrétaires perpétuels, étaient au bureau. M. Ampère occupait en ce moment la tribune, où il lisait un mémoire du plus haut intérêt sur son admirable théorie des courants électriques. L'académie était absorbée dans l'attention que commandait ce travail d'une des plus hautes intelligences de nôtre âge, lorsque tout-à-coup un murmure se répandit dans l'assemblée, une agitation extraordinaire saisit tous les membres à l'arrivée d'un étranger, qui, vêtu d'un habit noir et décoré de l'ordre de la Légion-d'Honneur, parut à la porte de la salle, entra mystérieusement, fit un geste de silence qui arrêta tout-à-coup ce murmure, et, s'étant approché d'une table, trouva un fauteuil vide, et y prit place.

Cependant M. Ampère, cet homme de génie dans lequel il y avait autant du Leibnitz que du Lafontaine, et dont l'extrême distraction est aussi connue que la haute intelligence, n'avait pas remarqué ce mouvement, bientôt diminué par l'intérêt même de sa lecture, et sans doute aussi par le soin qu'avait mis à le calmer l'inconnu qui venait d'arriver.

Le mémoire lu, M. Ampère le remit sur le bureau de l'académie, et recueillit de toutes parts les témoignages d'admiration que ce beau travail méritait si bien.

Ces témoignages avaient retenu pendant quelques minutes l'honorable académicien, qui ne retourna que plus tard à sa place.

Mais quel ne fut pas son étonnement de voir son fauteuil occupé par cet étranger qu'il ne connaissait pas ! M. Ampère, un peu piqué, tournait avec une sorte de gêne autour de ce fauteuil dont on s'était emparé ; il toussait avec embarras et affectation, et cherchait avec cette urbanité naïve, qui était une de ses manières, à faire deviner à l'usurpateur la nécessité de quitter le siége usurpé; mais soit qu'on ne le comprît pas, ou qu'on ne voulût pas le comprendre, l'inconnu restait à cette place.

M. Ampère, s'enhardissant de plus en plus, commençait à murmurer plus distinctement; il disait à ses voisins d'une façon détournée, mais assez claire pour que l'inconnu pût le comprendre, qu'il était étrange que l'on prît ainsi une place sans autres formes; et comme il rencontrait partout un sourire silencieux, il éprouva un véritable mécontentement, et dit à haute voix à M. Geoffroy Saint-Hilaire :

— « Monsieur le président, je dois vous faire remarquer qu'une personne étrangère à l'académie occupe un de nos siéges, et a pris place parmi nous. »

Cette déclaration occasiona une grande rumeur ; et M. Geoffroy Saint-Hilaire répondit à M. Ampère :

— « Vous êtes dans l'erreur, monsieur; cette personne à laquelle vous faites allusion est un membre de l'académie des sciences.

— « Depuis quand ? dit M. Ampère fort étonné.

— « Depuis le 5 nivôse an VI, répondit l'étranger.

— « Et dans quelle section, s'il vous plaît ? reprit M. Ampère avec une certaine ironie.

— « Dans la section de mécanique, mon savant collègue, répondit en souriant l'étranger.

— « Cela est un peu fort, » ajouta M. Ampère, et prenant un *Annuaire de l'Institut* qui se trouvait là, il l'ouvrit avec vivacité, et y lut à cette date le nom de *Napoléon Bonaparte*, membre de l'académie des sciences, nommé dans la section de mécanique, le 5 nivôse an VI.

C'était l'empereur qui venait de la hauteur de son rang courber sa tête sous le niveau de la science.

M. Ampère, fort troublé, se confondait en excuses; il avait une vue fort affaiblie, il ne reconnaissait pas l'empereur.......

— « Voilà l'inconvénient, monsieur, lui dit le souverain, qu'il y a à ne pas connaître ses collègues; je ne vous vois jamais aux Tuileries : nous vous forcerons bien d'y venir. »

Ces paroles, dites avec une extrême bienveillance, rassurèrent l'illustre géomètre, et ayant trouvé un autre fauteuil vide, il alla s'y asseoir sans autre réclamation.

M. Geoffroy Saint-Hilaire demanda à l'empereur s'il permettait la continuation de la séance.

— « Sans doute, dit Napoléon ; il n'y a rien de nouveau : l'assemblée est plus complète, voilà tout. »

M. le comte de Laplace parut à la tribune, et lut un mémoire que Napoléon parut écouter avec un vif intérêt.

Un ingénieur étranger à l'académie succéda à M. de Laplace, il lut un discours sur les ponts souterrains construits sous les lits des fleuves. M. Brunel racontait les merveilleux travaux qu'il venait d'achever à Londres.

Après cette lecture, le président de l'académie eut à nommer une commission, pour faire un rapport sur ce mémoire.

L'académie éprouva une profonde surprise quand M. Geoffroy Saint-Hilaire dit à haute voix :

— « Je nomme membres de la commission qui examinera le travail de M. Brunel, *S. M. l'empereur*, MM. Monge et Poisson. »

Tous les yeux se tournèrent vers l'empereur, qui, se levant à demi, dit qu'il acceptait cette mission avec plaisir.

Cette séance mémorable fut alors levée. L'empereur demeura quelques instants au milieu de ces savants illustres qui l'entouraient de leur reconnaissance et de leurs hommages. Il s'entretint avec quelques-uns des matières les plus sublimes des sciences, puis il remonta en voiture, et retourna au château.

CHAPITRE XXVI.

VOYAGE DE L'EMPEREUR.

—

A la fin de l'année 1826, Napoléon quitta Paris, et conçut le projet de visiter les quatre capitales de son empire, Rome, Constantinople, Amsterdam et Londres.

Il alla d'abord à Rome. Près de Gênes, on lui fit remarquer, entre cette ville et Livourne, sur une côte escarpée, un rocher qui s'avance dans la mer, et sert de point de vue aux navires de ces deux villes.

Les anciens avaient eu, disait-on, l'intention d'en faire un colosse qui eût été aperçu des distances les plus éloignées.

Michel-Ange avait été saisi de la même pensée.

Enfin, pendant l'expédition d'Asie, cette pensée, toujours reproduite, avait eu un commencement d'exécution, mais l'entreprise bien autrement extraordinaire du Ténériffe avait fait abandonner et oublier celle-ci. La partie supérieure du rocher avait seule été sculptée, et le reste avait conservé sa forme naturelle.

L'empereur examina avec intérêt ce monument, mais il défendit impérieusement de l'achever.

Rome, depuis le premier voyage de 1816, avait repris sa grandeur d'autrefois ; assainie, repeuplée, redevenue vivante, elle comptait alors plus de cinq cent mille âmes ; les habitations reconquéraient les espaces laissés déserts dans son enceinte immense, et ces constructions nouvelles occasionant des fouilles continuelles, révélaient les antiquités les plus curieuses, faisaient reparaître des monuments admirables.

Le pape, oncle de l'empereur, l'attendait à la porte du Peuple avec toute la population de Rome. On remarqua l'accueil que se firent ces deux hautes puissances; tous deux s'embrassèrent cordialement, et la vieille étiquette du saint-siége fut oubliée devant le souverain de l'ancien monde.

Après avoir demeuré quelques semaines à Rome, Napoléon alla à Ancône, d'où il s'embarqua pour Venise. En voyant cette reine des mers, aujourd'hui découronnée et esclave, il la prit en pitié, et fut ému de sa misère ; il se rappela comme un remords que c'était lui qui, à la fin du siècle dernier, étant général, avait terminé la longue existence de cette noble république, et tué d'un seul coup son commerce, sa puissance et sa vie. Il exprima hautement sa pensée de lui restituer sa grandeur, et comme sa compassion allait toujours de front avec sa politique, il voulut, en restituant à cette ville des mers quelques-uns de ses anciens priviléges, lui rappeler le commerce de la Méditerranée, et refonder sur ce point un des ports les plus importants de la monarchie française.

De Venise il alla à Constantinople.

C'était un spectacle à confondre la pensée que celui de cette capitale, depuis que les Turcs, emmenant avec eux leur culte et leurs usages, l'avaient abandonnée. C'était alors une ville chrétienne. Sainte-Sophie était redevenue la cathédrale ; il y avait un préfet de Constantinople, quatre maires et des administrateurs comme dans le reste de l'Europe ; un grand nombre de familles françaises y avaient établi leur résidence, et déjà la langue française y était devenue la langue usuelle. On ne pouvait sans surprise songer à ce qu'était cette ville douze années auparavant, lorsque le despotisme turc la possédait, en contemplant ce qu'elle était maintenant depuis que la civilisation impériale, succédant à tant de barbarie, l'avait changée et refondue. En ce moment le Théâtre-Italien y donnait les représentations les plus brillantes. Lablache, Rubini, Davide, Tamburini et Mmes Sontag, Malibran, Pasta et Mainvielle-Fodor, y chantaient avec un succès extraordinaire le magnifique opéra la *Napoleone* de Rossini et l'*Asia liberata* de Meyerberr. L'empereur assista plusieurs fois à ces représentations.

Sur les ruines de l'Eski-Seraï, dans l'intérieur de la ville, M. Scribe avait fait construire un vaste théâtre qu'il dirigeait, et où il faisait jouer ses opéras-comiques et ses vaudevilles. Ce genre de spectacle, déjà acclimaté dans l'Orient, y obtenait un grand succès.

Pendant son séjour à Constantinople, l'empereur posa la première pierre d'une Bourse et d'une cour impériale ; ces deux monuments furent construits en face l'un de l'autre, sur la grande place de l'Al-Meidan.

Ce séjour fut encore signalé par une découverte des plus importantes. Lors de la prise de Constantinople, le trésor du sérail avait bien été trouvé, mais on avait été surpris de la médiocrité des choses qui y avaient été laissées, et l'on supposait avec quelque raison que les Turcs, vaincus, avaient pris leurs mesures pour faire disparaître à temps et enlever la plus grande partie de leurs richesses.

Ce fut Napoléon, lui-même, qui résolut ce problême. Étonné de la construction singulière de la partie du sérail appelée le *trésor*, il en ordonna la démolition, et lorsque le sol déblayé de ces bâtiments eut été fouillé, on aperçut à quelques pieds de profondeur des escaliers de marbre qui apparurent pour la première fois, et conduisaient dans des galeries souterraines également revêtues de marbre et ornées d'une multitude de lampes d'argent, depuis plus de dix années éteintes. Au milieu de ces galeries s'élevaient les meubles et les buffets renfermant les immenses trésors de toute nature acquis et accumulés par les mahométans depuis le commencement de leur monarchie. On restait frappé d'admiration devant cette quantité prodigieuse de richesses de tous les âges. L'inventaire seul a lui-même quelque chose de fantastique, comme les merveilles des contes de l'Orient. Et si l'empereur éprouva quelque joie à cette découverte, elle ne put se comparer à celle des savants de l'Europe lorsqu'ils apprirent que là se retrouvaient, intacts et merveilleusement conservés, les manuscrits de ces grands auteurs de l'antiquité, crus perdus pour toujours, et sans espoir de les retrouver jamais. Parmi les découvertes les plus importantes on compte en première ligne celle des poèmes d'Orphée et des comédies de Ménandre, les histoires de Sanchoniaton et de Trogue-Pompée, l'histoire de Salluste, et la collection complète des poèmes de Varius, ami de Virgile.

Après cette découverte, et après avoir fait réparer quelques-uns des aquéducs de cette ville et surtout l'aquéduc de Justinien, presque entièrement ruiné, l'empereur quitta Constantinople, au mois d'avril 1827, et, suivant la route militaire, revint avec rapidité à Paris, qu'il ne fit que traverser, pour aller à Londres et de là à Amsterdam. Ces deux villes n'avaient rien perdu de leur grandeur, mais elles n'offrirent rien de nouveau à ses regards et à sa politique.

Napoléon était de retour de cette grande visite faite à ses capitales au mois de juin de la même année 1827.

CHAPITRE XXVII.

PRESSENTIMENTS DES PEUPLES.

Si l'homme s'écartait quelquefois de cette raison glacée qui le trompe avec ses vains calculs, il serait frappé d'étonnement à la pensée des mystères qui l'entourent et le pressent ; mais il les rejette fièrement parce qu'il ne les a pas compris, et s'en moque parce qu'il ne peut s'en rendre compte.

Ainsi il ne veut accepter qu'une moitié de la nature, celle qui pour lui est matérielle, mesurable dans ses dimensions, visible dans ses aspects, ou tout au moins discutable dans son existence; mais si on lui dit qu'un fait est arrivé d'une nature au dessus de la sienne, se passant dans une région plus haute où sa raison ne peut atteindre, il méprise, il nie.

N'est-ce pas là, cependant, une de ces choses

surnaturelles, et dont l'histoire a recueilli de fréquents et authentiques exemples, que ces bruits qui se répandent tout-à-coup, annonçant à l'avance les grands événements avant qu'ils puissent être connus, avant même qu'ils puissent être réalisés. Ainsi des voix prophétiques étaient entendues dans Rome et dans toute l'Italie, pendant les jours qui précédèrent la mort de César. Ainsi des courriers inconnus traversaient les villes de Picardie et de Flandre, s'écriant que Henri IV venait d'être assassiné, quelques jours avant que l'attentat eût été consommé.

Il en était de même dans toute l'Europe ; des voix venaient murmurer à toutes les pensées le mot de *monarchie universelle*. Toutes les âmes étaient saisies de ces mots; tous les hommes en parlaient avec une conviction sainte. Le monde, disaient-ils, est désormais acquis à la domination de l'empereur; aucune terre sur le globe n'est déjà plus en dehors de sa puissance. L'œuvre est accomplie.

Ils parlaient ainsi, et cependant il n'y avait de connu encore que la souveraineté de l'Europe et la conquête de l'Asie et de l'Océanie; on savait bien que l'Afrique était en ce moment parcourue et sans doute conquise, mais cela n'était point certain, et d'ailleurs aucune nouvelle n'était venue apprendre si l'Amérique avait éprouvé quelque changement dans sa position politique à l'égard de l'empereur. Il y avait lieu de croire au contraire que les révolutions incessantes du nouveau monde y occupaient exclusivement les nations, et que Napoléon, tout entier au vieux continent, ne songeait point à elles. Néanmoins on voyait depuis quelque temps les télégraphes agiter sans relâche leurs bras mystérieux ; on annonçait que des ambassadeurs avaient débarqué à Cadix et à Brest; enfin, tous les rois de l'Asie et de l'Europe, les sénateurs, les membres du corps législatif, les grands de l'état, avaient été convoqués pour la même époque, à Paris, et ce concours de circonstances avait révélé sans doute à cette nation pressentante des Français le grand événement qui allait s'accomplir, *la monarchie universelle*.

CHAPITRE XXVIII.

PRÉPARATIFS AU CHAMP-DE-MARS.

—

Un décret d'Amsterdam, en date du 14 mai 1827, avait appelé en une assemblée générale, présidée par l'empereur, le conseil des rois et les corps de l'état. Cette solennité était fixée au 4 juillet ; et déjà l'on préparait au Champ-de-Mars une tente aussi magnifique qu'immense ; elle s'adossait au palais de l'Ecole militaire qui formait un de ses côtés, et elle s'étendait jusqu'au milieu du Champ-de-Mars.

Tout Paris assistait à la construction de cet édifice d'un moment. On voyait avec admiration le luxe napoléonien y éclater de toutes parts. Un trône, d'une élévation inusitée, montait jusqu'au premier étage du palais, et les fenêtres du balcon n'étaient plus que les portes qui introduisaient à ce trône. Les marches descendaient jusqu'au sol, recouvertes de velours, d'or et de pierres précieuses.

Pour soutenir la toiture de toile qui recouvrait la tente dans une étendue aussi grande, on avait eu recours à des moyens nouveaux. Des ballons remplis de gaz hydrogène étaient répartis et fixés sur divers points, et leurs forces ascendantes, habilement calculées, soulevaient les étoffes et les soutenaient dans les airs avec une merveilleuse harmonie.

Des trônes, des amphithéâtres, des ornements de la plus grande somptuosité étaient disposés dans l'intérieur de cette tente; les velours, les marbres, les métaux précieux, les pierreries, les fleurs les plus rares venaient chaque jour s'y accumuler pour préparer dignement le temple à la solennité encore inconnue.

Cependant, tous les peuples et tous les rois y semblaient conviés et arrivaient en foule. Paris regorgeait d'étrangers déployant dans la capitale de l'Europe les costumes et les usages de tous les pays du globe.

L'empereur, qui était de retour depuis le 20 juin, n'avait pas paru depuis cette époque; on le disait enfermé dans ses cabinets avec les rois et les ministres, et absorbé dans les travaux les plus importants.

CHAPITRE XXIX.

LE 4 JUILLET 1827.

—

Cette journée, comme toutes les journées impériales, fut belle et pure, tant Dieu était d'accord avec Napoléon.

Dès trois heures du matin, les canons des Invalides, des forteresses de Saint-Denis et de Montmartre, des palais des rois de Rome et d'Angleterre, se firent entendre sans discontinuer; il semblait que ce ne fût qu'un seul coup dont le son aurait duré neuf heures, tant ils se succédaient dans leurs tonnerres. Il fut, dit-on, tiré trois mille trois cents coups.

La tente dont nous avons parlé était recouverte de soie écarlate; les ballons de gaz qui la soulevaient étaient rattachés à la terre par des colonnes dorées, autour desquelles se repliaient les draperies, laissant à jour et libre à la vue l'intérieur de l'enceinte.

Cinquante trônes, placés beaucoup plus bas que celui de l'empereur, dominaient le reste des siéges de l'assemblée où pouvaient s'asseoir plus de dix mille personnes.

Ces trônes et ces siéges étaient depuis plus d'une heure occupés par une foule de rois, de princes, de sénateurs, de membres du corps législatif, de ministres, de grands fonctionnaires, de maréchaux, de généraux, de députés des villes, lorsque, midi sonnant, les fenêtres du palais s'ouvrirent, l'impératrice, précédant la famille impériale, descendit s'asseoir sur une estrade à quelques pieds au-dessous du trône, et bientôt après Napoléon parut.

On ne peut dire les acclamations qui l'accueillirent.

Il n'avait pas le costume impérial, mais simplement son habit de guerre et son chapeau si connu.

Il s'assît sur son trône, la tête couverte. Le silence le plus profond s'établit. Quelques instants après il se leva, et prononça avec enthousiasme ce discours :

« Rois et peuples,

« Je suis maître du monde ! Ma souveraineté n'a plus de bornes sur la terre ; j'ai atteint ce grand but de ma pensée, la *monarchie universelle!*

« Ma monarchie, reprit-il d'une voix éclatante, est universelle!

« Vous savez comment je suis devenu souverain de l'Europe, comment j'ai conquis l'Asie et les îles de l'Océan.

« Je veux vous apprendre comment je suis devenu maître du reste de la terre.

« L'Afrique entière, parcourue par mes armées, a partout reconnu ma souveraineté. Le roi de Silésie, suivi des rois de ce continent, est de retour ; il m'a apporté la nouvelle de cette conquête.

« L'Amérique, qui se dissolvait dans ses révolutions, a compris ma puissance, sa position et les décrets de la Providence. Les chefs des nations du nouveau monde se sont réunis dans Panama, et tous, d'un accord unanime, sont venus se soumettre à ma souveraineté.

« Ainsi a été accompli cet événement immense de la monarchie universelle.

« Rois et peuples de la terre ! je me glorifie de moi et de vous; placé si haut entre Dieu et les hommes, je vous le dis, mon cœur est plein de joie et de fierté.

« Cette puissance, que, depuis le commencement des temps, aucun mortel n'avait atteinte, n'avait rêvée peut-être, avec l'aide de Dieu, je l'ai.

« Mais cette grandeur ne me fera pas oublier mes desseins.

« Maître de tous les pays, souverain de tous les hommes, je veux de plus en plus penser au bonheur de tous.

« Aujourd'hui commence un nouvel ordre de choses.

« Dans ma prévoyance de cet événement, je l'avais déjà préparé. Mes décrets vous apprendront dès demain ce que j'ai décidé.

« Il s'agira d'organiser le monde, et l'unité de ma puissance appelle l'unité de l'organisation.

« La monarchie universelle, fondée sur la terre, est héréditaire dans ma race; il n'y aura plus désormais qu'une nation et qu'un pouvoir sur le globe jusqu'à la fin des temps.

« Rois et peuples, vous m'avez aidé à arriver jusque-là; prenez part à ma gloire comme vous avez pris part à mes travaux. Soyez fiers et heureux comme moi, et avec moi.

« Toi surtout, France, ma fille chérie! sois glorieuse de cette grandeur, et moi, à côté du titre de monarque universel, je garderai toujours celui d'empereur des Français. »

L'empereur termina là son discours. A ces dernières paroles, d'un mouvement spontané et unanime, les rois, l'assemblée et le peuple immense se prosternèrent devant lui. Cet instant où, au-dessus de ce million d'hommes, seul debout, il regardait seul le ciel, dut lui paraître sublime. Il se retira bientôt, superbe et ému ; les acclamations innombrables le poursuivirent dans le palais, et, jusqu'au soir de ce jour, on n'entendit partout que ces cris : Gloire à Napoléon ! Vive l'empereur ! Vive le monarque universel !

CHAPITRE XXX.

LA MONARCHIE UNIVERSELLE.

—

La monarchie universelle ! Combien ont prononcé ces mots qui ne comprenaient pas l'idée qu'ils renferment. Combien le sont balbutiées et répétées froidement ces paroles : enfants, hommes, pédants et rois, qui ne savaient ce que c'était que la monarchie universelle, pas plus que l'infini et que Dieu, dont à chaque instant leurs bouches murmurent les noms.

Ainsi, quand, dans ses conquêtes, un homme avait réuni quelques lambeaux d'empires, et s'était dressé jusque-là d'être maître de quelque coin un peu élargi du globe, il se reposait alors, haletant et essoufflé, dans sa puissance jusqu'à sa mort prochaine. Et les historiens aveugles criaient à haute voix leur mot mystérieux, monarchie universelle, en face de cette monarchie incomplète.

Deux seules intelligences avant Napoléon avaient sondé les abîmes de ce mot : Alexandre de Macédoine, qui, parvenu jusqu'aux bords de la mer des Indes, pleurait amèrement, et s'en prenait aux dieux de ce que les espaces lui manquaient;

L'autre, cet être abstrait, *peuple et siècles* à la fois, Rome ! Rome, dont aucun des enfants, pas même César, ne comprit ce mot, mais qui, en réunissant toutes les pensées de ses Romains dans tous les âges, avait incessamment rêvé la domination de l'univers.

Et lui, le troisième, le dernier dans le temps, mais le premier ou plutôt le seul, Napoléon avait conçu cette idée, il se l'était incarnée, et il créa la monarchie universelle.

CHAPITRE XXXI.

AMÉRIQUE.

—

L'empereur n'avait fait qu'indiquer dans son discours la dernière révolution de l'Amérique ; le lendemain les circonstances en furent connues : on les recherchait avec un bien vif intérêt, car cette soumission faisait de la puissance de Napoléon une puissance universelle, et lui complétait le monde.

Depuis plus de vingt années, l'Amérique, cette terre sans passé, sans races, sans patries, qui, pour remplacer ses enfants égorgés, avait mendié à l'Europe son trop plein de peuples et à l'Afrique le marché de ses douleurs ; cette terre qui, sans avoir eu de jeunesse, était arrivée à la décrépitude au milieu de révolutions innombrables, l'Amérique se dissolvait, et tendait à une ruine complète.

On pouvait la diviser alors en deux parties bien distinctes, l'Amérique espagnole et portugaise, et l'Amérique des États-Unis. Le reste, c'est-à-dire les anciennes possessions anglaises et russes, au nord, et la totalité des Antilles, excepté Saint-Domingue, était déjà sous la puissance directe ou médiate de l'empereur.

Lors des premières guerres d'Espagne et de Portugal, le Brésil et les autres états de l'Amérique du sud avaient levé l'étendard de l'indépendance, et tenté de secouer le joug des métropoles; mais ces tentatives, médiocrement conçues par des hommes médiocres, n'avaient produit dans ce pays qu'un état chronique de guerre civile sans amener ni défaites ni victoires décisives.

Un homme seul, d'un génie élevé et d'un caractère admirable, Bolivar, avait, en 1820 et 1821, affranchi en deux victoires la Nouvelle-Grenade, et fondé au centre de l'Amérique une république nouvelle qu'il nomma Colombie, du nom du grand Colomb. Aussi grand politique que grand capitaine, il avait organisé le nouvel état, et, pendant deux années, il l'avait gouverné avec une administration remarquable; mais, harcelé par l'ingratitude et les tracasseries de ses concitoyens, il avait pris le pouvoir et sa patrie en dégoût, avait laissé l'un et l'autre, et s'était retiré à la Jamaïque où il vivait inconnu et tranquille.

Alors la Colombie, comme le Brésil, le Mexique, le Pérou, le Paraguay où venait de mourir le mystérieux docteur Francia, le Chili et le reste des possessions espagnoles, retomba dans un abîme d'anarchie, de misère et de guerres civiles, et toutes ces nations s'en allaient en lambeaux à la mort, comme des corps que la fièvre et la gangrène tuent.

Au nord, les États-Unis ne présentaient pas un spectacle moins déplorable ; si énergique, si forte dans sa fédération, lorsqu'il s'agissait de vaincre un ennemi commun, cette nation dans la paix et le repos avait senti l'égoïsme s'insinuer au milieu des intérêts divers, disjoindre et corroder les parties de cet ensemble si puissant. Des lois de finance et de commerce sollicitées par les états du nord et repoussées par les provinces du midi commencèrent cette lutte des intérêts, lutte bientôt irritée, changée en haine furieuse et en guerres d'autant plus horribles que les ennemis étaient des frères, et que l'intérêt en était la cause. Le congrès américain se divisa ; deux ou trois fédérations nouvelles avaient tenté de s'établir, divers siéges du gouvernement furent fondés et la jeune république de Franklin et de Washington périssait.

La grande rebelle des Antilles, l'île de Saint-Domingue, après avoir su résister à une expédition française dans les premiers temps de l'empire, succombait actuellement sous la multitude de ses souverains; c'était à qui serait empereur, président, chef, roi, dans cette Amérique africaine, et les nègres, trop rapidement passés de l'esclavage à la politique, s'égorgeaient pour parvenir à la civilisation.

Malgré tant de symptômes de dissolution dans ce continent, l'empereur, occupé de conquérir l'ancien monde, semblait avoir tout-à-fait oublié celui-ci; aucune démonstration, aucune parole, aucun acte n'était venu révéler sa pensée sur l'Amérique.

Sans doute, sa vue profonde considérait de loin l'agonie de ces nations, et sa sagesse attendait le temps. Peut-être aussi des agents inconnus, dispersés dans ces contrées, allaient-ils révélant dans leurs discours cet état funeste et le seul remède possible, l'alliance avec le vieux monde, la soumission à l'empereur. Déjà on commençait à le dire sur tous les points du continent : Napoléon seul pouvait sauver l'Amérique; il fallait d'ailleurs prévenir une conquête imminente. L'Amérique pouvait, par un asservissement libre et opportun, s'assurer des avantages que la conquête militaire aurait amoindris. Dans tous les cas, il n'y avait plus de salut pour elle en dehors de la monarchie napoléonienne.

Telles étaient les paroles et les pensées qui se développaient de toutes parts. Soit qu'elles eussent été semées, ou qu'elles eussent germé d'elles-mêmes, elles devinrent assez considérables pour que les gouvernements ne pussent plus reculer devant elles. Bientôt les sénats et les camps furent assemblés de toutes parts ; une diplomatie rapide et habile harmonisait leurs discussions. Enfin, un congrès général de tous les souverains, présidents, généraux et législateurs des états de l'Amérique, fut convoqué à Panama, et réuni le 7 mars 1827 ; l'île indépendante des Antilles y fut appelée, ainsi que les chefs des tribus sauvages et peu nombreuses qu'on n'avait pas encore tuées dans le continent.

Six séances suffirent à une grande décision.

Sept cent quarante membres des législatures, rois, chefs ou généraux, assistèrent à ce congrès.

La délibération fut courte. Ce fut un consentement sans lutte, de l'enthousiasme sans discussion.

Le 17 mars, le président du congrès, le général Jackson, des États-Unis, lut à haute voix le décret unanimement accepté qui remettait les constitutions, la possession et la domination de l'Amérique et de Saint-Domingue dans les mains de l'empereur Napoléon, souverain de l'Europe, de l'Asie et des îles de l'Océan.

Cet acte ne parvint à Napoléon que quelques jours avant le 4 juillet 1827, et il le tint secret pour le faire éclater avec plus de pompe dans la grande assemblée du Champ-de-Mars.

Les états de la mer Pacifique avaient, comme nous l'avons déjà dit, été parcourus et conquis par les vaisseaux de l'expédition d'Asie. Il ne restait donc plus sur la terre une seule parcelle hors de la puissance de Napoléon; et la surface entière du globe était enserrée dans ces mots : MONARCHIE UNIVERSELLE.

CHAPITRE XXXII.

MONITEUR DU 5 JUILLET 1827.

Le 5 juillet 1827, au matin, parut, épais comme un volume in-folio, tant les suppléments s'étaient accumulés les uns sur les autres, le *Moniteur* de ce jour, et ce journal n'avait jamais mérité mieux son titre d'universel.

Il contenait trente-un décrets.

Celui qui les précédait tous était ainsi conçu :

« Napoléon, empereur des Français, monarque universel de la terre :

« Aux rois et aux nations du monde, salut.

« Pour la première fois depuis le commencement des temps, la surface entière du globe est soumise à une seule domination.

« La monarchie universelle est fondée.

« Dieu a accompli par cet événement inouï la destinée de la terre.

« La guerre est détruite, les temps de la paix sont venus.

« Un nouvel ordre de choses commence, l'ancien ordre finit, la diversité funeste des nations et des pouvoirs est fondue désormais et jusqu'à la fin des temps dans une perpétuelle unité.

« Dieu a placé dans moi et dans ma race cette unité de puissance et de monarchie.

« Que les rois et les nations lui rendent gloire avec moi !

« C'est devant lui et en son nom que j'ai décrété ce qui suit :

« Art. 1er. Les continents, les îles et les mers qui couvrent la surface du globe composent la monarchie universelle.

« Art. 2. Le christianisme est la seule religion de la terre.

« Art. 3. La monarchie universelle réside en moi et dans ma race à perpétuité.

« Art. 4. Le siége de la monarchie universelle est à Paris, capitale de la terre.

« Art. 5. La terre est divisée en quatre parties :

l'Europe, l'Asie à laquelle sont réunies les îles de l'Océanie, l'Afrique et l'Amérique.

« Art. 6. Les quatre parties de la terre sont subdivisées en royaumes.

« Art. 7. La France conserve seule le nom d'empire.

« Art. 8. La guerre est désormais interdite aux rois et aux peuples.

« Art. 9. L'esclavage est détruit.

« Art. 10. Les rois de la terre sont, sous notre souveraineté, chargés en ce qui les concerne de l'exécution du présent décret.

« Donné à Paris, ce 4 juillet 1827.

« NAPOLÉON.

« Par le monarque universel,

« Le roi d'Espagne, NAPOLÉON JOSEPH.

« Scellé du grand sceau de la monarchie
« universelle,

« L'archichancelier, duc D'AMALFI. »

Les décrets suivants fixaient les limites des royaumes dans les quatre parties du monde, et les subdivisaient en départements et autres divisions administratives.

Le troisième fixait l'administration religieuse, et convoquait un concile.

Le quatrième nommait les rois aux royaumes d'Asie, d'Afrique et d'Amérique.

Le cinquième déclarait colonies françaises toutes les îles de la terre, sauf le Japon et les îles d'Europe.

Le sixième fixait les relations des rois et des peuples entre eux, et leurs rapports d'obéissance à l'égard du monarque universel.

Le septième proclamait la constitution nouvelle et universelle de la terre.

Le huitième fondait l'administration générale de la monarchie universelle et l'administration particulière des royaumes.

Le neuvième instituait le conseil des rois, réuni tous les trois ans, à Paris, dans une session de deux mois, et présidé par le monarque universel.

Le dixième donnait pour capitale aux quatre parties du monde Paris, Calcutta, Tombouctou et Mexico.

Un sénat dirigeant, nommé par l'empereur, et présidé par un roi choisi par lui, siégeait dans chacune de ces trois dernières villes.

Le quinzième fixait l'état militaire du globe, créait quatre connétables, et élevait le nombre des maréchaux à cent.

Les autres décets concernaient les douanes,

les finances, la justice, les impôts, les sciences et tous les intérêts des hommes et des états.

On peut juger de l'étendue de ce *Moniteur* et de ces décrets en se rappelant que la seconde édition qui en fut publiée ne contenait pas moins de six volumes in-8°.

CHAPITRE XXXIII.

LE GÉNÉRAL OUDET.

—

Le soir même de la journée du 4 juillet, l'empereur apprit que le général Oudet sollicitait avec la plus grande vivacité une audience intime du monarque universel.

Ceux qui entouraient Napoléon se récrièrent à cette demande; ils exposaient quelle imprudence il y aurait, à l'empereur, à recevoir seul le général Oudet; déjà les plus animés murmuraient contre ce qu'ils appelaient une clémence dangereuse. « Oudet, disaient-ils, loin d'être nommé général et de commander les armées, aurait dû être jeté dans une prison d'état. » Quelques-uns, les plus lâches, parlaient d'exécution militaire, et rappelaient à l'envi les anecdotes déjà anciennes qui avaient signalé la haine du général Oudet contre l'empereur ; comment, en 1804, il était sorti des rangs et était venu insulter publiquement Napoléon ; comment, à Wagram, au milieu des cris de gloire, il avait fait entendre celui de : vive la liberté ! comment enfin il était soupçonné d'avoir fondé dans l'armée des sociétés secrètes conservant encore les dernières idées républicaines, et fomenté ainsi la haine des soldats contre l'empereur.

Ces murmures firent sourire Napoléon. « Ces histoires sont bien vieilles, dit-il; il y a plus de vingt ans que j'ai oublié ces enfantillages. Depuis, j'ai fait Oudet général ; c'est un excellent militaire : sa conduite à Jérusalem a été admirable. Je le verrai. »

L'audience fut accordée pour le lendemain.

Napoléon travaillait dans son cabinet avec le ministre de la justice et le grand-maréchal du palais, lorsque le général Oudet entra.

— « Je suis charmé de vous voir, général, lui dit l'empereur, que me voulez-vous ?

— « J'avais espéré une audience, dit Oudet en promenant ses regards sur les deux ministres.

— « Je vous entends. Messieurs, dit l'empereur au ministre et au duc de Frioul, le général et moi avons besoin d'un tête-à-tête. »

Le grand-juge sortit, et Duroc, regardant d'un œil inquiet l'empereur et Oudet, sortit le dernier, comme à regret et en murmurant.

— « Nous voici seuls, dit Napoléon.

— « Oui! seuls, dit Oudet avec chaleur, et je peux tout dire, et vous pouvez tout entendre; nous voici seuls en présence, vous le despotisme incarné et au faîte de la puissance, moi la liberté mourante et vaincue.

— « Qu'est-ce que tout ceci, mon cher Oudet? dit Napoléon avec un sourire moqueur.

— « C'est le dernier soupir de la liberté, la dernière parole d'un homme indépendant.

— « Que cela soit court, dit l'empereur en fronçant le sourcil.

— « Tant qu'il me plaira, car en ce moment solennel la parole et le temps sont à moi, et vous m'écouterez jusqu'au bout.

— « Insensé! dit Napoléon, et il allait agiter une sonnette.

— « Attendez! dit le général en saisissant d'une main le bras de l'empereur, et de l'autre il tirait de sa poitrine un pistolet.

— «Malheureux! s'écria Napoléon. Eh quoi! un crime, Oudet!

— « Un crime! dit Oudet avec calme, tu ne me connais donc plus, Bonaparte; un crime.... Ce pistolet, c'est moi qu'il atteindra avant que je ne sorte d'ici, c'est ma liberté que la mort, mais avant j'ai voulu te faire entendre une dernière parole. »

En ce moment entra précipitamment le duc de Frioul qui avait entendu les exclamations de l'empereur.

— « Qu'on nous laisse donc seuls, » dit Napoléon avec fermeté.

Et Duroc sortit une seconde fois.

— « Oui, Bonaparte, il faut que je meure, je ne peux plus vivre au milieu de ton despotisme; tu as renié ta mère, tu as étouffé la liberté sous des monceaux de gloire, et on a oublié jusqu'à son nom dans ton empire.

« Tu le sais, car ta police savait tout, et moi je n'ignorais pas ses démarches, j'avais dans ton armée galvanisé quelques cœurs pour les faire tressaillir en secret au nom de la liberté.... eh bien! tous se refroidissent en entendant ton nom, ils m'abandonnent, à peine me reste-t-il quelques fidèles amis; mais rassure-toi, ils mourront tous avec moi, et alors, il n'y aura plus une pensée de liberté sur la terre.

« Mais j'ai voulu du moins qu'une protestation se fît entendre encore une fois au milieu de ta gloire.

« Dans la vieille Rome, tu n'aurais pas triomphé des peuples sans que l'outrage d'un citoyen n'eût précédé ton char.

« Eh bien! c'est moi qui serai ici ton *insulteur* au milieu de cette grandeur surhumaine dont tu nous accables.

« Je te le dis, Napoléon! tu n'es qu'un tyran, tu as tué la liberté. Honte à toi! et que les hommes libres meurent! »

Napoléon, calme mais pâle, écoutait avec sang-froid, et interrompant Oudet avec bonté il lui dit:

— « Je savais tout, Oudet, je connaissais tes conspirations, mais je t'estimais assez pour ne pas te punir, et pour t'élever dans les dignités selon ton mérite.

— « Reprends-les donc ces dignités pour que je meure sans reconnaissance et plus libre! »

Et il arrachait ses épaulettes, déchirait son cordon rouge, et les jetait en débris aux pieds de l'empereur.

— « Eh bien! que ne quittais-tu l'armée, pour aller vivre quelque part, libre et tranquille. »

A ces mots le général Oudet répondit avec la plus grande exaltation.

— «Vivre libre! et où? Tu ne sais donc pas toi-même, Napoléon, ce que c'est que ta monarchie universelle..... Dis-moi donc un coin de la terre qui soit libre? dis-moi le flot des océans qui ne soit point à toi? dis-moi s'il y a une parcelle d'atmosphère et d'air qui ne soit empoisonnée par ton despotisme universel? Et que sais-je, si, fouillant les entrailles de la terre pour y chercher une tombe, je ne trouverai pas encore ta monarchie universelle dans ses profondeurs ! »

L'empereur s'anima à ces paroles, mais c'était d'une joie intérieure; il n'avait jamais mieux senti sa puissance que dans cette imprécation d'un ennemi, et un sourire forçant sa bouche vint s'y épanouir.

Alors Oudet :

— « Souris! Napoléon; triomphe! triomphe ! car tu es le maître du monde, et tu as tué la liberté.... et moi je meurs avec elle!.... »

Il se tira le coup de son pistolet dans la bouche et tomba mort.

On accourut au bruit; l'alarme était dans le palais. Napoléon fit enlever le corps, et dit : — « C'était un brave, mais un fou. »

Il fut enseveli le lendemain; et le soir de ce jour, sur sa tombe encore fraîche, cinq hommes se suicidèrent, deux officiers, un sergent et deux soldats. C'était le reste de la phalange des hommes libres, et il n'y eut plus sur la terre ni homme ni mot pour exprimer l'idée de la liberté.

CHAPITRE XXXIV.

LES JUIFS.

—

Tous les peuples étaient vaincus, tous avaient subi le niveau de la souveraineté de Napoléon, tous sans doute, car si un seul fût demeuré en dehors de cette loi, une armée, une flotte, le nom de l'empereur eussent suffi en peu de temps pour le soumettre.

Et cependant, il existait encore un peuple qui pouvait douter de la conquête; insaisissable comme nation, partout sur la terre et nulle part, circulant, vivant à travers les autres peuples, trouvant partout des patries, et lui-même sans patrie, sans sol, sans terre à qui donner le nom de sa nationalité.

Les juifs, cette nation-mystère, entrée famille en Égypte et sortie peuple, captive à Babylone, vaincue par Alexandre, berceau d'un dieu qu'elle tue et maudit, détruite comme ville, anéantie comme empire, et se répandant sur la surface du globe, pour y accumuler les richesses, y marcher à la tête du commerce du monde, et traîner partout cette loi fatale qui la disperse et la conserve.

Nation d'exilés, mais indestructible; fidèle à la constitution divine de Moïse, de ce Moïse qui de ses mains puissantes les avait si merveilleusement pétris en nation qu'à défaut de sol ils étaient déjà peuple, qu'ils restent peuple depuis qu'ils l'ont perdu, que leur nationalité peut vivre sans patrie, et qu'ils ne cessent pas d'être juifs dans les terres étrangères.

Si Napoléon pensa quelques instants aux juifs, ce fut peut-être lorsqu'il contemplait cette constitution admirable, alors que lui-même songeait à repétrir et à reconstituer l'univers.

Comme conquête, il s'inquiétait peu de ce caractère d'étranger que les juifs tenaient à conserver au milieu des nations qui les laissaient naître et mourir. Il lui suffisait que ces nations fussent vaincues, et les juifs subissaient avec elles la loi commune.

Cependant, l'empereur ressentit une vive satisfaction lorsqu'il sut que les chefs religieux de ce peuple, expliquant leurs traditions, avaient pensé à rassembler leurs frères pour délibérer sur l'état de la nation juive.

Cette célèbre réunion des juifs eut lieu à Varsovie.

Ce fut un curieux spectacle que celui d'une nation convoquée tout entière, représentée dans ce qu'elle avait de plus considérable en hommes illustres, réunie dans une ville du nord pour délibérer sur son existence, et décider s'il fallait abjurer l'ancien culte, anéantir la vieille constitution, accepter une religion ennemie, et se fondre dans des nationalités étrangères.

Mais, tel était l'empire des idées qui avaient saisi le monde, que ces vieux sentiments, si profondément amarrés dans les cœurs des Israélites, faiblissaient et se détachaient au milieu de l'entraînement général : les temps, disaient-ils, étaient arrivés, les traditions accomplies; et la crainte et l'admiration balayaient le reste de leurs doutes.

Le sanhedrin eut une durée de plus d'un mois. Ce fut la dernière de ces assemblées. Dans la dernière séance, tous les juifs, d'un assentiment unanime, abjurèrent leur culte, en déclarant les temps d'Israël accomplis, et tous, d'un commun accord, acceptèrent la religion catholique, en lui sacrifiant leur loi et leur foi.

Un seul parmi eux, *Samuel Manassès*, rabbin de Strasbourg, protesta avec la plus grande violence contre la décision de ses frères, et, dans un moment d'exaltation, il s'écria : « Que le Christ signale donc sa vérité et sa puissance ! Pour moi, fidèle à la loi de mes pères, je le blasphême hautement, et je défie le dieu des chrétiens ! »

Soit que l'exaspération avec laquelle Manassès prononça ces dernières paroles eût rompu chez lui les équilibres de l'existence, soit que le doigt de Dieu l'eût touché, il tomba écumant et frappé. On l'entoura, il n'était déjà plus.

Cette circonstance extraordinaire porta le dernier coup à la religion juive, elle expira cette année avec le culte et les constitutions de Moïse.

Après ce grand sacrifice, les juifs demandèrent avec instance à Napoléon la restitution de Jérusalem et de la Judée; mais cette ville sainte fut refusée à des chrétiens trop nouveaux encore pour posséder le sanctuaire du christianisme.

L'île de Chypre venait d'être dévastée par la peste, les habitants que ce fléau n'avait pas atteints avaient abandonné l'île avec effroi pour se retirer dans l'Asie mineure.

L'empereur accorda cette île aux juifs, ils la repeuplèrent bientôt, et en firent le centre de leur commerce et de leurs richesses. C'était la première fois, depuis leur dispersion, qu'ils se réunissaient sur une terre nationale ; ils y bâtirent une nouvelle *Jérusalem*, et l'île, appelée *Nouvelle-Judée*, ne cessa pas de faire partie de l'empire français, et d'être soumise directement à l'administration impériale.

CHAPITRE XXXV.

UNITÉ. — § 1.

Cependant, le monarque universel étendait sur le monde son grand système d'unité.

L'unité de législation fut la première établie.

Il en fut de même de l'unité de poids et mesures ; de l'unité monétaire : une seule monnaie eut cours dans toute l'étendue de la terre. L'effigie des autres souverains n'y fut pas conservée ; un côté présentait le buste de l'empereur, avec ces mots : *Napoléon empereur des Français ;* et l'autre, un globe avec une aigle aux ailes déployées, et l'exergue *Monarchie universelle.*

Le système d'éducation fut renouvelé et étendu uniformément d'après la restauration habile qui fut due surtout aux remarquables travaux de MM. de Fontanes, Guizot et Brougham.

L'éducation était publique et gratuite. Six degrés d'écoles prenaient les enfants des pauvres et des riches au début de leur pensée, pour les mener successivement aux connaissances les plus transcendantes. Des examens impartiaux admettaient les capables dans le degré supérieur.

L'instruction publique, ainsi renouvelée, fut plus rapide dans son cours, et partout donnée en langue française.

L'empereur tint surtout à établir cette dernière unité de langue. Tous les actes législatifs, administratifs, civils ou autres; les plaidoiries, les déclarations, toutes les paroles et tous les écrits ayant un caractère public, furent nécessairement en langue française. La génération existante se plia d'abord fort difficilement à cette loi, mais celle qui suivit se façonnait dans les écoles au langage universel, et reportait dans la famille ce langage nouveau qui s'y introduisait en maître et remplaçait partout les autres langues.

L'agriculture et le commerce, dirigés par un sénat spécial établi près de l'empereur, gagnèrent, sinon une unité impossible dans des conditions et des climats divers, du moins une harmonie et une balance utiles à tous.

Les sciences, les lettres et les beaux-arts eurent aussi des foyers d'unité dans la capitale du monde ; trois conseils supérieurs dominaient d'autres conseils de seconde classe répandus sur tous les points du globe. Par leur correspondance continuelle ils ramenaient au centre commun les efforts et les résultats du génie, pour les faire rayonner de ce foyer et les répandre aux extrémités de la terre.

Une bibliothèque universelle fut créée, composée de la bibliothèque impériale, complétée dans ce qui lui manquait par toutes les bibliothèques du monde. La multitude des livres, des manuscrits, des estampes qui s'accumulèrent ainsi fut telle, que l'empereur conçut le dessein de réunir ces richesses immenses aux musées encombrés eux-mêmes, et de les placer dans une ville bibliothèque et musée. Versailles fut choisie pour cette destination ; cette ville, par la prodigieuse extension de la capitale de la terre, était déjà liée à Paris et considérée comme un de ses faubourgs ; elle se trouva ainsi être la cité des arts et des lettres, et réunir dans l'immensité de ses palais et de ses galeries ces collections merveilleuses.

CHAPITRE XXXVI.

UNITÉ. — § 2.

Un système universel des postes, singulièrement activé par la création de canaux, de routes en fer, de navires et de voitures à vapeur, établit dans les correspondances une rapidité et une régularité extraordinaires.

La magistrature fut uniformément organisée. Chaque partie du monde eut une cour de cassation, et chaque état des cours impériales et des tribunaux de justice semblables à ceux de la France.

Au-dessus de ces cours fut créé un *sénat de justice*, haute cour universelle composée de vingt membres et présidée par l'archi-chancelier. Il avait le pouvoir d'appeler à lui et de réformer les décisions des quatre cours de cassation; lui seul pouvait s'arroger cette juridiction suprême, et personne ne pouvait le saisir directement de ses réclamations. Il avait encore la puissance de rendre des arrêts réglémentaires en certaines matières, et ces arrêts, soumis à l'approbation de l'empereur, avaient force de lois.

Chaque état eut une cour des comptes dont les travaux étaient approuvés en dernier ressort et enregistrés par la haute cour des comptes, séant à Paris.

La division du globe devint la même que celle de l'empire français. Chaque état fut divisé en départements, arrondissements, cantons et communes, ayant leurs autorités administratives et judiciaires de même attribution et de même nom qu'en France.

Cette nouvelle division amena un recensement universel, terminé en 1829; il donna ce résultat statistique de la population du globe :

Europe.	302,500,000 habit.
Asie.	455,000,000
Océanie, réunie à l'Asie.	33,590,000
Afrique.	182,000,000
Amérique.	58,000,000
Total.	1,031,090,000

La population de l'empire français en Europe s'élevait à 112,962,000 habitants.

Dans ce dernier chiffre ne sont pas comprises les populations des colonies françaises de l'Asie, de l'Afrique et de l'Amérique, et de la totalité des îles de l'Océan, relevant toutes directement de l'empire français et non soumises à des rois feudataires.

Paris, dont les faubourgs avaient envahi Sèvres, Saint-Denis, Saint-Mandé, Vincennes, Montmartre, Vaugirard, Montrouge, et dont le diamètre n'était pas moindre de cinq lieues dans tous les sens, comptait une population de 3,600,000 âmes, outre la multitude d'étrangers qui y accourait de tous les points du monde.

Londres, au contraire, avait un peu décru, et n'avait plus que. . . . . . 1,100,000 habit.
Calcutta, la capitale de
l'Asie, en avait. 1,700,000
Tombouctou. 600,000
Mexico. 420,000

De ces quatre capitales de la terre, Paris et Calcutta faisaient partie de l'empire, et les deux autres, bien que situées au milieu de royaumes feudataires, n'en dépendaient pas cependant, et restaient sous la souveraineté directe de l'empereur.

Toutes les dettes publiques furent réunies en une seule; l'empereur résolut de les éteindre; et, grâce à une législation puissante, à des contributions extraordinaires et à la libéralité impériale, en peu d'années elles furent amorties, puis éteintes.

Les contributions indirectes et directes, établies avec uniformité, furent adoucies.

L'organisation militaire eut quelque chose de particulier, toutes les forces résidèrent dans la main de l'empereur, et chaque royaume eut un maréchal ou un général français commandant au nom de l'empereur.

On peut même dire que les forces militaires furent anéanties dans les royaumes feudataires, tant elles furent réduites. Des gardes nationales suppléaient les soldats dans le maintien de l'ordre intérieur.

L'empereur conserva cependant son immense armée.

Il en fut de même de la marine, innombrable dans l'empire français, restreinte dans les autres royaumes.

Le système diplomatique n'était plus qu'une fiction et qu'une cérémonie. Napoléon avait des ministres auprès de chaque roi, et chaque roi avait, auprès de l'empereur, un ambassadeur toujours du sang royal.

Un système pénitentiaire, amélioré et rendu uniforme, fut établi; la Nouvelle-Hollande fut exclusivement réservée à la peine de la déportation. Entre deux ceintures de flottes sur l'Océan et la mer intérieure, elle reçut les déportés de tous les états du globe.

CHAPITRE XXXVII.

UNITÉ. — § 3.

L'imprimerie et la librairie furent soumises à l'action une et puissante de Napoléon. Armé du mot de liberté de la presse, il dirigeait cette liberté dans le sens de son pouvoir; et on ne sait ce qui serait arrivé si la pensée ainsi reproduite et versée sur tous les points du globe se fût élevée jusqu'à lui autrement qu'en encens, et si, atteint par elle, il en eût été blessé.

Il y eut un journal officiel du monde, intitulé *La Terre*, il allait porter partout les ordres du monarque universel.

Le *Moniteur* fut conservé pour le seul empire français.

Un autre journal, *Le Globe*, occupé exclusivement de science, de littérature et de beaux-arts, paraissait toutes les semaines par les ordres du gouvernement, et allait répandre une instruction complète et transcendante dans tout l'univers.

On comprend qu'il n'était plus question de politique. La politique n'est qu'un mot sans valeur et sans idée là où existe un pouvoir universel et complet ; la politique n'est qu'une science de transition apparaissant à la ruine des états, lorsque chacun s'occupe de ces ruines, disserte sur elles et donne son plan pour les reconstruire ; c'est encore une science, qui, rêvant sur les rapports des nations entre elles, s'applique à nuire à quelques-unes en cherchant le bien des autres : mais dans la terre ainsi constituée en un seul gouvernement et avec un tel pouvoir, le mot politique n'était plus qu'un non-sens.

Il y avait bien une politique, permise seule à l'empereur, c'était la *police*, immense réseau enveloppant l'univers, que tout le monde sentait, et que personne n'osait apercevoir.

Napoléon fit aussi des règlements universels, sur les théâtres, sur les télégraphes, aboutissant tous à Paris et rayonnant de cette ville à toutes les extrémités du globe, machines merveilleuses qui lui permettaient d'entendre la moindre parole murmurée aux dernières limites de la terre; sur le clergé, les invalides, sur sa maison, sa cour, sur le sceau de la monarchie universelle représentant une aigle enserrant un globe, sur le code des récompenses, placé en face du code des peines, sur les titres de noblesse, sur la Légion-d'Honneur et les nouveaux ordres de chevalerie, parmi lesquels se distinguait au premier rang *l'ordre des rois*, représentant un globe avec deux sceptres en croix et ces mots autour : *nemo nisi rex*; distinction extraordinaire, accordée aux rois seuls et avec une extrême réserve; sur les inhumations et la salubrité générale, et encore sur de nombreuses matières qui toutes réglaient le monde, le réduisaient à des formes simples et à cette unité qui le rendait léger et commode dans la main de Napoléon.

La plus singulière de ces tentatives d'unité dont l'histoire a conservé la trace, est sans doute cette pensée de Napoléon de lutter contre la nature et les climats et de faire disparaître ces variétés de races et de couleurs qui existent chez les hommes. Cette humanité à formes si diverses, à couleurs blanche, rouge, jaune, noire, à intelligences et à pensées si contraires, l'importunait; il aurait voulu faire de cette humanité un seul homme, et ayant réuni à cet effet un conseil des plus grands philosophes et mathématiciens de la terre, il leur soumit ce problème :

Pourrait-on par des alliances, mathématiquement combinées, entre les diverses races des hommes, arriver à la suite de quelques générations à une unité de race et de couleur, et à quelle époque cette transformation complète de l'humanité pourrait-elle être effectuée ?

A une question aussi inattendue, les savants ne savaient que répondre, tant leur stupéfaction était grande ; cependant, remis un peu de leur surprise, ils établirent que sept générations suffiraient à cette refonte de l'humanité, mais ils ajoutaient en même temps que ces formules mathématiques justifiées sur le papier par les calculs étaient cependant inexécutables.

Et Napoléon renonça avec quelque regret à cette singulière prétention.

CHAPITRE XXXVIII.

CONC E OECUMÉNIQUE.

—

Il n'était pas douteux que l'empereur ne pensât à signaler son avénement à la monarchie universelle par une solennité aussi merveilleuse que la circonstance qu'elle devait manifester : il voulut un sacre nouveau; mais comme il exigeait, pour que rien ne manquât à cette pompe, l'assistance de tous les rois de la terre, il retarda l'époque de ce sacre de près d'une année, et la fixa au 20 mars 1828.

Le reste de l'année 1827 s'écoula dans cette satisfaction de paix et de gloire.

Paris, enflammé par la présence de son maître et fier d'être la capitale du monde et la reine des cités, fêta cet hiver par des plaisirs et le luxe, par des joies et des folies enivrantes.

Mais tout-à-coup, au milieu du retentissement des fêtes, la nouvelle d'un concile universel vint occuper tous les esprits.

Un concile œcuménique s'ouvrit le 6 décembre 1827, dans l'église Notre-Dame, et fut présidé par Clément XV; les patriarches de l'Orient, onze cents évêques et archevêques catholiques y siégèrent. On y appela également, par ordre de l'empereur, les chefs principaux de toutes les sectes et de tous les protestantismes chrétiens.

On avait dit que le monarque universel prendrait part à ces délibérations. Mais Napoléon ne parut pas dans le concile, il s'éloigna même avec affectation de Paris, pendant sa tenue; et, certain d'avance, ajoute-t-on, du résultat de cette réunion, il parcourut le midi de la France où venait de s'achever le canal des deux mers, qui réunit et confond les eaux de l'Océan et de la Méditerranée.

Les séances du concile furent tenues secrètes, et ce mystère augmentait le respect des peuples. Chaque matin, la foule s'agenouillait avec vénération sur la place du Parvis, que traversait à pied, pour se rendre à la cathédrale, le pape à la tête de son armée de prélats.

Les décisions du concile révélèrent plus tard ce qui y fut agité.

Un grand fait, un seul, l'objet véritable de

cette réunion, était l'unité de l'église chrétienne, absorbant et fondant dans elle toutes ces déviations, ces divergences, ces défections qui désolaient la chrétienté presque depuis sa naissance. Les temps étaient arrivés sans doute pour cette grande paix du christianisme, car, d'un unanime accord, toutes les communions dissidentes vinrent prosterner aux pieds du chef du catholicisme leurs fronts, leurs soumissions et leurs doctrines.

Ce fut le 16 décembre que cette union fut proclamée; le pape Clément XV tomba à genoux sur le pavé de l'église, et, levant les mains au ciel, il s'écria au milieu de l'exaltation religieuse de ces prêtres : « Oh! mon Dieu! grâces vous soient rendues, car aujourd'hui a été accomplie votre parole sainte, et il n'y a plus sur la terre qu'une seule voix pour vous bénir et vous adorer. »

Ce but sublime étant atteint, ces pères de l'Eglise allèrent plus loin ; et, dans leur lumineuse intelligence, comprenant l'avenir de la religion, basée désormais sur ces fondements uniques et indestructibles, ils demandèrent une réforme de quelques points du culte.

La langue française fut désormais la langue de Dieu, comme elle l'était du monde. Il n'y eut rien alors de sacrilége dans ce décret. Si l'essence du catholicisme est l'unité et l'universalité ; si, au milieu de cette confusion de langues et de ces états *hachés*, comme dit M. de Maistre, la nécessité d'une langue religieuse universelle avait été reconnue, afin que, dans le même instant, les mêmes paroles élevassent sur tous les points du globe les mêmes prières et exprimassent les mêmes respirations des âmes, ainsi que les appelle un philosophe; aujourd'hui que l'empire et le langage français étaient universels, cette langue devait être acceptée comme un fait accompli, comme l'expression du culte des hommes pour Dieu.

D'autres modifications assez nombreuses furent apportées aux cérémonies sans atteindre le dogme.

Les décisions du concile furent promulguées à la fin de cette année, et quelques-unes déjà mises à exécution dans le commencement de l'année 1828.

Enfin, deux singularités religieuses furent jugées et condamnées par ce concile, à qui tout pouvoir était donné sur les idées religieuses de la terre.

La première est relative à M. le baron de Jantenne, littérateur connu par un livre très-estimé, *la Mythologie des Grecs* : cet écrit avait fait nommer l'auteur préfet d'Athènes, mais cette faveur même causa la perte de M. de Jantenne ; sa tête exaltée, toute remplie du monde mythologique des Grecs, ne put résister à cette position nouvelle. Au milieu de cette terre grecque, de ces lieux habités et protégés par les dieux de ses études, des hallucinations singulières le saisirent, il devint fou, et se posa le prophète de Jupiter et de ses dieux. Homme de bonne foi et de folie, il allait prêchant aux peuples la religion renouvelée de Jupiter, de Mars et de Mercure ; il redressait les autels, relevait les statues ; il offrit dans le Parthénon restauré des sacrifices à Minerve. Il eut quelques exaltés pour disciples, fut destitué et enfermé au château des Sept-Tours, où il mourut peu de temps après ; avec lui moururent les germes inféconds qu'il avait semés, et le Parthénon redevint une ruine.

L'autre schisme était tout chrétien ; il avait gagné les âmes les plus tendres et les plus élevées parmi les catholiques, celles des poètes et des femmes, qui, modifiant d'eux-mêmes les offices de l'église, avaient substitué aux vieux chants du rite catholique les chants délicieux des poèmes de M. de Lamartine. Comme le poète l'avait dit : *ils priaient avec ses paroles, ils adoraient avec ses chants*, et cette secte, si pure dans son erreur, si innocente dans sa faute, s'étendait déjà lorsque la condamnation du concile vint la frapper et la trouva docile et repentante.

Ainsi, tout fut fini; l'idolâtrie et le mahométisme avaient disparu, les protestantismes étaient soumis, les schismes s'étaient ralliés, et la religion chrétienne, une et réformée, régna sans partage sur l'univers et dans tous les cœurs.

Napoléon apprit ce résultat à Marseille, et il s'en réjouit comme de la plus grande conquête.

CHAPITRE XXXIX.

LES SCIENCES.

Dans les années qui virent naître et suivirent la monarchie universelle, les sciences, les lettres, les arts, jusqu'à la nature elle-même, produisirent de grandes découvertes, les plus magnifiques résultats; j'ai nommé la nature, car on eût dit qu'elle venait spontanément s'offrir et apporter ses merveilles.

La vapeur, dans les applications les plus diverses, créa des forces surnaturelles et centupla les forces déjà connues.

C'étaient des voitures qui volaient avec la rapidité de la foudre sur les routes en fer, et parcouraient entre deux couchers du soleil les extrémités de l'empire; c'étaient des vaisseaux à dix, seize et vingt roues animées par de nombreuses machines à vapeur, traversant en moins d'une semaine les plaines de l'Océan pour porter à l'Amérique les ordres du monarque.

C'étaient des machines nouvelles, vivantes de cette vapeur, soulevant les colosses et les rochers, creusant la terre, arrêtant ou lançant les ondes, aplanissant les montagnes, et, combinées avec des poudres, commandant même à l'atmosphère dont elles chassaient les nues et dissipaient les tempêtes par de prodigieuses détonations.

Les ballons aérostatiques, agrandis et multipliés, donnèrent de véritables ailes aux hommes qui surent les diriger. Ce dernier résultat si cherché était dû à la réunion des forces magnétiques avec l'électricité.

Le verre, si résistant et si friable, s'amollit sous les doigts de la chimie, il se plia comme une cire assouplie ; on put l'appliquer ainsi aux usages de la vie, et bien plus, aux usages de la mort. Une momification aussi simple que complète put garantir les corps des grands citoyens, et une couche transparente de verre les enveloppait et les conservait à jamais.

La médecine trouva des merveilles : un homme dont la mort avait été certaine fut rappelé à la vie ; la cécité put être guérie ; la surdité retrouva dans des oreilles factices et de métal l'énergie de l'audition la plus subtile ; et faisant plus que de les guérir, des moyens nouveaux vinrent donner aux sens des forces et des développements jusque-là inconnus. Des verres donnèrent à la vue le discernement microscopique et la portée des télescopes ; des gaz apportèrent à l'odorat des ressources nouvelles pour jouir des odeurs avec des sensations inconnues. L'audition put être augmentée dans une haute portée ; le goût, lui-même, acquit une délicatesse plus grande, et la science, en augmentant ainsi les plaisirs de l'homme, l'approchait un peu plus du bonheur.

Des vaccines furent découvertes pour la plupart des maladies, et la médecine avancée, avec ce mot *prévenir*, sut mieux que guérir.

Une merveilleuse inutilité, long-temps crue impossible, *la quadrature du cercle*, fut découverte dans des circonstances singulières.

Dans un collége un professeur facétieux proposa ce problème à ses élèves.

Les sages répondirent qu'il était insoluble, les habiles en approchèrent, un enfant le trouva.

Le maître encouragea les premiers, et comme il avait lu que le problème était impossible à résoudre, il punit le sot qui l'avait trouvé ; et cela avec d'autant plus de vigueur qu'il ne pouvait parvenir à lui démontrer l'absurdité de sa découverte.

L'enfant, fier de ce qu'il avait fait, frappait du pied la terre, et s'écriait sans doute : « *E pur si muove* », ou quelque chose de pareil.

Le maître le mit au cachot.

Mais l'académie des sciences, ayant su ces choses, demanda communication de l'œuvre de l'enfant ; il se trouva que c'était simplement la découverte réelle et vraie de la quadrature du cercle, qu'on croyait impossible.

Et l'enfant fut nommé associé de l'académie.

L'eau de mer fut rendue potable ; une décharge d'électricité, combinée avec quelques autres forces physiques, la dégagea de ses sels et de son amertume, et ce contre-sens affreux de l'homme expirant de soif au milieu de l'Océan fut corrigé.

On creusa la terre dans ses profondeurs ; des gouffres découverts près de Tombouctou et dépourvus d'eau permirent de descendre jusqu'à cinq lieues au-dessous de sa surface : on trouva le feu.

L'astronomie fit quelques progrès ; mais l'homme savait déjà d'elle tout ce qui est utile, et la découverte de la planète de *Vulcain* et des quatorze satellites d'Uranus apprit un nom et deux faits nouveaux, sans rendre service à l'humanité.

L'empereur donna une impulsion particulière aux progrès d'une science qu'il affectionnait, à la géographie, la plus importante des sciences peut-être, puisqu'elle les contient toutes, qu'elle décrit à la fois la nature et l'homme, et que sa mission est de raconter l'histoire de la prodigieuse et incessante victoire de l'homme sur la nature.

Cependant cette belle science était négligée et presque méconnue ; aucun auteur, aucun ouvrage, aucun monument, ne lui avait jusqu'alors rendu un suffisant témoignage. Les cartes étaient médiocres, les livres incomplets, et les géographes trouvaient à peine un rang dans les assemblées savantes.

Mais, Napoléon ayant parlé pour elle, à sa voix, les hommes parurent, les ouvrages excellents furent publiés ; des Busching et des Danville décrivirent la terre dans ses moindres détails, et élevèrent en même temps la géographie philosophique à la place qui lui est due. Les conquêtes servaient admirablement ces travaux, car, si Alexandre a été nommé le premier géographe de l'antiquité, on pouvait à meilleur titre le dire de Napoléon pour les temps modernes.

Le *Grand atlas impérial* fut terminé en 1831. Il contient, en 18 volumes du format grand-aigle, la description universelle de la terre, sur une échelle uniforme, avec une multitude de plans de villes et de cartes particulières dont les détails sont plus développés.

Les sciences intellectuelles marchaient à pas de géant. La langue des chiffres, rêvée par Leibnitz, fut trouvée et appliquée. La pensée eut son algèbre ; elle put être exprimée et formulée, comprise par tous, indépendamment des sons et des mots qui la reproduisent si imparfaitement.

Enfin, la pensée elle-même put s'agrandir sous certaines forces, et s'élever jusqu'au génie. On trouva l'art de l'exciter ou de la calmer dans les esprits. Tantôt puissante, tantôt sommeillante, la volonté en disposait, et sut faire de ce tyran un esclave docile.

CHAPITRE XL.

VOYAGES ET DÉCOUVERTES.

Le mot de monarchie universelle impliquait la possession des terres connues et inconnues ; aucune île, aucune terre nouvelle, ne pouvait apparaître sans apporter avec elle cette inféodation originelle que les hommes et la nature subissaient vis-à-vis de Napoléon.

L'océan Pacifique donna quelques noms de plus à la géographie.

Le continent austral fut recherché dans les mers du sud, mais en vain : les vaisseaux, en s'approchant du pôle, voyaient les glaces s'accroître, et devant eux toujours la mer, rien que la mer.

Mais le pôle, que des glaces insurmontables gardaient au midi, ne fut point aussi inabordable dans le nord, et ce n'est pas une des moindres merveilles de notre âge que sa découverte.

Le vice-amiral Parry, de la marine française, venait, dans un cinquième voyage, de traverser la mer du nord, et de découvrir enfin ce fameux passage du nord-ouest, que l'on niait parce que l'on n'avait pu le connaître. Ses vaisseaux, passant les détroits de Davis et de Barrow, étaient entrés dans la mer polaire, avaient découvert le détroit de Parry, et étaient sortis par le détroit de Behring de l'océan Arctique, lorsque, voyant l'enthousiasme de son équipage, après une telle gloire acquise, il osa proposer plus encore : une campagne vers le pôle lui-même.

Les marins accueillirent avec des acclamations la proposition de leur amiral, et, le vaisseau *le Conquérant* ayant été choisi, il cingla en droite ligne vers le nord.

Chose incroyable! à mesure qu'on s'approchait des derniers degrés de latitude, le *Conquérant* s'avançait plus facilement au milieu des glaces éternelles ; des espaces libres, parmi les montagnes de glace, lui ouvraient le passage ; le froid semblait, sinon diminuer, au moins ne plus s'accroître ; enfin, le 28 février 1828, une terre couverte de neiges, du milieu desquelles s'élevaient une multitude de sapins d'assez médiocre hauteur, arrêta tout-à-coup le navire; il était impossible d'aller plus loin. Cependant les observations apprenaient qu'il n'y avait plus que vingt lieues à traverser pour arriver au pôle, objet de tant de désirs. Fallait-il donc abandonner à ce point une pareille tentative? L'amiral Parry n'hésita pas : il ordonna d'aborder, et à peine avait-il proposé de continuer par terre le voyage commencé, que tous avaient répondu : « Marchons. »

Ils marchèrent trois jours et deux nuits à travers cette forêt immense; mais, après ce temps, ils la quittèrent, et ce fut alors que leur apparut la montagne du pôle.

Elle n'était plus éloignée que d'une demi-lieue, et paraissait s'élever de plus de cinq cents mètres; on marcha vers elle, et, au pied même de cette montagne conique et régulière, des calculs mathématiques firent connaître que c'était *le pôle*.

Il eût été difficile d'en douter; cette montagne de fer natif, la régularité de sa forme, son élévation et son existence dans ces déserts de glace étaient trop extraordinaires dans la nature pour que ce ne fût pas le signal de quelque place prédestinée; c'était *le pôle*.

L'amiral Parry gravit le premier cette montagne, et, arrivé au sommet, il y planta un drapeau tricolore, leva les mains au ciel, et s'écria :

— « Au nom de Dieu tout-puissant, et de l'empereur Napoléon, son monarque sur la terre, moi, vice-amiral Parry, de la marine française, j'ai mis le pied sur le pôle, et j'y ai planté le drapeau de mon souverain. — Vive l'empereur ! vive le monarque universel ! »

L'équipage, rangé en ordre de bataille au pied de la montagne, répondit par les mêmes acclamations ; et les échos du pôle, qui s'éveillaient pour la première fois, répétèrent sourdement ces cris de possession et de gloire.

CHAPITRE XLI.

LES VILLES ENSEVELIES.

La ville de Pompéia avait depuis long-temps reparu dans son entier ; les cendres seules l'avaient enveloppée, et il n'avait fallu que la balayer pour la découvrir.

Il n'en était pas de même d'Herculanum ; la lave liquide, en se glissant au milieu des rues et des interstices, avait étreint dans ses rochers refroidis, comme dans des écailles, les monuments et les habitations ; il fallait laborieusement dépouiller cette enveloppe solide, et dix années suffirent à peine à son entière résurrection.

Mais, ce temps et ces travaux furent plus que payés par les admirables choses trouvées dans les entrailles de la ville ; la vie romaine y reparut aussi actuelle que la veille de la destruction. Les lois, les usages, les jeux, les mœurs, les hommes eux-mêmes, comme pétrifiés dans le roc de lave, rendaient le secret de leur existence, et, mettant en face le siècle d'autrefois et celui d'aujourd'hui, semblaient retrancher dix-huit cents années du cours des temps.

Le Mexique avait aussi son *Herculanum*. A quatorze lieues de Mexico existait un large espace inculte, nommé *Grana*. Ce mot signifiait ville dans l'ancienne langue mexicaine. La tradition avait conservé à ce lieu le souvenir d'une grande cité disparue depuis long-temps. Une première excavation, due au hasard, fit apparaître des monuments d'un caractère inconnu. On continua les fouilles, et l'empereur, averti de cet événement, les fit étendre et terminer. On trouva dans ce nouveau tombeau la civilisation d'un peuple et d'une époque dont les traces avaient disparu ; toutefois on dut reconnaître que cette civilisation si étrange était cependant fort avancée, et que cette époque était très-reculée, et peut-être même anté-diluvienne. Ce qui donna de la force à cette opinion fut la découverte d'une table de marbre sculptée, représentant les deux hémisphères du globe terrestre, une véritable mappemonde, où les continents et les îles ainsi que les mers avaient des contours et des formes tout autres que ceux qu'ils ont conservés depuis le dernier cataclysme.

Quelques découvertes de ce genre, mais d'une moindre importance, faites en Sibérie et en Abyssinie, donnèrent aussi de curieux résultats.

Bizarre découverte! singulières momies des villes d'autrefois, que la nature avait conservées dans leurs tombes pour que tous les âges du passé fissent, pour ainsi dire, acte de présence au spectacle de la monarchie universelle!

Ce chapitre ne serait pas complet, si nous n'y rappelions pas la réapparition du peuple primitif, conservé par une sorte d'ensevelissement dans l'oasis de *Boulma*.

Nous avons déjà parlé de cette oasis lors de la conquête de l'Afrique, en nous réservant de donner plus tard quelques détails assez courts.

Un fils de *Sem* avait, dans les premières années qui suivirent le déluge, porté son Dieu, sa famille et ses traditions dans cette île. Depuis quatre mille ans, inconnus du monde dont ils ne soupçonnaient pas l'existence, ses descendants, peu nombreux, avaient vécu au milieu du désert, conservant les traditions, les mœurs et la langue des premiers hommes. Famille plutôt que peuple, ils n'avaient pas senti la nécessité des progrès. Les usages des premiers temps du monde avaient suffi à leur vie, et la langue d'Adam et de Noé à leurs pensées. Ils ne connaissaient pas de lois, ils n'avaient d'histoire que leurs traditions; ils avaient vécu sans littérature, sans arts, sans guerre, sans civilisation, sans épées, sans passions, ignorant que ces choses fussent nécessaires aux autres hommes.

Quand on les découvrit, ils étaient quatre cent cinquante, dont deux cents femmes. Leur étonnement ne peut se décrire lorsqu'ils virent d'autres hommes avec leurs usages et leur civilisation monstrueuse pour eux. Ils se façonnèrent bientôt à ces nouveautés étranges, et quand les hommes civilisés eurent épuisé les sucs de leurs traditions, de leur langue et de leur existence pour en faire de l'histoire, ils leur firent part de cette civilisation, et les habitants de Boulma eurent aussi, après trois années, des mœurs, des passions, une littérature, des arts, un commerce, des armes, un sous-préfet; en un mot, une civilisation comme le reste du monde, les infortunés!

CHAPITRE XLII.

ERREURS POPULAIRES.

Les hommes avaient vu Napoléon dépasser de si loin ce que l'imagination pouvait atteindre de plus grand, ils l'avaient vu si haut, si loin d'eux, si élevé au-dessus de l'humanité, qu'il le crurent plus qu'un homme, ou autre chose qu'un homme.

La croyance la plus répandue était qu'il avait deux âmes ; quelques-uns allaient encore au-delà, et lui en attribuaient trois et quatre, et une fois sorti de cette unité, c'était à qui, dans sa superstition, devrait enchérir sur la multiplicité des essences divines animant le grand monarque.

On avait déjà dit pareille folie du poète Ennius dans l'antiquité, et le vieil auteur avait aussi deux âmes au compte des Romains ; cela fut oublié après la mort du poète, et bien plus encore après la mort des poèmes.

L'empereur déclina ce compliment spiritualiste et parut s'en soucier fort peu.

Il ne voulut pas davantage de la divinité que quelques nouveaux chrétiens de l'Inde vinrent lui offrir. Ces Indiens convertis avaient retrouvé dans leurs cœurs un reste d'idolâtrie; déjà ils avaient façonné les statues du nouveau dieu Napoléon : il avait autant de bras et de têtes que la plus monstrueuse des idoles de Brahma, et ils avaient cru lui rendre ainsi le plus magnifique hommage.

Le dieu se moqua d'eux, et les préfets de l'Inde tancèrent si vertement ces amateurs d'apothéose, qu'ils retournèrent bientôt, confus et tremblants, au christianisme.

Si l'empereur n'eût pas arrêté dans sa pensée de répandre le christianisme sur la terre sans résistance et sans exception, peut-être se fût-il arrangé de ces hommages, mais la divinité qui lui était offerte arrivait trop tard, elle dérangeait sa politique et n'était plus que ridicule.

CHAPITRE XLIII.

LETTRES ET BEAUX-ARTS.

La littérature et les beaux-arts s'élevaient à la hauteur de ces grandes choses; les livres se multipliaient, toujours plus dignes des peuples et du monarque; la poésie, l'histoire, la philosophie, la littérature dramatique, donnaient des chefs-d'œuvre *et agissaient profondément sur des âmes de plus en plus capables de les sentir et de les comprendre.

La musique, cet art sublime, mystérieux, qui vient saisir l'âme sans passer par l'intelligence, qui est senti sans être compris, qui enivre et qu'on ne peut définir, la musique fit de sublimes progrès. Ce ne fut plus la sensation privilégiée des riches et des savants, mais la joie de tous; elle était répandue partout, il semblait que l'air fût imprégné de ses voluptueuses exhalaisons. Des chants populaires universels se faisaient entendre sur toute la surface du globe, et il faut placer à leur tête celui nommé *le Chant du monde*, dont Rossini fit la musique et Lamartine la poésie ; hymne commençant ainsi :

Napoléon, tu vois la terre.....

Une langue imaginaire, n'exprimant pas d'idées, mais si mélodieuse qu'elle berçait délicieusement les cœurs lorsqu'elle se faisait entendre, fut inventée pour la musique, et dans les nouveaux opéras, ainsi écrits, la pantomime, plus excitée, expliquait ce que la musique et ces paroles inexplicables ne pouvaient faire comprendre.

Les spectacles étaient également extraordinaires. Ils dépassèrent même les bornes de la civilisation ; des spectacles de gladiateurs s'étaient établis en Asie et dans le nord de l'Europe : l'empereur interdit cet horrible plaisir.

La pensée, devenue plus rapide, avait besoin d'instruments qui eussent de sa célérité ; la sténographie devint l'écriture commune, et des machines à touches, des *pianos d'écriture*, peignaient, avec la plus grande rapidité, la pensée à peine jaillie de l'âme.

Une science qu'on pourrait nommer les mathématiques de l'histoire, la statistique arriva au plus haut degré de perfection. Ses résultats se formulaient en lois, et, grâce à elles, la législation et la morale devinrent des sciences exactes. L'histoire elle-même reçut un immense développement que lui imprima l'action administrative.

Dans chaque commune, le conseil municipal et les maires furent chargés de recueillir toutes les traditions historiques, les faits singuliers, les circonstances physiques, les coutumes antiques et modernes, et les détails les plus étendus sur les mœurs, le langage, les patois, les fêtes, les chants, la littérature, les monuments, la biographie, les événements, les usages religieux, l'agriculture et le commerce dans la contrée. Une journée au moins de la session des conseils était consacrée à ces travaux, qui excitaient davantage l'amour du pays natal dont l'importance s'agrandissait par ces recherches historiques.

A mesure que l'on remontait des communes les plus petites aux plus anciennes et aux plus populeuses, ces documents si précieux offraient un plus grand intérêt. Celles qui avaient conservé leurs anciennes coutumes législatives, les chartes de leurs droits et leurs archives, ne manquaient pas de les recueillir avec le plus grand soin.

Ces masses de documents étaient transmises aux conseils-généraux de département, auprès desquels furent créées des commissions historiques chargées de les réunir et de les coordonner; et les travaux de ces commissions, se rassemblant dans un centre commun, apportaient à ce foyer unique les matériaux de l'histoire universelle.

Tandis que les études historiques recevaient cette impulsion remarquable, la littérature, au contraire, modérait son élan; plus difficile sur elle-même ou plus craintive de l'opinion, elle était moins féconde. Mais ses œuvres, plus originales et plus laborieusement préparées, atteignirent souvent une grande gloire. Elle ne se revêtit pas cependant de formes nouvelles, une seule innovation frappa les esprits, ce fut lorsque Lamartine fit paraître, en 1830, son poème en *vers blancs* sur Napoléon; et ces vers étaient si beaux et si harmonieux, que, sans faire proscrire la rime, ils partagèrent avec elle la poésie.

La sculpture comme la peinture grandit et trouva des procédés nouveaux; la dernière retrouva les secrets du coloris de Jean de Bruges et de Rubens, qui étaient perdus.

La nouvelle architecture naquit: elle ne fut

plus grecque ou gothique, mais française et universelle.

Tout devenait grand dans ce grand siècle.

Un jour que le roi de Suisse, Lucien Napoléon, rappelait à l'empereur le siècle de Léon X, en ajoutant qu'une pareille réunion de génies était impossible, l'empereur lui demanda huit jours pour répondre.

A huit jours de là, étaient réunis dans les salons du Louvre : Chateaubriand, Walter Scott, Lamartine, Beethoven, Byron, Manzoni, Niébühr, Goëthe, Geoffroy Saint-Hilaire, Mme de Staël, Béranger, Courier, Thiers, de Maistre, Villemain, Victor Hugo, Brown, Volta, La Mennais, Cuvier, Canova, Ingres, Thomas Moore, Kant, Berzélius, Poisson, David le sculpteur, David le peintre, Champollion, Thénard, Dupin, Delambre, Gérard, Brougham, Lawrence, Chaptal, James Watt, Rossini, Jenner, Herschell, Hauy, Paësiello, Humboldt, Thorwalsden, Fourier, Royer-Collard, Thierry, Guizot, Ampère, Laplace, et d'autres grandes intelligences de l'univers.

— « Voilà mon siècle, » dit-il en montrant cette réunion.

CHAPITRE XLIV.

LE SACRE.

Deux circonstances avaient retardé le couronnement du monarque universel, fixé d'abord, comme nous l'avons dit, au 20 mars 1828 : à cette époque, tous les rois du monde n'étaient point encore arrivés; quelques-uns, retenus par les vents contraires, avaient dépassé le temps limité par le roi des rois. Enfin, la cathédrale prodigieuse que l'empereur faisait construire à Paris sur les ruines de l'ancien Palais-de-Justice et de la place Dauphine n'était point encore terminée.

Nous dirons ici quelques mots de ce monument.

Ce fut le plus magnifique, le plus vaste édifice de l'univers; Napoléon, partant pour l'expédition

LE SACRE. 477

d'Asie, en avait posé la première pierre ; huit années de travaux sans relâche n'avaient pas suffi pour le terminer tout-à-fait, et quelques mois encore étaient indispensables pour son entier achèvement : c'était, disait-il, la cathédrale de l'univers. Elle était d'une étendue triple de celle de Saint-Pierre de Rome ; on sait son architecture originale, sublime, et n'étant imitée d'aucun autre monument de la terre ; de ses deux façades, l'une, la principale, se développe devant le Pont-Neuf, qui avait été entièrement reconstruit en granit et en marbre, et était devenu par sa magnificence et sa largeur le plus beau monument de son genre. Tout devint en harmonie dans les abords de l'église et du fleuve, et celui qui s'arrête sur ce pont ou sur la place en face de ce temple et des palais qui l'environnent a le plus grand spectacle qui se puisse avoir.

Les travaux furent poussés avec une activité nouvelle; l'église fut entièrement terminée au mois de juin 1828. Le 2 juillet suivant, le pape Clément XV en fit, avec beaucoup de pompe, la dédicace sous l'invocation de saint Napoléon, qui devint le patron de la France et du monde.

Cependant tous les rois étaient arrivés à Paris; et Napoléon, qui avait foi aux dates, choisit le 15 août 1828, jour anniversaire de sa naissance, pour la cérémonie de son sacre.

Les plus extraordinaires préparatifs eurent lieu.

L'église Saint-Napoléon, parée de toutes les richesses de la terre, étincelait d'or et de pierreries.

Un plancher avait été construit sur la Seine, du Pont-Neuf au Pont-des-Arts, il s'appuyait aussi sur les quais des deux rives. Le fleuve avait disparu dans cet espace; cette place immense et improvisée se continuait jusqu'au portail de la nouvelle église, et était recouverte de velours bleu parsemé d'abeilles et de globes d'or, dans toute son étendue.

A midi les portes du Louvre, en face du pont des Arts, s'ouvrirent. Les tonnerres des canons et des cloches éclatèrent de toutes parts, et le cortége commença à sortir du palais.

Tous ceux qui en faisaient partie étaient à pied.

Il faudrait un livre entier pour redire quelle était cette foule si bien ordonnée de troupes, de peuples des quatre parties de la terre avec leurs costumes nationaux, de hérauts d'armes, de généraux, de magistrats, de princes souverains, de ministres, de grands dignitaires et de grands officiers de l'empire et de la monarchie universelle.

Après ce peuple des peuples, parut le corps des cent maréchaux de France.

Puis les quatre connétables de la monarchie.

Enfin venait *Napoléon*, à cheval, recouvert de pourpre et d'hermine, portant une épée à sa ceinture, et un globe dans ses mains.

Suivaient dans l'ordre le plus imposant, tous à pied et revêtus des ornements royaux :

Les rois du sang impérial ;

Les rois d'Europe ;

Les rois d'Asie ;

Les rois d'Afrique ;

Les rois d'Amérique ;

Les reines venaient ensuite et dans le même ordre.

Et après elles se voyait encore un autre peuple de princes et de grands, non moins nombreux que celui qui marchait en tête du cortége.

Arrivé sur le plancher construit sur le fleuve, le cortége se développa avec un ordre et une pompe magnifiques, et il se dirigea d'un pas solennel vers l'église.

Avant d'arriver aux portes, Napoléon descendit de cheval; il fit quelques pas en avant, et le pape l'ayant reçu et harangué, il entra dans l'église.

Il y avait déjà un autre peuple dans cet immense édifice, et ses acclamations, jointes aux chants des prêtres et au tumulte de la musique et de l'artillerie, formaient une confusion et un bruit enivrant pour le cœur d'un maître.

Dans le fond de la cathédrale étaient rangés une longue suite de trônes; un peu au-dessus d'eux s'en trouvait un où l'impératice Joséphine avait déjà pris place avant l'arrivée du cortége, et plus haut encore était le trône réservé au monarque de la terre.

Tous prirent place et la cérémonie commença.

Le pape Clément XV, entouré des soixante cardinaux et d'un grand nombre d'archevêques et d'évêques, officia.

A un certain moment de cet office il se tourna vers *Napoléon* et il l'appela par son nom.

L'empereur descendit quelques marches, et, se trouvant ainsi de niveau avec les derniers degrés de l'autel, il s'avança vers le pape.

Alors S. S. Clément XV invoqua le Seigneur; il répandit l'huile sacrée sur le front de Napoléon, et, ayant pris sur l'autel une couronne d'une forme particulière, il la présenta au monarque, et lui dit :

— « Dieu vous consacre par mes mains monarque universel de la terre. Que son nom soit adoré, que le vôtre soit glorifié ! »

Napoléon, qui avait fléchi le genou, se releva, saisit la couronne, et, se l'étant placée sur la tête, il remonta sur son trône, où il se tint assis.

Un cardinal vint lui présenter une autre couronne, que l'empereur posa sur le front de Joséphine.

Tous les rois vinrent ensuite au pied de son trône lui renouveler le serment de fidélité et de soumission, en leur nom et au nom de leurs peuples.

Les dernières cérémonies achevées, le cortége sortit de l'église, et, reprenant le même chemin, regagna le palais dans le même ordre et avec la même solennité.

CHAPITRE XLV.

CONSTELLATION.

—

Au soir de cette journée, après les événements mémorables, les pompes extraordinaires qui l'avaient signalée, et les feux d'artifice merveilleux qui l'avaient terminée, le peuple, encore ébloui, se retirait lentement dans ce tumulte demi-calme, mêlé de fatigue et d'admiration, qui suit les fêtes, et surtout les fêtes flamboyantes du soir, lorsque les illuminations expirent, que les feux d'artifice ont cessé, et que l'atmosphère, un instant troublée par toutes ces petites lumières de la terre, commence à reprendre son calme, à balayer les derniers nuages soulevés jusqu'à elle par les poudres d'artifice, et que, devenue maîtresse de la nature, elle déploie la pureté d'une belle nuit, et fait scintiller ses étoiles dans l'immensité des cieux.

CONSTELLATION. 483

Tout-à-coup un nouveau prodige apparut au firmament.

Était-ce donc que l'univers prenait part à la grandeur de Napoléon et aux fêtes de la terre?

Était-ce le témoignage de Dieu manifestant sa protection et sa joie?

Ou était-ce un de ces désordres ordonnés par la main du Seigneur, une catastrophe arrivée en son temps et selon sa pensée?

On vit le ciel s'enflammer au milieu de la constellation d'Orion ; des masses de feu paraissaient lutter ensemble, et embraser l'espace ; des tonnerres, qui semblaient arriver des extrémités du monde, se faisaient entendre et venaient expirer aux oreilles de la terre. L'incendie dura cinq minutes ; il y avait dans ses flammes et dans ses convulsions quelque chose de si étrange que les peuples de Paris s'arrêtèrent stupéfaits, et contemplèrent avec effroi cet autre feu de la voûte céleste.

Bientôt il cessa aussi, et, lorsque les yeux en cherchaient encore la place dans l'espace devenu sombre, il se trouva qu'un aspect nouveau existait dans le ciel; une révolution venait d'être accomplie dans les astres; deux étoiles de la ceinture d'Orion étaient éteintes et avaient disparu, et l'homme, qui les recherchait avec sa vue et ses télescopes, ne put désormais les retrouver au ciel.

Ces deux mondes venaient de finir avec leurs atmosphères, leurs planètes et les êtres qui sans doute vivaient avec eux.

Deux étoiles avaient disparu ; la constellation d'Orion n'existait plus : une nouvelle s'était formée de ses restes, et il fallait la reconnaître et la nommer.

Les peuples voulurent encore voir là quelque chose de Napoléon, et le monarque universel ne fut pas éloigné de prendre ce désordre de l'univers pour l'acte d'alliance de Dieu avec lui.

Et lorsque, quelques jours après, la science vint lui rendre compte de cette catastrophe, et lui demander ce qu'il fallait faire de cette constellation détruite, Napoléon s'arrogea ses débris, et, fier d'avoir quelque chose à demêler aux cieux, il lui donna son nom, *Napoléon*.

CHAPITRE XLVI.

CLÉMENTINE.

Parce que les rois se prosternent, que les nations vous adorent, que l'univers vous appartient, que la nature vous fait un holocauste de ses mondes, que Dieu vous glorifie, que la terre n'est plus qu'un marche-pied, que vous êtes empereur, monarque universel, Napoléon, oh! ne vous enivrez pas ! car l'humanité bat sous vos grandeurs, et la douleur, plus haute encore, surplombe vos joies.

Nous avons parlé de la reine Clémentine, la fille unique, la fille bien-aimée de Napoléon.

Le peuple l'avait vue dans ce jour assister, dans une tribune, aux cérémonies du sacre, grande, belle, reflétant, dans leur plus grande beauté, tous les traits de son père, promenant sur ces cérémonies un regard aussi doux que noble, aussi pur que resplendissant ; le peuple la contemplait avec amour ; il savait quels trésors inépuisables de bonté et d'esprit il y avait sous ces formes angéliques, et que la nature pour elle avait créé la plus belle figure pour voiler la plus belle âme.

Son intelligence comprenait les pensées de son père. Fille de Napoléon, elle avait reçu de lui et la vie et le génie, mais à cette grandeur elle ajoutait encore tout ce qu'il y a de plus suave dans l'âme d'une femme, toutes les richesses de candeur, de tendresse, de simplicité et de vertu, et tout cela éclatait dans ses yeux, et resplendissait sur sa figure ravissante.

Telle était Clémentine, comme son père la nommait toujours, la dépouillant de son titre de reine, du nom même de Napoléon, pour en faire une idole à part, pour qu'elle eût son culte à elle, afin que les malheureux pussent l'invoquer, et les heureux la bénir.

Elle était au sacre, où elle partageait les regards ; mais sa présence attristait ce grand jour de la gloire. Pâle, souffrante, sa tête languissante se penchait sur son sein, et, lorsque ses yeux s'enflammaient de joie en voyant les grandeurs paternelles, on sentait que c'était un effort, et qu'un mal caché dévorait la fille de l'empereur.

Hélas ! c'était un jour de mort que ce jour de

fête. Depuis long-temps consumée par un mal impitoyable, elle mourait en ce moment. Dieu, qui a sa raison sans doute pour donner et retirer si soudainement au monde la vue rapide de ses anges, la redemandait.

De retour au palais, une fièvre ardente l'avait saisie, et, tandis que le peuple, si oublieux, s'animait dans ses fêtes, que ces luttes de flammes éclataient au soir entre la terre et les cieux, que la grande ville manifestait ses joies et la gloire du maître du monde, il y avait dans une alcove des Tuileries des douleurs sans nom, des pleurs sans fin, une agonie sans espoir.

Horrible nuit qui suivit ce jour !.. Le consacré de Dieu, le monarque universel, expiait ses jouissances sublimes au chevet de sa pauvre fille ; il soulevait dans ses bras sa tête pâle et faible ; il la couvrait de pleurs qu'il ne pouvait retenir, et épiait avec angoisse la succession de ses soupirs, comme s'il eût tremblé d'en sentir exhaler le dernier.

Et elle commandait à sa douleur ; maîtresse de son agonie, elle l'épargnait à Napoléon ; elle tenait ses yeux sur lui, et tout le ciel était dans ses regards ; elle lui parlait, et tout le ciel était dans ses paroles. Elle le consolait de sa mort, elle parlait de Dieu, elle parlait de l'empereur et de ses peuples, car elle mêlait le bonheur de tous aux pensées de Dieu et de son père; puis, elle priait, sa tête affaiblie se penchait, et ses lèvres glacées venaient se poser sur les mains de Napoléon.

Napoléon! lui qui le matin s'était vu si près de Dieu, qui avait placé son trône en face des autels, et avait partagé l'adoration des peuples, maintenant il se jetait à genoux, il se prosternait le front à terre, il pleurait, il implorait, il priait Dieu pour sa fille, n'ayant plus rien d'empereur, ayant tout d'un père et d'un suppliant.

Il s'écriait : « O mon Dieu, conserve-moi ma Clémentine, et reprends-moi le monde. »

Et Dieu lui reprenait Clémentine, et lui laissait le monde.

A sept heures du matin, Clémentine se souleva d'elle-même sur son séant; sa figure s'anima, un feu traversa ses regards; elle tendit les bras à son père, essaya de balbutier quelques paroles, et elle rendit le dernier soupir.

C'était le dernier effort de la vie qui retrouve une force pour mourir.

Elle était étendue comme une statue d'albâtre, car son âme venait de retourner à Dieu.

On enleva Napoléon à ce spectacle. Sa douleur n'avait point de bornes ; lui si fier, si puissant, si haut sur la terre, il étouffait dans ses sanglots, il jetait des cris, il appelait sa fille, il la demandait à genoux. Il était père, enfin, cet homme !

Les peuples apprirent à quelques heures de distance et cette fête et cette mort, et parce que tout la terre se résumait dans le maître du monde, comme sa gloire et sa puissance, son deuil fut universel.

CHAPITRE XLVII.

MÉLANGES.

—

Il fallut bien retourner à la puissance. Il n'y avait qu'elle qui pût triompher de la douleur.

Mais cet événement affreux avait appris à Napoléon qu'il n'était pas maître de la mort ; il songea à la sienne, et se fit construire un tombeau.

Il choisit le mont Valérien, autour duquel Paris avait étendu ses faubourgs. Sur la cime il fit construire la base d'une pyramide aussi indestructible et plus grande que la plus grande des pyramides d'Egypte, et, pour lui imposer un aspect bien autrement colossal, le reste de la montagne fut taillé, en suivant les arêtes des angles de la pyramide, jusqu'à la Seine. Des constructions énormes consolidèrent cette base, et ce monument, dans son ensemble, devint l'édifice le plus extraordinaire de la terre; une véritable tour de Babel de la mort.

La pyramide dans toute son étendue était recouverte de marbre blanc, et sur la face qui regardait Paris était écrit, en lettres d'or d'une dimension prodigieuse, le mot NAPOLÉON.

Après avoir pris ce soin, l'empereur parut soulagé, et il s'occupa plus librement du monde.

En 1830, il s'embarqua sur un bâtiment à vapeur d'une nouvelle forme qui le conduisit en sept jours en Amérique; il voulait visiter Mexico, et plus tard Tombouctou, ses deux capitales qu'il ne connaissait pas encore.

Le fameux passage du nord-est, quoique découvert, était cependant impraticable pour la navigation. L'empereur visita lui-même l'isthme de Panama, en ordonna la destruction, en fit un détroit, et ouvrit la mer du sud à la marine de l'Europe.

Après avoir séjourné quelques mois en Amérique, et visité la ville souterraine de *Grana*, il fit voile vers le Sénégal, et remonta le fleuve jusqu'à Tombouctou.

Ses peuples d'Afrique apprenant sa venue, accoururent de toutes les extrémités du continent.

Le spectacle de ces peuples noirs, déjà convertis, parlant la langue française, civilisés, mais ayant conservé dans leur admiration quelque chose de leur enthousiasme expressif et de feu, plaisait à Napoléon. Il répandit sur eux les bienfaits avec profusion, fonda des villes, embellit Tombouctou, laissa de nombreux monuments sur son passage; et ayant traversé la Nigritie et la Guinée, il s'embarqua sur le Niger jusqu'au cap Formose, d'où il revint en Europe.

A son retour il donna un nouveau nom à sa grandeur. Il avait laissé aux rois les titres de *sire* et de *majesté*, il les leur abandonna tout-à-fait, et voulut autre chose pour lui-même.

On lui dit : SEIGNEUR, et on l'appela SA TOUTE-PUISSANCE.

Cette superbe satisfaction donnée à sa grandeur, il voulut encore poursuivre sa réorganisation du monde.

Mais déjà les choses humaines lui manquaient, et il ne pouvait plus qu'améliorer le passé et solenniser sa gloire.

Il acheva donc sa tâche, devenue trop facile, balayant les obstacles, brisant les rouages inutiles, détruisant les complications que le temps accumule, et éclairant son ordre de choses d'une simplicité et d'une clarté incessamment croissantes.

En même temps s'élevaient sur tous les points du globe des monuments napoléoniens, qui portaient au ciel les gigantesques témoignages de l'admiration des peuples.

Paris surtout, devenu une ville de marbre et de bronze, était rempli de colonnes, d'obélisques, d'arcs de triomphe sans nombre, et comme cette reine des capitales voulait dépasser toutes les manifestations des autres villes de la terre, elle éleva sur la place de la Concorde la *colonne Napoléonienne*.

Cette colonne fut érigée le 18 août 1831. Elle est toute de marbre blanc de Carrare. Le fût, monolithe de cent quatre-vingts pieds de hauteur et de vingt pieds de diamètre, est couronné d'un chapiteau d'ordre corinthien et surmonté d'une statue de Napoléon d'or massif et haute de vingt-huit pieds. Le monument entier, y compris le piédestal et la statue, n'a pas moins de deux cent cinquante pieds d'élévation ; sa surface est couverte de bas-reliefs, qui, de la base au faîte, reproduisent la vie de Napoléon, depuis la conquête de l'Italie jusqu'à la monarchie universelle.

Qui n'a admiré cette sublime colonne, s'élevant avec la pyramide funéraire du mont Valérien, à la fin de la carrière de Napoléon, comme les antiques colonnes d'Hercule, pour dire aussi qu'il n'y a plus rien au-delà, et pour transmettre à la postérité les deux indestructibles témoignages de sa vie et de sa mort.

Arrivé à ce terme, le moment est venu d'achever ce livre.

J'hésite moi-même devant l'histoire de ces dernières années, toutes pleines de la grandeur et de la félicité des hommes, mais qui ne furent pas les meilleures de la vie de Napoléon.

Le maître de la terre était en effet, à cette époque, parvenu au faîte, mais il était aussi parvenu au bout. Il avait dompté les hommes, épuisé les choses, et usé le monde sans pouvoir s'user lui-même. Monté si haut, il portait la peine de son élévation, car il n'avait trouvé au sommet que l'humanité avec sa misère et son impuissance.

N'ayant plus rien à faire, parce qu'il avait tout fini, ni rien à désirer, parce qu'il n'y avait plus pour lui de désirs possibles, trop loin des choses et des hommes, il se trouvait seul dans l'univers.

Il sut alors qu'il n'y a que Dieu qui trouve, dans sa divinité, le moyen de supporter son éternelle solitude.

Serait-il donc permis de sonder les dernières pensées de cette grande âme, et le maître de la terre, le roi des rois, le monarque universel, n'avait-il donc plus d'autre avenir, et peut-être d'autre espoir, que la mort!

CHAPITRE XLVIII.

MORT DE NAPOLÉON.

—

Le 23 juillet 1832, au soir, Napoléon fut frappé d'une apoplexie soudaine. Les efforts de l'art furent inutiles. Dès le premier instant, sa langue fut paralysée, et il ne put prononcer une seule parole. La maladie s'augmenta de plus en plus, et prit bientôt un caractère très-grave sans que le malade parût cependant éprouver de très-vives souffrances. Le surlendemain, 25 juillet, à sept heures vingt-deux minutes du matin, Napoléon expira. Il était âgé de soixante-deux ans onze mois et dix jours.

FIN.

TABLE DES CHAPITRES.

LIVRE PREMIER.

	Pag.
Avertissement	1

Chap.
I.	Moscou	3
II.	Rasptochin	7
III.	Départ de l'armée	13
IV.	Bataille de Novogorod	15
V.	Saint-Pétersbourg	20
VI.	Poniatowsky	25
VII.	Année 1813	29
VIII.	Hambourg	34
IX.	L'Angleterre	38
X.	Préparatifs de guerre	42
XI.	Descente en Angleterre	46
XII.	Décret de Londres	55
XIII.	Hartwell	60
XIV.	L'île de Man	67
XV.	République de Saint-Marin	70
XVI.	Promotions	73
XVII.	Le cardinal Fesch, pape	77
XVIII.	Paix de 1815	82

Chap.		Pag.
XIX.	Travaux à Rome et en Italie............	88
XX.	Mme de Staël......................	95
XXI.	Moreau	100
XXII.	Sardaigne	103
XXIII.	Ligue du nord-est..................	106
XXIV.	Guerre de 1817....................	109
XXV.	Dresde...........................	113
XXVI.	Politique.........................	116
XXVII.	Triomphe	119
XXVIII.	Arc de triomphe de l'Étoile...........	122
XXIX.	*Moniteur universel* du 15 août 1817....	124
XXX.	Promotion de rois..................	130
XXXI.	Réflexions........................	136
XXXII.	Marie-Louise.....................	139
XXXIII.	Joséphine........................	143
XXXIV.	Alger............................	147
XXXV.	Paix, canaux et routes..............	149
XXXVI.	La vie et la mort..................	152
XXXVII.	Conseil des rois...................	157
XXXVIII.	Le soldat roi. — § 1	162
XXXIX.	Le soldat roi. — § 2	167
XL.	Révision de la législation	174
XLI.	Catalogue	181
XLII.	Saint-Simon, l'abbé de Lamennais......	188
XLIII.	Murat. — § 1.....................	196
XLIV.	Murat. — § 2.....................	203
XLV.	Murat. — § 3.....................	210
XLVI.	Murat. — § 4.....................	214
XLVII.	Europe...........................	219
XLVIII.	Sylla.............................	223
XLIX.	Dette publique....................	229

LIVRE DEUXIÈME.

Chap.		Pag.
I.	Discours au corps législatif	235
II.	Égypte	244
III.	Saint-Jean-d'Acre	250
IV.	Damas	261
V.	Bataille de Jérusalem	267
VI.	Destruction du mahométisme	274
VII.	Ruines de Palmyre	284
VIII.	Hilla	289
IX.	Babylone	298
X.	Mort du général Rapp	306
XI.	Chasse au lion	312
XII.	Suite de l'expédition d'Asie	321
XIII.	Décret sur la mendicité	327
XIV.	Destruction de l'Égypte	330
XV.	La Chine et le Japon	334
XVI.	Une prétendue histoire	338
XVII.	La Nouvelle-Hollande	345
XVIII.	Sainte-Hélène	352
XIX.	Apparition	358
XX.	Retour	364
XXI.	Ajaccio	369
XXII.	Expédition d'Afrique	373
XXIII.	Afrique	379
XXIV.	Deux rois	386
XXV.	Séance de l'académie des sciences	390
XXVI.	Voyage de l'empereur	396
XXVII.	Pressentiments des peuples	402
XXVIII.	Préparatifs au Champ-de-Mars	405

Chap.		Pag.
XXIX.	Le 4 juillet 1827	407
XXX.	Monarchie universelle	412
XXXI.	Amérique	414
XXXII.	*Moniteur* du 5 juillet 1827	420
XXXIII.	Le général Oudet	425
XXXIV.	Les juifs	432
XXXV.	Unité. — § 1	437
XXXVI.	Unité. — § 2	440
XXXVII.	Unité. — § 3	445
XXXVIII.	Concile œcuménique	449
XXXIX.	Sciences	455
XL.	Voyages et découvertes	461
XLI.	Les villes ensevelies	465
XLII.	Erreurs populaires	469
XLIII.	Lettres et beaux-arts	471
XLIV.	Le sacre	476
XLV.	Constellation	482
XLVI.	Clémentine	485
XLVII.	Mélanges	490
XLVIII.	Mort de Napoléon	496

FIN DE LA TABLE DES CHAPITRES.

www.ingramcontent.com/pod-product-compliance
Lightning Source LLC
Chambersburg PA
CBHW050602230426
43670CB00009B/1224